खुली हवा

खुली हवा

शक्ति त्रिवेदी

एस.के. इंटरप्राइजेज

प्रकाशक : एस.के. इंटरप्राइजेज, सी–54, गणेश नगर कॉम्प्लैक्स, दिल्ली–110002
 / संस्करण : प्रथम, 2017 / मूल्य : तीन सौ पचास रुपए
मुद्रक : आर–टेक ऑफसेट प्रिंटर्स, दिल्ली ISBN 978-93-80839-71-4

KHULI HAVA *by* Shakti Trivedi ₹ 350.00
Published by Esskay Enterprises, C-54, Ganesh Nagar Complex, Delhi-92

अनुक्रम

अलका

'अरे अंधे हो क्या?' कहने को तो उसके मुख से ये शब्द निकल गए और मैंने भी बिना पीछे देखे हुए, विमटो की बोतल से भरा बर्फ पड़ा गिलास खाली करके शेष बची बर्फ को भी पीछे की ओर फेंक दिया। वही बर्फ पीछे की ओर से आती हुई किसी युवती के चरणों पर गिरी। तभी बिना मुझे देखे हुए ही उसके मुख से निकल पड़ा—'अरे! अंधे हो क्या?' किंतु जब मैंने अपनी गलती का अनुभव किया और भय मिश्रित आश्चर्य से उसकी ओर देखा तो उसने भी मेरे मुख की ओर वक्र दृष्टि डालकर देखा और वह सहम गई। एक क्षण को उसकी गति रुक गई, होठों पर मंद मुसकराहट दौड़ गई, नयनों में चमक आ गई, फिर अचानक उसके अवरुद्ध कंठ से निकल पड़ा—"अरे आप!" और उसके सुडौल, कोमल, गौरवर्ण युगल कर स्वयमेव ही आपस में जुड़ गए, बोली—"नमस्ते!"

मेरे मुख से नमस्ते का उत्तर तो नहीं निकला पर आश्चर्यचकित सा उसे घूरता ही रह गया। मैं सोचने लगा, ये कौन है? मुझे जानती है? लगता तो ऐसा है जैसे मैं भी इसे खूब जानता हूँ। इसे कभी खूब देखा है, खूब बातें की हैं, कदाचित् कुछ समय साथ भी रहे हों, पर इस समय के उसके रूप, उसके परिधान को देखकर ही मेरी स्मृति कुछ मंद पड़ गई थी। कुछ भ्रम सा हो रहा था, ये कौन है? मैं तो सोचता ही रह गया, वह शीघ्र ही मुख मुद्रा गंभीर सी बनाकर आगे चल दी। उसके आनन पर उदासी की झलक आई, जैसे वह भी मुझे पहचानने में भूल कर गई हो और अपनी भूल पर ही झेंपकर चल दी हो। उसके साथ एक सफेद साटिन की सलवार, काली सिल्क का कुरता, श्वेत वाइल का दुपट्टा पहने गोरी, सुंदर, सुड़ौल अंगोंवाली युवती और थी। जब वह लगभग तीस-चालीस कदम आगे बढ़ गई, तभी मुझे ध्यान आ गया—'अलका!' ये अलका ही तो थी।

मेरा जी चाहा उसका पीछा करके उसे रोककर बातें करूँ, उससे पूछूँ—'अलका तू तो एकदम बदल गई, पहचान भी नहीं पड़ी, तू यहाँ कहाँ, क्या करती है?' मैं तुरंत चलने को हुआ, दो-चार पग चला भी कि ध्यान आया दुकानवाले का विमटो का गिलास अभी तक मेरे हाथ में ही था और उसके पैसे भी नहीं चुकाए थे। झट से गिलास उसकी दुकान पर रख दिया और जेब से पाँच आने निकालकर उसे दिए। दुकानदार मेरी ओर देख-देखकर मूँछों में ही मुसकरा रहा था। शायद वह समझा होगा कि बाबूजी की कोई पूर्व परिचित प्रेमिका है। पर वह बेचारा क्या जानता था कि बाबूजी का और उसका क्या संबंध है?

मैं लंबे-लंबे पग बढ़ाता हुआ उसी फुटपाथ पर चल दिया, जिस पर अभी-अभी अलका गई थी। लगभग सौ पग चलने पर उसे देखा, वह और भी तीव्र गति से चली जा रही थी। मैं अब उसके पूर्ण निकट आ चुका था। सोचा, शायद अलका ही है, अथवा और कोई? कहीं कोई और ही हुई तो? फिर ध्यान आया यदि अलका न होती तो मुझसे 'अरे आप' कहकर नमस्ते क्यों करती? नहीं-नहीं, वही है, और हाथ कंगन को आरसी क्या उसके हाथ पर तो—'सीता की रसोई' तथा उसका नाम 'अलका' गुदा हुआ भी है। उसकी ठोड़ी की चिबुक पर भी एक 'बिच्छू-सा गुदा है। सहसा दृष्टि उसके बाएँ हाथ पर पड़ गई। सचमुच ही उसके हाथ पर 'सीता की रसोई' 'अलका' हथेली पर तथा ठोड़ी पर 'बिच्छू' गुदा हुआ था। विश्वास दृढ़ हो गया। हृदय की गति तीव्र हो गई, चलते-चलते सोचने लगा—'इससे कैसे बातें करूँ? ये पहले ही बातें करने को क्यों न रुकी, शायद अप्रसन्न है मुझसे, कहीं मुझे दुत्कार तो न देगी?' पर फिर भी मन न माना और दो पग बढ़ा और उसके पास आकर कह दिया—'अलका?' उसके चौंककर मुड़कर मेरी ओर देखा, वह रुकी नहीं, चलती रही और बोली—"जी?"

"एक-दो मिनट बातें···" उसने मेरा आशय समझकर तुरंत मेरी बात काटकर कहा—"इस समय मेरे पास समय नहीं है, फिर कभी!" उसके चेहरे पर गंभीरता, अवहेलना और किंचित् घृणा के भाव स्पष्ट दिखाई दे रहे थे। एक बार तो मैंने सोचा छोड़ो भी, परंतु शीघ्र ही अंतर से कोई कह उठा—" 'नहीं!' अभी चलते-चलते ही बातें करना चाहता हूँ। अलका, मैं पिछली बातें नहीं छेड़ूँगा, केवल वर्तमान के विषय में ही···" उसने पुनः आँख मारकर कहा—"नहीं जी! मुझे देर हो रही है, फिर कभी मिल लेना!"

उसके साथ वाली युवती कभी-कभी वक्र-दृष्टि डालकर हमारी ओर देख कर मुँह फेर लेती थी। शायद अलका भी उसी के कारण बातें करने में झिझक रही

थी। मैंने सोचा कदाचित् ये उसके सामने कुछ भी बातें करना नहीं चाहती। मैं निराश हो गया, फिर भी मैंने पूछा—"आपका पता?"

"चौवालीस-बी, जानसन रोड, करोलबाग!"

"चौवालीस-बी, जानसन रोड, करोलबाग," मेरे भी मुख से निकला और मैं वहीं खड़ा रह गया। वह दोनों आगे बढ़ गई। मैं उन्हें देखता ही रह गया और देखता रहा जब तक वह आँखों से ओझल न हो गईं।

फिर मैं लौटकर उसी पानवाली दुकान के सामने रुक गया। दुकान के सामने 'सुनहरी मसजिद' थी, पास ही बाईं ओर फव्वारा था और फिर मैजिस्टिक' सिनेमाघर था। उसमें कादंबिनी चित्र लगा हुआ था, एक अश्व पर कामदेव की मूर्ति के सामने सुंदरी हाथ जोड़कर पृथ्वी पर दोनों घुटने टेके प्रार्थना कर रही थी। ऐसा ही एक विशाल पोस्टर मैजिस्टक सिनेमा के ऊपर लगा हुआ था। दुकान से एक सिगरेट का पैकेट लेकर चाँदनी चौक के मध्य बने फव्वारे के पास जाकर खड़ा हो गया और सिगरेट सुलगाकर उसी पोस्टर को देखता रहा।

ऊधोराम शर्मा, देवीसिंह चौहान, हजारी लाल पिशावरीजी मेरे साथ ही लोदी रोड पर 'त्रिलोकी नाथ गर्वमेंट जनरल कंट्रैक्टर' साइट पर काम करते थे और मेरे अनन्य मित्र भी थे। ऊधोराम शर्मा जहाँ लेबर इंस्पेक्टर थे, देवी सिंह चौहान लेबर की हाजिरी लेते थे, हजारी लाल पिशावरी सहायक थे और मैं सीमेंट गोदाम का स्टोरकीपर था। रविवार के दिन हम चारों ही शहर घूमने आया करते थे। मेरे चार्ज में एक कार भी थी, हम चारों उसी से आते थे। आज भी रविवार था और हम चारों साथ ही आए थे। दोपहर का भोजन हमने रॉयल कैफे में किया था। उन्हें पहाड़गंज में किसी कार्य से जाना था और मुझे चाँदनी चौक में मालीवाड़े में अपने चचेरे भाई से मिलना था। अत: कार मुझे घंटाघर पर उतारकर उन तीनों को वापिस पहाड़गंज ले गई। ठीक साढ़े पाँच बजे उनके आने का समय था मैजिस्टिक पर।

गरमी के दिन थे, ठंडा पेय पीने को मन हो रहा था। अत: पास की दुकान से विमटो लेकर पीने लगा था। तभी अचानक अलका को देखा और सोच में पड़ गया। फव्वारे पर आकर खड़ा होकर सिगरेट पी ही रहा था कि कार आकर सिनेमाघर के नीचे रुक गई। मेरे विचार टूट गए, ऊधो राम ने आगे बढ़कर चार प्रथम श्रेणी के टिकट लिये। फिर देखा ड्राइवर भी तो है, अत: उसे सवा रुपया दे दिया, उसका टिकट लाने को। हम चारों बढ़ गए 'गेट' की ओर। छह बज रहे थे, पिछला खेल समाप्त हुआ, भीड़ निकली। हम खड़े रहे, जब हॉल खाली हो गया, तब हम भी अंदर चले गए।

देखते-देखते 'हॉल-फुल' हो गया और 'न्यूज रील' चालू हो गई। फिर डालडा, लक्स, सनलाइट के रंगीन विज्ञापन और फिर मुख्य चित्र आरंभ हो गया, सभी तन्मयता से देखने लगे। मैं अकेला ही ऐसा था, जो चित्र की ओर ध्यान न देकर किसी अन्य विचारधारा में खोया हुआ था।

2

सन् 1941 का मई मास था। बिलिंगडन हवाई अड्डे के सामने लोदी रोड पर सरकार की ओर से अफसरों के लिए सरकारी क्वार्टर बनवाए जा रहे थे। जर्मनी के हिटलर ने वैज्ञानिक घमंड में आकर ब्रिटेन, फ्रांस से युद्ध छेड़ रखा था। उस समय भारत में भी ब्रिटिश शासन था। हिटलर के बमों से लंदन, पोलैंड, फ्रांस के छक्के छूट रहे थे। लोग भूमिगत स्थानों में निवास करने लगे थे। जर्मन की बमबारी की खबरें अखबारों में पढ़कर भारत की जनता की रुचि जर्मन के पक्ष में ही थी और अंग्रेजों के विरुद्ध। इसका एक मुख्य कारण और भी था। भारतीय जनता उस समय महात्मा गांधी के साथ अंग्रेजों के विरुद्ध आंदोलनों में व्यस्त थी। अंग्रेजों के प्रति उनके अन्यायपूर्ण व्यवहारों के कारण लोगों के मन में घृणा उत्पन्न हो गई थी। भारत से जबरन भरती करके फौजें जर्मन से लड़ने के लिए भेजी जा रही थीं। अंग्रेजों का रवैया कुछ ऐसा था कि भारतीय नौजवानों को, जिनमें जाट, सिख, गोरखा और मद्रासी राजपूत सभी थे, को लड़ने के लिए आगे कर दिया जाता था और स्वयं अंग्रेज उन सबके पीछे रहते थे। यदि हार हो तो भारतीय मारे जाएँ और अंग्रेज पीछे से ही जान बचाकर भाग जाएँ और यदि कहीं विजय हो जाए तो पीछे से ही अंग्रेज लोग अपना विजय का झंडा लेकर भारतीयों को पीछे धकेलकर श्रेय अपने ऊपर ले लें। ऐसी ही कई बातों से जनता का धैर्य टूटता जा रहा था।

सबसे बढ़कर एक बात और थी, जो वास्तव में ही घृणास्पद थी। अंग्रेजों ने अमेरिका से कुछ जहाज बनानेवाले, उड़ानेवाले मैकेनिक भारत में बुलवाए थे, जो अंग्रेजों के भारत में मेहमान बनकर आए थे। उनके लिए रहने को स्थान, बारह-चौदह रुपए प्रतिदिन का भोजन, वरदी के अतिरिक्त सप्ताह में एक बार उनके मनोरंजनार्थ एक भारतीय नारी भी चौबीस घंटे के लिए अर्पण की जाती थी। इन चौबीस घंटों में वह लोग उसे मनचाहे तरीके से कचोटते थे। उनपर कोई प्रतिबंध न था।

दिनदहाड़े सड़कों पर, वृक्षों के सहारे, मार्ग स्थित क्वार्टरों और कोठियों की दीवारों के सहारे, पार्कों और बगीचों की बैंचों पर खुले रूप में व्यभिचार करते ये

लोग दिखाई पड़ते थे। दर्शक लज्जा से अपनी दृष्टि फेर लेते थे। भारतीय ललनाएँ कौन होती थीं—दफ्तरों में काम करनेवाली क्लर्क, टाइपिस्ट, अस्पतालों में कार्य करनेवाली नर्सें, इंगलिश होटलों में नाचनेवाली, गानेवाली, सर्विस करनेवाली। इनके अलावा कुछ जॉनसन रोड पर रहनेवाली सुंदर वेश्याएँ भी होती थीं। इनके अतिरिक्त कुछ ऐसी ही नारियाँ थीं, जो अपने पेट की ज्वाला को शांत करने के लिए, निजी तौर पर भी उन मेहमानों को रिझाने के लिए सज-धजकर बाजारों में घूमती थीं।

"साहब सलाम!"

"शलाम, शलाम! लाल बीबी! कम ऑन!"

"नमस्ते साहब!"

"नमस्ते! लाल बीबी! आओ!"

इस प्रकार के देसी भाषा में आदान-प्रदान वह लोग सीख चुके थे। यह खुलेआम चल रहा था, भारत की राजधानी दिल्ली में।

चीनी, बर्मी, पहाड़ी, कश्मीरी, पंजाब की वेश्याएँ कमाने-खाने के लिए जी.बी. रोड, चावड़ी बाजार आदि स्थानों में बाहर से आ-आकर बस गई थीं। इनका बाजार जोरों पर था। अमेरिकन लोग पैसा भी खूब लुटाते थे पानी की तरह; क्योंकि उनके सिपाही ग्रेड के व्यक्ति को भी आठ सौ रुपए से कम वेतन नहीं था, अफसरों की तो बात ही क्या थी! डॉलरों के देश के निवासी कागजी नोटों को तो कागज ही समझकर लुटाते थे। सुरा और सुंदरी दोनों ही राजधानी में बिखरी पड़ी थीं। उस समय के देशी मनचले नवयुवक तो बस उस महँगाई के कारण मन मारकर ही रह जाते थे। न तो इतना पैसा खर्च करने को था और न उन्हें कोई पूछता ही था।

देश के कितने ही बड़े-बड़े ठेकेदारों ने लोदी रोड पर ठेके ले रखे थे। मैं भी इनके यहाँ एक सौ बीस रुपए मासिक पर नौकर था। इन ठेकेदार साहब के तीन हिस्सेदार और थे, उनमें एक का मैं विश्वास पात्र था और उनकी भी मेरे ऊपर पूर्ण कृपा थी। उनके जिम्मे का कार्य था—गर्वमेंट पी.डब्लू.डी. से वह सामान प्राप्त करना, जो बाजार में नहीं मिलता था या जो 'काले बाजार' में मिलता था—जैसे सीमेंट, बर्मे, सी.पी. टीक वुड, एंगिल-सरिया इत्यादि। इनको प्राप्त करने के लिए पी.डब्लू.डी. के ऊपर से नीचे तक के सभी को रिश्वत देनी पड़ती थी। तभी कोई परमिट देता था, कोई परमिट पर माल निकालता था, कोई उसे चैक करता था। रिश्वत मासिक देनी पड़ती थी, जो दो हजार के लगभग होती थी।

सरकार ने भिन्न-भिन्न स्थानों पर इन सामानों के गोदाम बना रखे थे। कहीं लोहा, कहीं सीमेंट, कहीं लकड़ी भरी हुई थी। अत: परमिट मिलने पर उन्हीं

स्थानों से सामान प्राप्त करने के लिए अपने ट्रक या बैलगाड़ी लेकर जाना पड़ता था। बस यही कार्य मेरे जिम्मे था। मेरे पास एक सहायक था, हजारी लाल शर्मा, जो पिशावरी; लंबा-तगड़ा, गोरा और सुंदर युवक था। चौड़े, पाँयचे की सलवार, घुटनों तक कमीज, जड़ाऊ कुल्ले पर बँधा श्वेत मलमल का तुर्रेदार साफा और पठानी सैंडिल। बस यही उसका पूर्ण व्यक्तित्व था। स्वर उसका कुछ भारी और कर्कश था। वैसे स्वभाव से वह बड़ा ही विनोदी था। हमें एक कार, दो साइकिल भी मिली हुई थीं सरकारी अफसरों से मिलने के लिए या दूर गोदाम से माल निकलवाने के लिए। कार को मैं प्रयोग में लाता था और हजारी प्रायः साइकिल को लिये फिरता था। कभी-कभी हम दोनों कार से एक साथ भी जाते रहते थे। देवी सिंह चौहान, ऊधो राम शर्मा भी हमारे अनन्य मित्र थे, जो वहीं पर अन्य कार्य करते थे। प्रायः रविवार को अवकाश के दिन हम चारों मित्र घूमने जाया करते थे उसी कार से। होटल, सिनेमा, हमारे मनोरंजन के साधन थे। खर्चा करने में मेरे अतिरिक्त तीनों ही बाँके थे। हजारी फैय्याज दिल और अकेला था। देवी सिंह और शर्मा कुछ ऊपर था। प्रत्येक रविवार को बाजार जाना और कुछ-न-कुछ 'शुगल' कर लेना एक नियम सा बन गया था। उस दिन भी रविवार था, जब मुझे अचानक ही उस सुंदरी अलका के दर्शन हो गए और साथ ही कुछ आश्चर्य, प्रसन्नता और खिन्नता मिली थी। उस दर्शन में चित्त को व्याकुलता मिली। तभी से मैं लगातार सोच-विचार में डूबा रहा।

3

मणिकलाल गुप्ता के पिता मथुरा जिले की एक तहसील में नायब तहसीलदार थे। मणिक लाल के परिवार में उसकी माताजी, पिताजी, भाई और दो बहिनें थीं। वह सबसे बड़े थे और विवाहित भी थे। अवस्था लगभग तीस की होगी। शरीर स्वस्थ, सुडौल, सुंदर था। रंग गोरा और कद ठिगना था। व्यक्तित्व आकर्षक, बातूनी इतने थे कि प्रत्येक व्यक्ति को वश में कर लेना उनकी वाक् पटुता ही थी। काम स्वयं कुछ नहीं करते थे। आठ कक्षा तक पढ़कर ही स्कूल छोड़ दिया था। छोटे दो भाई और बहिनें अभी पढ़ ही रहे थे। पिताजी की आय वेतन के अतिरिक्त इतनी थी कि किसी अन्य को कुछ करने की आवश्यकता ही नहीं थी। मणिकलाल ने एक-दो बार नौकरी के लिए इधर-उधर प्रार्थनापत्र दिए भी थे पर सफलता नहीं मिली।

ज्येष्ठ पुत्र होने के नाते उनसे कोई कुछ कह भी नहीं सकता था। दो-चार

मित्र उन्होंने मीठी बातों तथा खिलाने-पिलाने के बल पर पाल रखे थे, जो प्राय: उनके पास ही बने रहते थे। मणिकलाल की पत्नी वैसे तो धनी बाप की बेटी थी, पर सुंदरता नाम की कोई वस्तु उसको ईश्वर के यहाँ से ही नहीं मिली। हाथों पर, मुख पर बड़े-बड़े चेचक के गहरे दाग थे। आँखें छोटी, दाँत छोटे-छोटे तथा ऊँचे-नीचे और कुछ ऐसे बड़े कि बहुत ही बुरे लगते थे। उन दिनों विशेषत: लड़की देखने का इतना रिवाज न था। ऊँचा और धनी परिवार देखकर ही विवाह कर दिया गया। दहेज भी अच्छा मिल गया। वैसे मणिकलाल की पत्नी उर्मिला चतुर थी, आज्ञाकारिणी थी, सुशील थी, गृहकार्य में दक्ष थी। अत: इस घर में सम्मानपूर्वक स्थान पर ही थी। लालाजी की लाड़ली बन गई। हाँ, पति का पूर्ण प्यार नहीं तो आधा तो उसे मिल ही गया। परंतु वास्तव में मणिकलाल एक विलासप्रिय, विनोदी प्रकृति का युवक था। अत: उर्मिला से उसकी तबीयत भरी ही नहीं। उसे बाहर की, पास-पड़ोस की लड़कियों की आकर्षक आकृतियाँ भाने लगीं और वह अपनी वाक्-चातुरी और पैसे के बल पर किसी-न-किसी को फँसा लेने में सफल भी हो ही जाता।

नंदू ग्वाले की लड़की शामा, जो दूध देने आया करती थी, फँस गई। कोकिला पनिहारिन भी बुरी नहीं थी, उर्मिला से तो वह भी सुंदर ही थी। वह भी किसी प्रकार उसके जाल में आ ही गई। कला वास्तव में कल्लो ही थी, काली-महाकाली पर उसका चेहरा अच्छा था। भड़भूजे की नव विकसित कुमारी थी, वह भी इनके चंगुल में फँसी तो ऐसी फँसी कि उसका आगे चलकर विवाह होना भी कठिन हो गया। वह पूर्ण रूप से बदनाम हो गई। पर इससे मणिकलाल पर कोई प्रभाव नहीं पड़ा, न उसे बदनामी का कलंक ही लगा। वह तो साफ बच गया, बड़े आदमी का बेटा होने के कारण।

उस जमाने में तेल-पानी की तथा बिजली की चक्कियाँ भी पर्याप्त थीं। पर कुछ घराने ऐसे भी थे जिन्हें चक्कियों का पिसा आटा अच्छा नहीं लगता था। वह लोग घर की चक्की का पिसा आटा प्रयोग करना ही अच्छा समझते थे। उनका विचार था कि इन मशीनी चक्कियों से पिसे आटे में ताकत नहीं होती है। मणिकलाल के यहाँ भी यही बात थी। कौशिल्या नाम की विधवा, अंधी बुढ़िया उनके यहाँ से अनाज ले जाती थी और आटा पीसकर इनके घर ही पहुँचा जाती थी। उसका जवान लड़का गिरधर विवाह के एक वर्ष पश्चात् ही अपनी नव-वधू सुंदरी अलका को छोड़कर इस लोक से चल बसा। अब दोनों सास बहू ही घर में रह रही थीं। पालन-पोषण का कोई अन्य मार्ग नहीं था। अत: दो-चार घरों से अनाज लाकर दोनों ही उसे पीस लेती थीं। अभी अलका को घर से बाहर नहीं निकलने दिया था। बुढ़िया कौशिल्या भी

लकड़ी का सहारा लेकर जाती थी, पर बेटे के दुःख ने उसे और भी दुर्बल और असहाय बना दिया था। अतः वह कभी-कभी अलका को भी किसी अच्छे घर में भेज दिया करती थी। नायब सहाब का घर भी कौशिल्या की दृष्टि में अच्छा और सभ्य घराना था। मणिकलाल के काले कारनामों से वह परिचित न थी।

अतः अलका को इस घर में आने की छूट मिल गई। अलका घर में दबी-दबी सी रहती। सास की सहायता, अपने पेट के भरने के विचार से तथा उच्च घरों में अपनी जानकारी बढ़ाने के लिए भी वह अब घर से बाहर आने-जाने लगी। वह न भी आती पर कई दिन ऐसा हुआ था कि कौशिल्या अनाज का पीपा लेकर ठोकर खाकर सड़क पर गिर पड़ी। अनाज सड़क पर बिखर गया। घर आकर उसने रो-रो कर अलका के समक्ष अपने गिरने की बातें बताईं, तब अलका को दुःख भी हुआ और उसने घर चलाने की जिम्मेदारी का बोझ उठाने की मजबूरी भी समझी।

उसने बुढ़िया से कहा कि अब वह स्वयं ही चली जाया करेगी और अनाज ले आया करेगी। विवश होकर सास ने उसे आज्ञा दे दी। साथ ही कुछ अदब-कायदे की, चाल-चलन से रहने की बातें भी समझा दीं। अलका मैली-कुचैली धोती पहने, हाथ भर का घूँघट निकाले, नंगे पाँव ही जाया करती। घूँघट की ओट में से ही वह कनखियों से इधर-उधर देख लिया करती। इसलिए नहीं कि उसके विचारों में कोई दुर्भावना थी, बल्कि कोई उसे किस भाव से देख रहा है! उस पर लोगों की पड़ने वाली दृष्टि में दया है, करुणा है, पर अश्लीलता है, व्यंग्य है, दुर्भावना है? यही विचार उसे इधर-उधर देखने को विवश कर देते थे। परंतु इतने पर भी उसने यही चेष्टा की कि उसकी सूरत को, अंग-प्रत्यगों को कोई देख न पाए। उसकी दृष्टि किसी की दृष्टि से मिल न जाए।

अपने वैधव्य की रक्षा करना, अपनी सास और पति के नाम पर किसी प्रकार का धब्बा न लगने देना, अपने रूप और सौंदर्य को छिपाकर रखना, वह अपना कर्तव्य ही नहीं, परम धर्म समझती थी। उसका काम प्रायः स्त्रियों से ही पड़ता था, घरों में गृहणी ही अनाज तौलकर देती थीं। पैसे भी उन्हीं से मिल जाते थे। पुरुषों से उसका बोलने-चालने का कोई काम ही न था। अपने रास्ते आना और जाना, यही उसने ठीक समझा।

एक बार पड़ोस की देवकी नाम की बुढ़िया ने उसे मार्ग में टोका भी—"बहू कहाँ गई थी? किसका अनाज ले आई? कौशिल्या कैसी है?" इत्यादि। पर अलका न तो रुकी ही और न उसकी बातों का कुछ उत्तर ही दिया। वह चुपचाप उसकी बातों को सुनी-अनसुनी करके चलती बनी। इस पर देवकी ने बुरा माना

और सायंकाल को उसकी सास से शिकायत की कि—"कौशिल्या! तेरी बहू बड़ी घमंडी है, हाल-चाल पूछा तो बोली भी नहीं!" पर सास जानती थी, उसने कह दिया—"वह रास्ते में किसी से बोलती ही नहीं।"

ऐसी बातें कौशिल्या के पास कितनी ही बार, कितनी ही स्त्रियों द्वारा आईं पर उसने इसे बहू की शिकायत न मानकर उसका गुण ही समझा और टाल दिया। वह अपनी बहू को खूब जानती थी कि अलका न तो मिजाजिन है, न चालाक और न बदचलन। वह सीधी-सच्ची अपने रास्ते जानेवाली और अपने रास्ते से सीधी आनेवाली है।

4

पंडित हरिशंकर आर्य पेंगोर गाँव के निवासी थी। हिंदी भाषा का उन्हें अच्छा ज्ञान था और इसी के बल पर यह आर्य समाज के साधारण कार्यकर्ता से शुद्धि सभा के उपदेशक बन गए। उस समय में चालीस रुपए वेतन और बाहर जाने आने का यात्रा-भत्ता उनके लिए काफी ज्यादा था। गाँवों में उनको भोजन मुफ्त मिल जाता था। 25 वर्ष की आयु हो जाने पर भी उनका विवाह नहीं हो सका। हाँ, उन्होंने अपने छोटे भाई का विवाह अवश्य करा दिया, पर स्वयं कुँवारे ही रहे। छोटे भाई का विवाह हो जाने पर वह स्वयं चाहते थे कि किसी सुंदर और योग्य विधवा से ही उनका विवाह हो। इससे एक विधवा का उद्धार भी हो जाएगा दूसरे उन्हें समझदार और योग्य वयस्क पत्नी भी मिल जाएगी।

उनका रंग साँवला, इकहरा शरीर, व्यक्तित्व कुछ आकर्षक ही था। भाषा में विनम्रता और सभ्यता थी। उपदेशक होते हुए भी वह मितभाषी थे, सच्चे और ईमानदार भी।

आर्य समाज में उपदेशक दो प्रकार के होते थे—भजनीक तथा उपदेशक! भजनोपदेशक सुंदर, प्रभावशाली भजन गाकर जनता को मुग्ध कर देते थे। अच्छा प्रभाव जमा लेते थे। दूसरे केवल व्याख्यान देकर ही जनता को प्रभावित करने की चेष्टा किया करते थे। परंतु इनको जनता को प्रभावित करने के लिए कुछ चुटकुले, कहानियाँ दृष्टांत सुनाने पड़ते थे और उनके कहने का ढंग कुछ मनोविनोद, व्यंग्य मिला होता था। विनोदी स्वभाव से जनता को मोह लेने से इन उपदेशकों का जनता पर अच्छा प्रभाव पड़ता था।

उस काल में जब देश में विदेशी शासन था। एक ओर ईसाई अपना प्रचार

बड़ी शान से कर रहे थे। सरकारी नौकरी दिलाने का, पढ़ी-लिखी स्वच्छ वस्त्रधारिणी पत्नी दिलाने का, कोट-पतलून और टोप-टाई लगाने का प्रलोभन आम तौर पर उन लोगों के लिए कम न था, जो गरीब थे, अछूत थे, अशिक्षित थे। इनमें हरिजन, चमार, कोली, अथवा आदिवासियों के परिवार होते थे। दल के दल ईसाई बन जाते थे। दूसरी ओर मुसलिम शासन में बरबस मुसलमान बनाए वह लोग होते थे, जिनमें विशेषत: ठाकुर और क्षत्रिय थे। इन लोगों का रहन-सहन आधा तो हिंदू संस्कारों से संबद्ध था और आधा मुसलमानों जैसा था। मेव, घोसी, मलकाने ऐसी ही अर्ध मुसलिम जातियाँ थीं। इसके अतिरिक्त अब भी कुछ धर्मांध हिंदुओं में शिक्षा और ज्ञान की कमी के कारण ऐसी कुरीतियाँ चालू हो गई थीं जिनके कारण हिंदू जाति का पतन होता जा रहा था।

विधवा हो जाने पर, चाहे वह अभी बालिका ही क्यों न हो, पीहरवाले उसे अपने घर में ही बैठाए रखते थे। भोजन, वस्त्र, साज-शृंगार का स्तर भी गिरा दिया जाता था। शुभ कार्यों में उनकी परछाईं भी नहीं पड़ने दी जाती थी। उनका परिवार के भीतर कोई अपना नहीं था। सास-ननद उसे कुल घातिनी समझती थीं। उनको मारा-पीटा भी जाता था और मायके में भाई-भौजाइयाँ उसे घर में बोझ समझते थे। यदि वह किसी पुरुष से कोई बातें करती हुई देखी जाती थी तो उसे कुलटा कहते थे।

ऐसी ही विधवा अपने इस दु:खी जीवन से ऊबकर आत्महत्या तक कर लेती थीं। कोई घर से भाग जाती थी और भाग जाने पर उस असहाय अबला को सांत्वना और धैर्य देनेवाला कोई भी व्यक्ति एक भला इनसान लगता था। परंतु ऐसे भले व्यक्ति समाज के वह पुरुष होते थे, जिन्हें गुंडा, कामी और पतित कहा जाता था। उनमें अधिकतर मुसलमान ही होते थे। ये लोग हिंदुओं की कमजोरियों और उनकी कुरीतियों को खूब समझते थे और वह ऐसी अनाथ और असहाय भूली-बिछड़ी नारियों के सतीत्व को नष्ट कर देते थे, उनसे व्यभिचार कराते थे, उन्हें बेच देते थे। अंतत: उन्हें वेश्या तक बना देते थे। ऐसे गुंडे और चरित्रहीन लोगों के छोटे-छोटे दल गली-मोहल्लों के चक्कर लगाया करते थे और ऐसी ही पीड़ित महिलाएँ किसी-न-किसी प्रकार के प्रलोभनों में आकर फँस जाया करती थीं और भाग जाती थीं।

किसी प्रकार उनका पता लगाकर उन्हें वापिस जाने को राजी कर भी लिया जाता था तो घरवाले उन्हें अपने घरों में रखने को राजी ही नहीं होते थे। वह दर-दर मारी-मारी फिरती और अपना तन बेचती थी। अपने धर्म और संस्कारों तक को बदल देती थी। घृणित कार्य करने में भी नहीं हिचकिचाती थी। ईसाई और मुसलमान,

हिंदू जाति की इस बुराई से लाभ ले रहे थे। दोनों ही जातियों को अपने-अपने संगठनों और संस्थाओं से इन कार्यों के लिए भरपूर पैसा मिलता था।

मुसलिम संस्थाओं ने तो खुलेआम सौ रुपया प्रति स्त्री या नवयुवक को मुसलमान बना लेने हेतु सहायता देना आरंभ कर दिया था। इसी प्रलोभनवश गुंडों की संख्या बढ़ती जा रही थी और उनका कार्य भी बढ़ता ही जा रहा था। इसी समय महर्षि दयानंद की संस्था 'आर्य समाज' का उदय हुआ था। उस संस्था में सच्चे, वीर और उत्साही कार्यकर्ताओं द्वारा देश में विधवा विवाह का, धर्म को न त्यागने का धड़ाधड़ प्रचार कराया जा रहा था। देश की अनेक कुरीतियों को जड़ से नष्ट करने की इन्हीं के द्वारा कार्यवाहियाँ चालू हो गई। बहुत से धनी लोगों ने धन देकर, विद्वानों ने अपनी विद्या द्वारा, गायकों ने अपनी कला द्वारा, वक्ताओं ने अपने रोचक भाषणों द्वारा यह काम आरंभ कर दिया। देश के धनकुबेर बिड़ला बंधुओं ने भी आर्य समाजों को भरपूर दान देकर, शुद्धि सभाएँ खुलवाकर हिंदू जाति की रक्षा करने में अपना पूर्ण योगदान दिया। जहाँ मुसलिम लोग सौ रुपया प्रति व्यक्ति वहाँ बिड़ला ने भी देश के नव-युवकों को उत्साहित करने के लिए दो सौ रुपया इस बात के लिए देना निश्चित किया था कि भागी हुई स्त्रियों को वापिस लाए, जिन स्त्री और नवयुवकों को मुसलमान बना लिया है, पुनः हिंदू धर्म में लौटा लाएँ, शुद्धि कराएँ, उनके पुनर्विवाह अच्छे, उत्साही और योग्य नवयुवकों के साथ कराएँ। शुद्धि करानेवाले कार्यकर्ताओं को वह अच्छा वेतन और पुरस्कार देकर उत्साहित करते। देश में चारों ओर आर्य समाज शुद्धि सभाओं के उपदेशक, कार्यकर्ता घूमते और कार्य करते थे। स्वामी दयानंद का लगाया ये पौधा भली प्रकार लहलहाने लगा।

आगरा शुद्धि सभा के ही एक कार्यकर्ता हरीशंकर थे, जिनका कार्यक्षेत्र मथुरा तक था। उन्हें मथुरा के आस-पास के गाँवों और कस्बों में दौरा करना पड़ा था। कार्य कुशल होने के नाते संस्था में इनका आदर था। बाहर भी लोग उन्हें सम्मान की दृष्टि से देखते थे। उनकी किसी भी आज्ञा का उल्लघंन करना कोई भी नहीं चाहता था। उनके छोटे भाई केशव का विवाह हो चुका था और उसकी पत्नी सत्यवती भी अपने पति के साथ मथुरा में रहकर कांग्रेस का काम कर रही थीं। उस समय सेवा दल के प्रमुख जवाहरलाल नेहरू का युवाओं पर जादू चढ़ा था और उन्हीं दिनों 21 घोड़े की बग्घी में मथुरा में इनका जुलूस निकाला गया। 7 दिन शिविर लगा। महिला शिविर की नेता सत्यवती ही थीं।

5

रविवार का दिन था। हम चारों ही मित्र कार लेकर लोधी रोड से रवाना हो गए। इंडिया गेट होते हुए बिड़ला मंदिर पहुँचे। वहाँ उस समय सैकड़ों लोग दिल्ली के रहनेवाले थे और बाहर के भी यात्री थे। पहले हमने लक्ष्मीनारायणजी के दर्शन किए और सीधे ऊपर चढ़ गए। भित्ति चित्रों को देखते हुए चारों ओर घूमकर नीचे आ गए। बुद्ध मंदिर देखा, मंदिर में ऊपर की ओर के भित्ति चित्र, जिनमें सिद्धार्थ का जीवन-चरित्र चित्रित था। पुनः बाहर आकर संगमरमर के बने श्वेत हाथी देखते हुए गीता मंदिर की ओर चल दिए। गीता मंदिर में ऊपर ज्योंही हमारी टोली अंदर को प्रविष्ट हुई, त्योंही अंदर से आती हुई एक महिला दल से हमारी मुठभेड़ हो गई। उस दल में यों तो सात-आठ महिलाएँ थीं, पर मुझे तो आश्चर्य तब हुआ जब मैंने सामने आती हुई एक महिला को देखा। मैं उसे देखते ही ठिठक गया। ठिठकी वह भी, पर शीघ्र ही लपककर दूसरी ओर चली गई और बाहर निकल गई। उस समय श्वेत साटिन की सलवार, काली साटिन का कुरता और उस पर हरे रंग का वाइल का दुपट्टा था। वह परी जैसी लग रही थी। उसकी भरी हुई मांसल बाँहें, लंबी ग्रीवा, सुरम्य नासिका, मोटी और लंबी आँखें, बिन ही लाली लगाए रक्त अधर और उनके भीतर की ओर चमकती हुई दंत-मुक्ताओं की पंक्ति, लंबी चिबुक, इन सबसे आकर्षक तो थे उसके बिना रोज और पाऊडर लगे प्राकृतिक लालिमा युक्त सुंदर कपोल। उसके दोनों कंधों पर दो चोटियाँ लहरा रही थीं। हरे दुपट्टे के दोनों छोर ही ऐसे लगते थे, जैसे इस सुंदर अप्सरा के हरे पंख हों और वह अभी उड़नेवाली हो।

मेरे साथी आगे बढ़े गए और महिला दल भी बाहर की ओर निकल गया। मैं हतप्रभ-सा द्वार के पास ही खड़ा-खड़ा उन्हें जाते हुए देखता रह गया। वह आँखों से ओझल हो गई। और चौहान ने पुकारा—"भाई साहब!" मैं चौंक उठा और चल पड़ा उनकी ओर। पास पहुँचते ही शर्मा ने पूछा—"क्या चिपक गए आप तो वहीं?" मैंने उसकी बात पर ध्यान ही नहीं दिया। हम चारों गीता मंदिर के सुंदर आकर्षक दृश्यों को निहारते रहे। मैंने एक द्वार के बीच खड़े होकर देखा—मेरे जैसे सैकड़ों ही खड़े हैं—मैं चौंक पड़ा। ये वास्तव में सत्य ही था, क्योंकि उस द्वार में जड़े सैकड़ों ही शीशे के टुकड़ों में मेरा ही प्रतिबिंब दिख रहा था। मैं भी आगे बढ़ गया।

मंदिर के पीछे के कृत्रिम पर्वत खंड, गुफाओं, झरने, जलाशय आदि को देखते हुए हम चारों बाहर आ गए और 'जूता रक्षक भंडार' से अपने-अपने जूते पहनकर फुटपाथ पर आ गए। वहाँ हम चारों ने कुछ कलेवा किया और फिर

मैटिनी शो देखने की योजना बनाकर चल दिए।

कार सड़क पर दौड़ी जा रही थी। न जाने कहाँ-कहाँ लेकर जा रही थी, मैंने नहीं देखा। मेरा ध्यान तो उस अप्सरा की ओर दौड़ रहा था। मेरा मन चाह रहा था उससे बातें करने को, उसकी आकर्षक पोशाक और इस नवीन परिवर्तन के विषय में जानकारी प्राप्त करने को। परंतु साथ में तीन साथी थे और वह भी अकेली नहीं थी। मुझे आश्चर्य तो इस बात पर हो रहा था कि मेरी पूर्व परिचिता और कुछ-कुछ रिश्ते में लगनेवाली ये अलका आज मुझसे कतरा क्यों रही है!

'कुमार टाकीज' में चल रहा था—''अपराजिता'। सबका विचार इसी को देखने का हो गया और टिकट लेकर जा बैठे। खेल चालू हो गया। कहानी इस प्रकार थी—एक परिवार में पाँच भाई थे। बड़े दो भाई विधुर थे, तीन छोटे भाइयों की पत्नी और एक माँ थी। बीच का भाई मृत्यु का ग्रास हो गया। उसकी विधवा पत्नी मनोरमा अकेली रह गई। देवरानियों से उसकी पटी नहीं। यद्यपि दोनों देवर उसकी सहायता करना चाहते थे, पर पत्नियों ने उन्हें मिथ्या लांछन लगाए, क्लेश किए और विवश होकर उन्होंने उसकी सहायता करना बंद कर दिया। तब दु:खी मनोरमा ने जेठों की ओर सहायता के लिए ताका। उन्होंने कुछ दिन तो उसकी सहायता निस्स्वार्थ भाव से की, परंतु शीघ्र ही उन दोनों के मनों में विकार उत्पन्न होने लगे और वह उसे अपनी पत्नी बनाकर रखने का प्रयत्न करने लगे। दोनों के प्रयास एक-दूसरे की आँख बचाकर चलने लगे। परंतु मनोरमा उन दोनों को टालती रही और दोनों से ही सहायता पाने का प्रयत्न करती रही।

वह सोचती, यदि एक से ही मुझे सहायता मिली और दूसरे को मैंने त्याग दिया तो पहला यही समझेगा कि ये मेरी पत्नी बनने को राजी है। अत: वह दोनों को बनाए रखने का प्रयत्न करती रही। पर जहाँ स्वार्थ और वासना उत्पन्न हो जाते हैं, वहाँ इस प्रकार चलना और अपने को बचाकर रखना कठिन हो जाता है। दोनों भाइयों में आपस में प्रतिद्वंद्विता होने लगी। दोनों एक-दूसरे के प्रति विरोधी भावना बनाने लगे। दोनों में झगड़े होने लगे और कभी कोई सहायता बंद कर देता, कभी कोई। मनोरमा दोनों को ही प्रसन्न रखने की चेष्टा करती रही। अंत में झगड़ा अधिक बढ़ गया और दोनों ने मनोरमा के समक्ष प्रस्ताव रख दिए कि वह पत्नी रूप में रहे। अब मनोरमा को अधिक कठिनाई पैदा हो गई। उसने स्पष्ट तथा दोनों से अलग-अलग कह दिया कि वह जेठों के साथ अनुज वधू बनकर ही रहना चाहती है, पत्नी बनकर नहीं। इस पर उन दोनों ने ही उसकी सहायता बंद कर दी और उसने विवश होकर घर छोड़ दिया।

संसार में बिना स्वार्थ कोई भी किसी की सहायता करना इस युग में नहीं जानता। अतः वह जहाँ भी गई, अधिकतर उसके सामने काम-वासना के ही लोलुप लोग आए। उसे असहाय समझ सभी अपनी पत्नी बनाने की, उसका धर्म नष्ट करने की, आकांक्षा रखनेवाले ही मिले। कोई-कोई उसे खुले रूप में भी अपनी धर्म पत्नी बनाने को तैयार थे। वह कई स्थानों पर रह-रहकर कुछ दिन तक अपने को इन काम-दस्युओं से बचा-बचाकर अपना भरण-पोषण करती रही। कई स्थानों पर उसे अपने सतीत्व की रक्षा करने में कुछ कामांध व्यक्तियों से लड़ाई भी लड़नी पड़ी। उनके बर्बर हाथों से बाल-बाल बचकर भागना भी पड़ा। पर वह अब तक किसी से पराजित नहीं हुई।

अपने नीरस और निर्मम जीवन से संघर्ष करते-करते एक दिन उसे एक ऐसा युवक मिल ही गया, जिसने उसके सतीत्व की रक्षा की और उसे बिना किसी स्वार्थ के अपने पास रखकर उसके भरण-पोषण का भार अपने कंधों पर ले लिया। मनोरमा उस शैलेंद्र नामक युवक के इस निस्स्वार्थ और वासनाहीन व्यक्तित्व पर रीझ गई और उसे अपना सर्वस्व अर्पण करने को तैयार हो गई। पर आश्चर्य कि उस युवक ने ही उसे अपराजिता की उपाधि से विभूषित कर उसे सदैव को अपराजिता ही बना रहने दिया।

खेल बड़ा मार्मिक था। मनोरमा के रूप में मुझे अलका ही दिखने लगी। उसी का ध्यान मेरे मस्तिष्क में मनोरमा के रूप में कार्य कर रहा था। वही मेरे विचारों में अपराजिता सी लग रही थी। उसके प्रति मेरे विचार उच्च थे। खेल समाप्त हो गया। हम चारों उठकर चल दिए।

बाहर आकर हमारी योजना बनी किसी अच्छे से भोजनालय में भोजन करने की। हम चारों में से चौहान और हजारी तो चाहते थे किसी मांसाहारी होटल में चलकर भोजन करना और मैं और ऊधोराम शर्मा चाहते थे शाकाहारी भोजनालय में भोजन करना। अतः विजय हमारी ही हुई और स्टेशन रोड और फतेहपुरी के बीच एक शुद्ध और अच्छे शाकाहारी भोजनालय में आकर हमने भोजन किया। संध्या होते-होते घूमते हुए हम अपने स्थान पर पहुँच गए।

6

मणिकलाल प्रायः हवेली के सबसे निचले हिस्से में बनी एक बैठक में रहा करते थे। उनका परिवार ऊपर दूसरी मंजिल में रहता था। मणिक और उनकी

पत्नी के लिए भी ऊपर एक कमरा था; परंतु मणिकलाल कभी-कभी उसी कमरे में सोते-बैठते थे। अन्यथा नीचे वाले कमरे में ही अधिकतर उनका बैठना था। इसका एक कारण तो ये था कि उनके पिता से मिलने आनेवालों को बिठाने के लिए इसी कमरे में बैठक बना रखी थी और उन लोगों से बातचीत भी मणिकलाल ही किया करते थे। किसी-किसी का स्वागत-सत्कार भी करना पड़ता था।

दूसरा कारण था, मणिकलाल की मित्र मंडली प्राय: दिन भर यहीं जमी रहती थी। शतरंज, ताश, चौपड़ इत्यादि चलते ही रहते थे। कभी-कभी कोई गाने-बजानेवाले भी आकर वहाँ अपना शौक पूरा कर लिया करते थे। सिगरेट, बीड़ी, पान आदि का खर्चा मणिकलाल के ही जिम्मे होता था। जाड़ों में चाय और गर्मियों में ठंडाई भी मणिकलाल ही पिलाते थे। दिन भर अच्छी चुहलबाजी बनी रहती थी और कहकहे लगते रहते थे।

तीसरा कारण था कि मणिकलाल अपनी प्रेमिकाओं को रात्रि के समय यहीं बुलाकर अपनी काम-वासना की तृप्ति करता था। किसी से भाभी नमस्ते, किसी से बहिनजी नमस्ते, आज कहाँ चलीं, राम-रामजी, हेलो मास्टरनीजी नमस्ते, चलता ही रहता था। यही नहीं कि वह स्त्रियों से ही ऐसा कहते रहते हों, अपितु पुरुषों से भी चाचाजी, भाई साहब, मुन्ना भाई, रामू काका, आदि संबोधन से भी उनको भी नमस्ते करना और हाल-चाल पूछना नहीं भूलते थे। यही कारण था कि कोई उन्हें भला मानस कहने से इनकार नहीं कर सकता था।

''भाभी नमस्ते!''

मणिकलाल कहकर ठंडी साँस भरकर रह गए। अलका घूँघट मारे हुए, चुपचाप बिना कुछ उत्तर दिए ही ऊपर चली गई। पर बात एक दिन की हो तो कोई बात नहीं, नित्य ही इस घर से उसे अनाज ले जाना और आटा पीसकर लाना पड़ता था। फाटक में प्रवेश करके दाहिनी हाथ की ओर ही बैठक द्वार था। दूसरा द्वार बैठक का बाहर सड़क की ओर था, उसके आगे एक पक्का चबूतरा था। सुबह-शाम मणिकलाल इसी चबूतरे पर कुरसी डालकर बैठा करते थे। जब प्रात: अनाज लेने अलका आती और जाती, फिर शाम को आटा देने इसी प्रकार आती और लौटकर जाती, तब नित्य ही दो बार प्रात: दो बार सायंकाल को मणिकलाल उसे चबूतरे से देखते ही उठकर अंदर बैठक में आ जाते और अंदर वाले द्वार के पास खड़े होकर धीरे से कहते, ''भाभी नमस्ते!'' अलका सुन तो लेती थी पर उत्तर कुछ न देकर सीधी चली जाती थी। नित्य का यही क्रम, जब से अलका की सास का आना-जाना बंद हुआ, तभी से चालू हो गया था।

अलका चाहती थी कि वह स्त्रियों के अतिरिक्त किसी भी पुरुष से बात न करे और ना ही कोई भी पुरुष उससे कुछ बोले। 'राम-राम', 'नमस्ते' भी करना वह नहीं चाहती थी। सच तो ये था कि वह चुपचाप अपना वैधव्य काट रही थी। हाथ भर का घूँघट करके वह घर से आती और लौट जाती। अपने यौवन और सौंदर्य को वह किसी को दिखाना ही नहीं चाहती थी।

कौशिल्या को आँखों से दिखना तो बंद हो ही गया, साथ ही उसे गठिया की भी शिकायत ही गई। उसके साथ हाथ-पाँवों में, कमर में, जोड़ों में दर्द होने लग गया था। अलका अपनी मजदूरी भी करती और सास की सेवा भी। सास के हाथ-पैरों में तेल लगाना, गरम पानी करके उसे नहलाना, भोजन कराना, उसे अपना सहारा देकर उठाकर शौच आदि कराना नित्य का कार्य था। पर ये सेवा उसे अधिक दिन नहीं करनी पड़ी। अपने वैधव्य के तीन वर्ष पश्चात् ही केवल 3 मास ही उसकी सुश्रुषा करने के उपरांत कौशिल्या इस लोक से कूच कर गई। अब अलका ही इस संसार में रह गई। किराए के मकान में और भी कई किराएदार रहते थे। उन लोगों ने उसे साहस दिलाया, सहायता करने के वचन भी दिए और उन्हीं आश्वासनों पर वह अपना जीवन चलाने लगी। पास में जो पैसे थे, वह सास के क्रियाकर्म में लगा दिए। अब उसके पास नकद कुछ भी न था।

सभी ने उसे सांत्वनाएँ दीं। मणिकलाल ने भी अपनी माँ से सुन लिया था कि कौशल्या मर गई है, अतः पुनः आने पर उसने अलका से कहा—

"भाभी, आपकी हर सेवा के लिए बंदा तैयार है। किसी बात की तकलीफ मत पाना।" और सुनते हुए अलका ऊपर चली गई। "आप बड़ी हैं, मुझसे संकोच करने की आवश्यकता नहीं है।" मणिकलाल ने उससे लौटते समय कहा और वह पुनः सुनकर चली गई।

परंतु कहने की और सुनने की भी हद होती है। मणिकलाल नित्य ही नए-नए प्रलोभन देता, सहानुभूतियाँ दिखाता और वह नित्य ही सुनती चली जाती। ऐसे ही उसने एक वर्ष और निकाल दिया। उसे अपनी मेहनत से जो भी प्राप्त होता था, उसमें उसे दोनों समय भरपेट भोजन मिल जाता था। वर्ष में चार धोती, चार पोलका उसके लिए पर्याप्त ही थे। फट जाने पर उन्हीं को सिलकर काम चलाती रहती थी। अब की साल न जाने क्या हो गया कि काम करानेवालों में से कुछ तबादला हो जाने पर दूर चले गए और कुछ ने बिजली की चक्की पर पिसाना आरंभ कर दिया। अतः उसको पेट भरना कठिन हो गया। दो बार के स्थान पर वह दिन में भी एक ही बार चूल्हा जलाती और एक बार ही रूखी-सूखी खाकर रह जाती।

मायके में उसकी माँ थी, वह भी अपने जेठ के साथ रहकर अपना निर्वाह कर रही थी। उसमें इतना साहस नहीं था कि वह अलका को दो दिन को बुला ले और यदि उसे बुलाना भी चाहती तो उसका जेठ उसे मना कर दिया करता था। अलका स्वाभिमानी स्वभाव की थी। वह मर जाना पसंद करती थी पर बिना बुलाए माँ के यहाँ जाना उसे पसंद नहीं था। विवशताओं और दुर्बलताओं को देख-समझकर प्रतिद्वंद्वी उनका अनुचित लाभ उठाने की ताक में लगे रहते हैं। कोई विरला ही व्यक्ति उन कठिनाइयों पर विजय पा जाता है। अधिकांश तो घबराकर अनुचित मार्ग पर चलने को उद्यत हो जाते हैं। पतन के गर्त में गिर जाते हैं, तब बुराइयों की ही विजय होती है।

बीस वर्ष की अलका में इतना साहस कहाँ था, जो वह कठिनाइयों पर विजय पा ले! सास की मृत्यु के समय उसे बहुतों ने वचन दिए थे, आश्वासन दिए थे और फिर कभी भी किसी ने उसकी ओर मुड़कर न देखा कि वह क्या करती है, कितना कमाती है, क्या खाती है? दु:खी है या सुखी, किसी ने पूछा तक भी नहीं उस बेचारी को। फिर वह अकेली और अनुभवहीन विधवा भला कैसे सह सकती थी उस कठिनाई को? तन भूख से क्षीण होने लगा, धोतियों में दस-दस पत्तियाँ लग चुकीं।

एक दिन मणिकलाल की माँ ने आटा तोलकर भरते समय उसके ब्लाऊज को देख लिया और चुपचाप एक नया ब्लाऊज, धोती उठाकर उसे देते हुए कहा, "बुरा मत मानना, ये कपड़े ले जा और घर से बाहर निकला करे तो इन्हें ही पहनकर निकलाकर।"

अलका पहले तो हिचकिचाई कि वह इन्हें ले या न ले, फिर भी उसने शिष्टाचार के नाते कहा—"माताजी आपकी बहुत कृपा है, रहने दीजिए!"

"नहीं बहू! तेरी दशा देखकर मुझे दया आती है। कोई बात नहीं ले लो। जैसी मेरे लिए उर्मिला बहू है, वैसे ही तू भी है। कभी भी किसी वस्तु की तुझे आवश्यकता हो तो तू निस्संकोच होकर माँग लिया कर—खाना, कपड़ा या अन्य कोई वस्तु भी।"

उसने कहा—"जी!" कहते-कहते अलका का गला भर आया। वह और कुछ कह ही न सकी, उसकी आँखें गीली हो गईं। उसने चुपचाप अपनी फटी धोती के आँचल में उन वस्त्रों को ले लिया और चली गई अपने घर। उस दिन से वह उन्हीं कपड़ों को पहनकर बाहर जाने लगी। परंतु घर आते ही वह उन्हें उतारकर रख देती और अपने फटे-पुराने चिथड़ों में ही लिपटकर रहती।

7

पंडित आर्यसमाजी हरिशंकर मथुरा के मोहल्ले गली गुशाइयाँन में अपने छोटे भाई केवल शंकर के पास रहा करते थे। केवल की पत्नी सत्या उनकी खूब सेवा करती थी। उन्हें अपने ससुर के तुल्य मानती थी। परंतु वह घर पर कम ही रहते थे। अधिकतर कोसी, कामा, गुड़गाँव के मेवाती इलाकों में घूमा करते थे और मेवों-चौहान क्षत्रिय, जो हिंदू से मुसलमान जबरन बनाए गए थे, की शुद्धि किया करते थे। उन्होंने कितने ही मेवों को, उनकी स्त्रियों को शुद्ध किया। परिवार के परिवार शुद्ध कर हिंदू बना दिए थे। इसी कारण शुद्धि सभा के वरिष्ठ अधिकारी उनसे प्रसन्न रहते थे। उनका वेतन भी 50 रुपया मासिक कर दिया था, भत्ते की दर बढ़ा दी गई।

उनके स्वभाव के कारण मथुरा में हर स्थान पर उनका सम्मान था। लोग चाहते थे कि पंडितजी का विवाह करा दिया जाए। परंतु कुछ पुराने विचार के, दकियानूस ब्राह्मण उनसे आर्य समाजी होने के नाते जलते थे और विवाह करने में हिचकिचाते थे। उधर वह स्वयं भी किसी दकियानूसी विचारवाले परिवार की लड़की से अपना विवाह करने में हिचकिचाते थे। वह चाहते थे कोई विधवा हो, शिक्षिता हो, सुशील हो, उसी में विवाह किया जाए, जो संभव ही नहीं हुआ।

मणिकलाल ने देखा कि अलका उसकी पत्नी की साड़ी पहने और नया ब्लाऊज पहने आने लगी है। उधर उसकी माँ ने भी अलका की दशा का वर्णन करते हुए उसे बता दिया था कि उसे एक साड़ी तथा ब्लाऊज दे दिया गया है। मणिकलाल ने समर्थन ही किया और अपनी माँ से और देने को कह दिया। अलका की इस विवशता और दुर्बलता को अब मणिकलाल ने खूब समझ लिया और अब उससे पूरा लाभ उठाने का अवसर भी सोच लिया था। आज उसने एक साड़ी और ब्लाऊज नया लाकर बैठक में रख लिया था और जब प्रात: अलका आई तो उसने भीतर के द्वार में खड़े होकर विनम्र शब्दों में कहा—"भाभी! नमस्ते!" परंतु वह रुकी नहीं और सीधी ऊपर चली गई। मणिकलाल कुछ और कहना चाहता था, पर उसने सुना ही नहीं। परंतु वह इससे हताश नहीं हुआ, वह उसके लौटने की प्रतीक्षा करने लगा।

वह जब ऊपर से नीचे आई तो मणिकलाल ने साड़ी-ब्लाऊज हाथ में लिये धड़कते हृदय से कहा—"भाभी! कुछ सेवा करने का अवसर मुझे भी दो।" और वह उसका मार्ग रोककर खड़ा हो गया। वह भी रुक गई। पहले तो वह मोटी और

मैली धोती पहने आती थी, उसमें से उसका मुख दिखाई नहीं देता था, पर आज तो वह उर्मिला की झीनी साड़ी पहने थी। उसमें से उसका मुख स्पष्ट दिखाई दे रहा था। मणिकलाल ने उसके मुख पर अपनी दृष्टि गढ़ा दी। उसने देखा, वह मंद-मंद मुसकरा रही है। उसका सौंदर्य विलक्षण है, उसकी आँखें सुंदर है, नाक लंबी है। पर वह उसकी ओर देख नहीं रही थी, उसकी दृष्टि नीची थी और कुछ खामोश सी खड़ी थी। उसने फिर कहा—"भाभी! आपकी ये दशा मुझसे देखी नहीं जाती। आपका ये हाल देख मैं सहन नहीं कर सकता। आप कोई संकोच न करें, लीजिए आपके लिए है।" उन वस्त्रों को आगे बढ़कर उसने अलका की गोद में जमा दिया और जेब से एक दस रुपए का नोट भी निकालकर देते हुए कहा—

"ये खर्चे के लिए रख लीजिए!" अलका ने फिर अपना हाथ लेने के लिए नहीं बढ़ाया। परंतु मणिकलाल ने उसे भी उन्हीं कपड़ों के ऊपर टिका दिया। और एक सभ्य मनुष्य की भाँति एक ओर हटकर उसका मार्ग छोड़ दिया। वह विवश और दु:खी महिला उसे अपने आँचल में छुपाकर धीरे-धीरे कोठी के बाहर हो गई।

मणिकलाल अपनी इस विजय पर फूला नहीं समा रहा था। मन-ही-मन अति प्रसन्न हो रहा था। अलका जैसी सुंदरी स्त्री उसे अभी तक नहीं मिली थी और अब अलका को पा लेना उसे और सरल सा लग रहा था। संध्या को जब अलका पुन: आई, तब उसने नित्य की भाँति द्वार में से ही उसे नमस्ते किया। उसकी प्रसन्नता और आश्चर्य का ठिकाना नहीं रहा जब उसने देखा कि इस बार अलका ने मुख से तो कुछ नहीं कहा, पर नत-मस्तक हो अपने दोनों हाथ जोड़ दिए और चली गई। अब माणिकलाल को निश्चय हो गया कि आज नहीं तो कल, अलका मेरे बाहुपाश में होगी। लौटती बार फिर उसने थैले में कुछ मिठाई, फल रखकर अलका को पकड़ा दिए और शिष्टता दिखाता हुआ पीछे हट गया।

अलका स्वभिमानी तो थी, पर मनुष्य जब चारों ओर से विवशताओं से घिर जाता है, कठिनाइयाँ उसे पग-पग पर सताती हैं, उसे तन ढकने को वस्त्र न मिले और पेट भर भोजन न मिले, तब उसे किसी की तनिक सी सांत्वना, सहानुभूति, सहायता कितनी प्यारी लगती है! उसे प्रेम के दो शब्द कितने अच्छे लगते हैं! अलका ने अपने पति का कोई सुख नहीं देखा। सास ने उससे मजदूरी कराई, उसने अच्छा भोजन नहीं खाया, कभी शरीर पर अच्छा वस्त्र नहीं पहना, शृंगार उसने न तो पति के समय में किया और अब तो वह विधवा ही हो गई। कर भी कैसे सकती थी? परंतु मन उसका भी था! दुनिया की बहुओं, बेटियों को वह देखती थी, बाजार में आते जाते फल-मिठाई आदि पर भी उसकी दृष्टि पड़ती थी पर वह

अपने मन को काबू कर लेती।

वह बच्ची तो थी नहीं वह तो पूर्ण विकसित युवती थी। अभी न जाने कितना लंबा जीवन उसके समक्ष पड़ा था। कहाँ तक मन को मारती। मणिकलाल की थोड़ी कृपा ने ही उसके मन को विचलित कर दिया, उसकी सहानुभूति के चार शब्द ही उसके लिए बहुत कुछ बन गए। अपनी विवशता और दुःख के सामने वह अपने स्वाभिमान को भी भूल गई और इनके इस अहसान से वह सचमुच दब ही गई। घर जाकर उसने इस पर विचार भी किया। अपने स्वभिमान को उभारा भी, पर विवशताओं के समक्ष वह टिक ही न सका। कुछ भी निश्चय न कर पाई।

कुछ दिन इसी प्रकार और बीत गए। अभिवादनों का आदान-प्रदान हो गया। और एक दिन जब सायंकाल को दीये जल चुके थे, तभी अलका लौट रही थी। ऊपर से मणिकलाल ने धीरे से कहा—

''भाभी?'' वह ठिठक गई और उसने भी धीरे से कहा, 'जी'।

''आप से एक-दो मिनट बात करना चाहता हूँ?'' मणिकलाल ने नम्रता भरे शब्दों से कहा।

''इस समय?'' अलका ने घूँघट में से ही पूछा।

''हाँ। अभी! केवल दो मिनट! आप तनिक मेरे पास इधर आ जाए!''

''क्या बात है यहीं कह दीजिए!'' अलका ने वहीं खड़े-खड़े कहा।

''भाभी ये रास्ता है यहाँ ठीक नहीं है, आप डरिए नहीं। तनिक इधर आ जाओ।'' कहकर वह द्वार से भीतर को बैठक में चला गया। अलका ने मन-ही-मन सोचा कदाचित् आज ही वह दिन आ गया, जिसकी उसे आशंका थी। उसने सोचा 'नहीं!' इसके प्रस्ताव को ठुकरा दो, इसे स्पष्ट मना कर दो। पर उन वस्त्रों और खाद्य पदार्थों के दबाव ने उसे ऐसा नहीं करने दिया और वह अपने स्थान से थोड़ी सी हटकर बैठक के द्वार के निकट खड़ी हो गई बोली—''कहिए?''

''देखिए, आप घबराएँ नहीं, अंदर ही आ जाएँ!

''यही कह दीजिए, जो कुछ कहना है।'' उसने एक पग दहलीज पर रखते हुए कहा।

''आपको यहाँ कोई बात करते हुए देख लेगा तो क्या समझेगा! मैं आप को बदनाम करना नहीं चाहता! आप निडर होकर यहाँ आकर दो मिनट मेरी बातें सुन लीजिए न?'' मणिकलाल ने कहा।

''अब तक तो आप कह भी देते! दो मिनट की जगह पाँच मिनट हो गए। अच्छा अब मैं चलती हूँ, फिर कभी सुन लूँगी!'' कहकर वह वहाँ से न जाने क्या

सोचकर बाहर आकर मुख्य द्वार से बाहर आ गई। मणिकलाल अंदर ही खड़ा का खड़ा रह गया। फिर भी उसने साहस और धैर्य को छोड़ा नहीं, हताश नहीं हुआ उसे इस पर संतोष था कि चलो वह आज बोली तो सही। इतनी बातें तो कर ली उसने। अब फिर देखा जाएगा। उँगली हाथ में आ गई, अब बाँह को पकड़ना कठिन नहीं है। यही सोचकर वह दूसरे द्वार को खोलकर बाहर पड़ी एक कुरसी पर जा बैठा।

8

"भाभी!"

"हाँ!"

"आज तो सुन लो?"

वह बिना किसी झिझक के बैठक द्वार को पार करके अंदर खड़ी हो गई। मणिकलाल भी अंदर एक कुरसी पर बैठकर बोले—

"देखो भाभी! बात ये है कि मुझसे तुम्हारी ये दशा देखी नहीं जाती, अभी तुम्हारी उम्र ही क्या है, अधिक-से-अधिक बीस-इक्कीस की होगी। इस उठती हुई जवानी को झेलना तुम्हारे लिए कठिन हो जाएगा। इसलिए मैं चाहता हूँ कि तुम अपना पुनर्विवाह कर लो!" मणिकलाल ने बड़े गंभीर भाव से कहा। वह अब अलका को 'आप' के स्थान पर 'तुम' प्रयोग करने लगा। अलका इस सबको सुनती रही और पुनर्विवाह का नाम सुनते ही चौंककर बोली—

"पुनर्विवाह?"

"हाँ!"

"राम-राम लोग क्या कहेंगे, हमारी जाति में तो विधवा कोई विवाह नहीं करती!" अलका ने कहा।

"ये तो ठीक कह रही हो, पर आजकल समय बदल रहा है। पुनर्विवाह कोई बुरी बात नहीं है। आदमी सुंदर, पढ़ा-लिखा, जाति का, अच्छा कमाता-खाता हुआ मिल जाए तो उसमें क्या बुराई की बात है?" मणिक ने कहा।

"कौन सा आदमी है वह?" अलका ने पूछा।

"पंडित हरिशंकर आर्य समाज उपदेशक। जानती हो उन्हें तुम?"

"मैं नहीं जानती हूँ!" अलका ने कहा।

"मैं तुम्हें कल ही दिखा दूँगा, बड़े अच्छे आदमी हैं। बहुत ही सज्जन हैं।" उसने कहा।

"अच्छी बात है, पहले दिखा देना, फिर सोच लूँगी।" कहकर वह चलने को उद्यत हुई, तभी मणिक ने खड़े होकर एक पाँच का नोट उसके हाथ में थमाते हुए कहा—"खर्चे के लिए हैं।" और धीरे से उसकी हथेली को चूम लिया।

"क्षमा करना! इन कोमल करों का पिसा आटा ही हम खा रहे हैं।" वह हँस पड़ा। अलका की मुद्रा गंभीर हुई; किंतु अंतिम वाक्य ने उसे मुसकान में बदल दिया।

दूसरे दिन सायं पंडितजी बाहर कुरसी पर बैठे मणिकलाल से कुछ बातें कर रहे थे। तभी अलका आई और ऊपर चली गई। लौटती बार मणिकलाल ने बैठक में आकर उसे धीरे से कहा—"यह पंडितजी हैं भाभी!" और वह इतना कह पुनः बाहर जा बैठा। अलका भी बाहर आकर उसे ध्यानपूर्वक देखती हुई चली गई। पंडितजी भी चले गए। पर मणिक ने उनसे कहा कुछ नहीं। उन्हें इस बात का अहसास भी नहीं था कि मणिकलाल उनके सहारे से अपना स्वार्थ सिद्ध कर रहा है। उनसे तो ये बात अभी गुप्त ही रखी गई थी। वह चाहता था कि पहले अलका की स्वीकृति मिल जाए, वह राजी हो जाए, फिर उसे अपने जाल में फँसाकर पतित कर दिया जाए। कुछ दिन उसके साथ मौज-मजा कर तब पंडितजी से उसके विषय में बातें करके उन्हें राजी किया जाए और अलका से उनका विवाह करा दिया जाए।

अलका ने पंडितजी को देख तो लिया। वह बुरे तो थे नहीं। सुंदर भी थे, पहनावे से भी सभ्य लगते थे। स्वभाव का पता नहीं कैसे होंगे? वह दिन में भी और रात भर उन्हीं के बारे में सोचती रही। उसकी इतने दिनों से दबी आकांक्षाएँ उभरने लगीं। उसका मन अच्छे वस्त्र पहनने को, अच्छे मनमाने भोजन करने को, श्रृंगार करने को लालायित होने लगा। अब तक चल रही कठिनाइयों और विवशताओं से मुक्ति पाने का उसे एक सरल मार्ग मिलने लगा। अब ऊब भी उठी थी उस परिस्थिति से, उन कष्टों से, उन विपत्तियों से। अब उसके मन में फिर से सुहागिन बनकर, घर-गृहस्थी चलाने की साध घुमड़ने लगी। उसने मायके की ओर देखा, वहाँ उसको कोई पूछनेवाला नहीं था। ससुराल में वह अकेली ही थी। फिर वह किससे भय करे? इन्हीं सब परिस्थितियों ने उसे राजी कर दिया। पंडितजी से पुनर्विवाह करने को। उसने मन में निश्चय कर लिया।

पुनर्विवाह पर सोच-विचार कर उसने मणिक के पूछने पर इस बार अपनी स्वीकृति दे ही दी। अब उसकी झिझक खुल गई थी, मणिकलाल से बातें करने की। वह अवसर देखकर इसी विषय को लेकर चाहे जब उसी बैठक में बैठकर

बातें कर लेते थे। मणिकलाल का ये सब अचूक वार था। सबसे तगड़ा प्रलोभन था और अलका इस प्रलोभन में आ गई और उसके तीर का निशाना भी बन गई।

अब मणिकलाल ने हाथ नहीं, उसका मुख चूम लिया, उसके वक्ष पर हाथ लगा लिया, उसके समस्त शरीर पर हाथ फेरते-फेरते उसके सर्वस्व पर भी अधिकार कर लिया। वह न चाहते हुए भी मना न कर सकी और उसके भीषण जाल में फँसकर अपना सर्वस्व लुटा बैठी। दिन पर दिन बीतने लगे। इन दोनों का प्रेमालाप चलने लगा। मणिकलाल विवाह के प्रश्न को आज कल कर-करके टालता रहा। और अंत में वह दिन आ गया जब अलका को पंडितजी के साथ विवाह-सूत्र में बाँधना मणिकलाल को आवश्यक हो गया। अलका गर्भवती हो गई और उसने इसकी सूचना प्रथम मास में ही मणिकलाल को दे दी। तभी सुनते ही मणिकलाल ने समझ लिया कि अलका को शीघ्र ही पंडितजी के हवाले करना पड़ेगा। उसे अपनी वाक् चातुरी पर तो विश्वास था ही कि वह पंडितजी को फँसा ही लेगा।

एक दिन उसने अवसर देखकर पंडित हरिशंकरजी को बुलवा लिया। अन्य बातें करते-करते फिर वह अलका के दु:खों का, कष्टों का वर्णन करने लगा। उसकी मायके और ससुराल की परिस्थितियाँ बता डालीं उसकी विवशताओं का वर्णन किया और अंत में उसकी सुंदरता और शुद्ध सोने जैसा होने की गारंटी देते हुए पंडितजी से उसका उद्धार करने की माँग की। इन सभी बातों को सुनकर पंडितजी ने उसे देखने की इच्छा प्रकट की। उसी शाम अलका पंडितजी को दिखा भी दी गई और वह देखकर राजी हो गए।

9

शुभ मुहूर्त में पंडित हरिशंकरजी के साथ अलका का पुनर्विवाह वैदिक रीति से आर्य समाज, मंदिर में ही संपन्न हो गया। अलका अपने पुराने घर को, अपने कष्टों को, कठिनाइयों को, अपनी आजीविका चलानेवाली मजदूरी को छोड़कर नए घर में, अच्छे वस्त्र धारण किए अपनी देवरानी के निकट ही आकर रहने लगी। घर में आते ही उसका खूब स्वागत-सत्कार हुआ। पंडितजी ने देखा अलका पूर्ण सुंदरी है, रंग गोरा, वाणी में रस और काम करने में पूर्णतया निपुण। परंतु उसमें पंडितजी के विचार से एक ही कमी थी, वह अशिक्षित थी।

पंडितजी चाहते थे कि यदि वह पढ़ी-लिखी होती तो वह उसे कुछ अपने कार्य की शिक्षा देकर अपने साथ रखते, उससे व्याख्यान दिलवाते, भजन गवाते;

क्योंकि वह आर्य समाजों में कितनी ही बार ऐसी आदर्श, शिक्षित देवियों को देख चुके थे। कोई संस्कृत में व्याख्यान देती थी, कोई अच्छी भजनोपदेशिका थी। तभी उनको देखकर उनकी इच्छा होती थी कि उन्हें भी ऐसी ही पत्नी मिले। अलका सुंदरी तो थी, भाषा भी उसकी शुद्ध थी, बोली भी आकर्षक थी; परंतु न तो वह व्यायाम-शास्त्र आदि ही जानती थी और न ही वह पढ़ी-लिखी थी। आरंभ में तो पंडितजी ने उसे प्यार दिखाया, लाड़ किया, पर पीछे उसके अभावों को उन्होंने चुनना आरंभ कर दिया। इस अभावों को लेकर वह अलका से वाद-विवाद करने लग जाते थे, आलोचना करते उसके अन्य कार्यों की, जीवन शैली और रहन-सहन की।

अलका ने आठवें मास में एक पुत्र को जन्म दिया। पंडितजी ने समझा ये पुत्र मेरी ही संतान है, पर इसका असली भेद तो मणिकलाल और अलका के अतिरिक्त कोई नहीं जानता था। फिर भी इससे पंडितजी को प्रसन्नता ही हुई, क्योंकि यद्यपि उनके लघु भ्राता केवल शंकर का विवाह 3 वर्ष पूर्व हो चुका था, पर संतान अभी तक उनकी कोई नहीं थी। जबकि अलका ने आते ही पुत्र-रत्न उत्पन्न कर दिया। सत्या को इस पर संदेह था कि अलका को आए आठ मास हुए हैं और आठ मास में ही संतान हो गई। कदाचित् ये पहले से ही गर्भवती थी, तभी शीघ्र विवाह कर लिया और ये बच्चा पंडितजी का नहीं, वरन् किसी अन्य का है। उसने यही बात केवल शंकर से कह डाली। केवल ने भी इसकी खोज गुप्त रूप से करना प्रारंभ कर दिया।

उसे ये तो ज्ञात न हो सका कि अलका को गर्भ किसका था, पर ये अवश्य पता लग गया कि अलका किस-किस के यहाँ का आटा पीसती थी। उसमें मणिकलाल का भी नाम आ गया और मणिकलाल जैसे व्यक्ति को ये लोग खूब जानते थे कि ऐसी सुंदर स्त्री उससे बचकर निकल जाए, असंभव है। अत: अनुमान लगाया गया कि हो न हो, ये गर्भ उसी का है। परंतु ये बात केवल शंकर और सत्या तक ही रही। उन्होंने हरिशंकर को नहीं बताया। इतना अवश्य कह दिया कि ये चरित्रहीन और व्यभिचारिणी है। धीरे-धीरे इन दोनों का व्यवहार अलका के प्रति कठोर होने लगा, खाने-पीने में दुभाँति चलने लगी, काम घर का सारा उसी पर छोड़ा जाने लगा। उसके बच्चे को केवल हरिशंकर और अलका के अलावा कोई भी नहीं छूता था। केवल और सत्या उसके ऊपर चोरी का भी आरोप लगाने लगे।

हरिशंकर बहुत योग्य और बुद्धिमान व्यक्ति थे। केवल की बात को उन्होंने यही सोचकर टाल दिया कि आर्य समाज तो वैसे ही दलित और पतितों का उद्धार करनेवाली संस्था है, विधवाएँ बहुधा पतित ही हुआ करती हैं। अत: सनातन धर्म

कोई स्थान नहीं होता, केवल आर्य समाज ही उन्हें सँभालती है। वह स्वयं कट्टर आर्य समाजी थे। उन्होंने कितने ही उजड़े घरों को आबाद किया था, कितनी ही पतिता अबलाओं का उद्धार किया था, दूसरे धर्मों में चली गई कितनी ही नारियों की पुन: शुद्धि कराकर हिंदू धर्म की रक्षा की थी। वह जानते थे कि अलका दु:खी थी, विवश थी, अत: भूल से या विवशता के कारण किसी से उसका संबंध हो भी गया हो तो कोई आश्चर्य नहीं, कोई अपराध नहीं। परंतु ये निश्चित है कि वह किसी से प्रेम नहीं करती। वह सुंदर है, सुशील है, सभ्य है और नम्रता युक्त भाव रखती है तथा उनकी पूर्ण सेवा करती है।

हाँ, हरिशंकर को अलका बुरी नहीं लगती थी, पर एक बात उनके मन में जो खटकने लगी थी, वह थी उसकी निरक्षरता। उनकी गूढ़ बातों को, उनके उपदेशात्मक भाषणों को, उसके मनोभावों को समझने की क्षमता उसमें निश्चय ही नहीं थी। उन्होंने कई बार अलका से कहा भी यदि तुम पढ़ी-लिखी होतीं तो अच्छी बात बन जाती। तुममें ईश्वर ने सब गुण दिए है, पर विद्या नहीं दी! इस पर अलका कहती—"तो क्या हुआ, अब मुझे आप ही पढ़ा दिया करो, मैं पढ़ लूँगी!"

"ये मेरे लिए कठिन है, मेरे पास इतना समय भी नहीं है।"

"तो कोई मास्टरजी ही लगा दो।"

"परंतु तुम कब पढ़ोगी और मेरे काम के योग्य होने में वर्षों लग जाएँगे।" हताश से होकर वह कह डालते। वह भी निरुत्तर होकर चुप हो जाती।

पंडितजी का अलका के ऊपर यथेष्ट प्यार था। बच्चे से भी पूर्ण स्नेह था। केवल और सत्या अलका से उतनी ही घृणा करने लग गए थे। उसका तिरस्कार सा होने लगा। इन लोगों के तिरस्कार पूर्ण व्यवहार को और व्यंग्य बाणों को भी सहन कर लेती, परंतु दु:ख तो इस बात का था कि अब केवल शंकर ने उसकी असत्य शिकायतें हरिशंकर से करना आरंभ कर दिया था और केवल को सत्या नित्य नई-नई बातें बढ़ा-चढ़ा कर बताती। उन बातों को वह भाई से कह देता।

परंतु अब तो ये नियम सा बन गया कि जब भी पंडितजी अपने कार्य से लौटते, तभी अलका से कुछ-न-कुछ पूछताछ करते। अलका समझ गई कि अब सत्या और केवल ने मेरी शिकायतें करना आरंभ कर दिया है, वे लोग मुझसे उकताने लगे हैं, मेरा तिरस्कार भी करते हैं, मेरे भोजन-वस्त्र की ओर भी ध्यान नहीं देते और मुझसे कभी भली-भाँति व्यवहार नहीं करते। वह इससे चिंतित सी रहने लगी। बात इन्हीं दोनों तक सीमित रहती तो कोई बात नहीं थी, पर उसकी चिंता का विशेष कारण था हरिशंकर का यात्रा से आते ही पूछताछ करना, प्रश्नोत्तर

करना, उस पर संदेह की दृष्टि रखना। उसे अब धीरे-धीरे उनके व्यवहार में भी परिवर्तन सा अनुभव होने लगा। इस परिवर्तन से उसका हृदय छटपटाने लगा। वह सोचती, मुझसे क्या अपराध हो गया, मैंने देवर-देवरानी के साथ क्या बुराई है, इनको क्या हानि पहुँचाई है, ये मुझसे क्यों असंतुष्ट रहते हैं, क्यों मेरी अवहेलना करते हैं? एक ही दोष मेरे अंदर अवश्य है, उसको मेरे और मणिकलाल के अतिरिक्त कोई जानता ही नहीं, मणिकलाल किसी से कह नहीं सकता, फिर इनको ही इसका पता कैसे हो सकता है? अब तो मैं उससे अपना कोई वास्ता भी नहीं रखती। कभी उनको देखा भी नहीं, कोई प्रेम नहीं, याद नहीं, वह तो मेरी भूल समझो या विवशता।

'शिकायतें ऐसी थीं जैसे कभी साबुन खो दिया, कभी अठन्नी खो गई, कभी पानी ढँककर नहीं रखा, कभी साग कम बनाया, कभी रोटी कच्ची रख दी, पतली-काली रह गई, बच्चे ने भोजन के समय टट्टी कर ली, सोते समय बच्चा रो उठा तो इनकी नींद टूट गई या सायंकाल को छत पर खड़ी-खड़ी पीछे के मकान की ओर देख रही थी, द्वार पर खड़ी थी, कोई उनको पूछने आया तो उससे बातें करने लग गई। इनसे मेरा कोई दोष तो नहीं बनता, मैं किसी से बुरी भावना तो लेकर नहीं बोलती, मेरे मन में किसी के प्रति कोई कुविचार तो नहीं उठता, ये सब व्यर्थ की बातें हैं। वे मेरे पति और मेरे बीच दरार डालना चाहते हैं। वह दिन-रात ऐसे ही सोचती रहती और चिंतित बनी रहती, उसने कई बार रात्रि के समय हरिशंकर से भी अपनी इन नित्य की शिकायतों और उनके प्रति पूछताछ, तर्क-वितर्क आदि के लिए कहा। पर वह उसकी बातों पर ध्यान ही नहीं देते, चुप लगा जाते, अनसुनी कर जाते। इससे वह तिलमिला उठती, दुःखी होती, उदास हो जाती और कभी-कभी एकांत में रोने भी लगती। पर उसकी इस व्यथा को कौन समझता और कौन इसे दूर करने का प्रयत्न करता? वह दिन पर दिन घुलने लगी, अपने शरीर को दुर्बल बनाने लगी।

10

"भाई साहब, इस बच्चे की आकृति किससे मिलती है?" मुसकराते हुए केवल शंकर ने हरीशंकर से पूछा। वह उसकी आकृति को ध्यानपूर्वक निहारने लगे। बच्चा अब एक वर्ष का हो गया था, हँसने-किलकने लगा था।

"माँ पर तो नहीं गया है!" वह बोले!

''और आप से भी नहीं मिलता!'' केवल शंकर ने बात को बढ़ाने के उद्‌देश्य से कहा।

''हाँ, मुझसे भी शकल नहीं मिलती?'' उन्होंने केवल की बात का समर्थन किया।

''कुछ विचित्र ही बनाव है। इसकी मणिकलाल की सी आकृति है कुछ-कुछ।'' केवल ने संदेहात्मक भाव बनाकर कहा।

''मणिकलाल? हाँ! हाँ! कुछ उसी से मिलता है चेहरा इसका।''

हरिशंकर ने पुनः उसकी बात का समर्थन किया। दोनों भाई मकान के बाहर चबूतरे पर बैठे थे। बच्चा एक छोटे से खटोले पर पड़ा खेल रहा था। उसका नामकरण-संस्कार भी हो चुका था। उसका नाम वेद प्रकाश रखा गया था।

पंडितजी को अलका और बच्चा दोनों ही बेहद प्यारे लगते थे, पर ये प्यार उनका आठ-नौ मास ही चला, क्योंकि उनके मन और मस्तिष्क को केवल और सत्या ने इतना दूषित कर दिया कि अब वह अलका के गुणों की तुलना में उसके दोष ढूँढ़ने लग गए। बच्चे की आकृति तो निश्चय ही मणिकलाल से मिलती थी, पर हरिशंकर ने इस ओर कभी ध्यान ही नहीं दिया। केवल ने बात छेड़कर उन्हें इस कारण पर विचार करने को बाध्य कर दिया। उन्होंने उस समय तो केवल से कुछ आगे बातें नहीं की पर रात्रि को अलका से पूछ ही बैठे, ''अलका ये वेद की आकृति न तो मुझसे मिलती है और न तुमसे ही?'' ''तो इसमें मैं क्या कर सकती हूँ?'' उसने बात को टालना चाहा। उसके अंतर का चोर तिलमिला उठा। उसे आशंका हुई, कहीं मेरे और मणिकलाल के संबंध का पता तो नहीं चल गया है! वह भयभीत सी होने लगी। फिर भी उसने साहस करके कह ही दिया—

''तो इसमें मैं क्या कर सकती हूँ?''

''मुझे तो ऐसा लगता है इसकी आकृति मणिकलाल से मिलती है, तुम्हारा क्या विचार है?'' हरिशंकर ने पूछ ही लिया।

''मुझे क्या पता, आप ही जानो।'' उसने मन-ही-मन बिलबिलाते हुए कहा।

''मैं! तुम ही जान सकती हो, मैं कैसे जानूँ?'' हरि ने कहा और वह रूखी हँसी हँसकर रह गए। अलका के हृदय पर एक आघात सा हुआ। पर वह उस समय चुप हो गई। उसने इस विषय को इस समय टाल देना ही उचित समझा। इस समय तो इससे आगे हरिशंकर भी कुछ न बोले और चुप लगा गए।

हरि ने मन-ही-मन सोचा, हो सकता है ये उससे फँसी रही हो और जब उस अनैतिक आचरण का कुफल सामने आया तब उस चतुर मणिकलाल ने इस

कंठी को मेरे गले में डाल दिया! अब उसे वह बातें भी सूझने लगीं, जिन पर उसने पहले कभी ध्यान ही नहीं दिया था। परंतु अब वह उन बातों पर भी रह-रहकर विचार करने लगा। उसने सोचा—अलका का पुत्र विवाह के आठ मास पश्चात् ही हो गया था, अत: निश्चय ही वह विवाह से एक मास पूर्व ही गर्भवती थी। तभी शीघ्रता से मणिकलाल ने उसका मेरे साथ गठबंधन करा दिया। जब केवल को ऐसा संदेह हो गया है, तब अन्य भी किसी व्यक्ति को उस आकृति को देखकर ऐसा ही भ्रम हो सकता है। इससे निश्चय ही मेरी प्रतिष्ठा में अंतर आ जाएगा, मेरा सम्मान कम हो जाएगा। लोग मुझे किस दृष्टि से देखेंगे? क्या ये मेरे लिए लज्जा की बात नहीं होगी? परंतु शीघ्र ही कोई उसके अंतर में कह उठता—हरि! तू तो आर्य समाजी है, ऋषि दयानंद का अनुयायी है, धर्मच्युत, जातिच्युत कितनी ही अबलाओं का तूने उद्धार किया है! तू अपने सिद्धांतों का कट्टर बनता है! यदि अलका का पुत्र तेरा नहीं भी है तो भी क्या बुरा है, तूने एक अबला को, दलित और पतन के गर्त में जानेवाली अबला को अपनाकर अच्छा ही तो किया है, तुझे इसके लिए कौन बुरा कहेगा, कौन तेरी मान-प्रतिष्ठा को कलंकित करेगा? सब व्यर्थ की बात है। अलका तेरी हो चुकी तो उसका पुत्र भी तेरा ही हो चुका। दुनिया की बातों पर ध्यान न दे। फिर भी हरिशंकर कोई निर्णय न कर सका, उसके मन में उथल-पुथल बनी ही रही।

रहस्य को वह स्पष्ट कराना चाहते थे। पूछ बैठे अलका से वही बात "अलका! क्या ये बच्चा मेरा नहीं है?"

"और किसका है?" उसने तपाक से कहा।

"नहीं! ये असत्य है, इसकी आकृति मुझसे नहीं, मणिकलाल से मिलती है। मैं इस विषय में स्पष्ट जानना चाहता हूँ।" उन्होंने पूछा।

"तो समझ लो उसी का है।" उसने निर्भय होकर कहा। वह समझ चुकी थी कि ये प्रश्न एक-न-एक दिन हल होना ही है और फिर इसका जो भी परिणाम होगा, वह भी भुगतना ही है। अत: उसने स्पष्ट ही कह दिया।

"तो ये बात तुमने मुझे पहले क्यों नहीं बताई?" हरिशंकर ने सरलता से कहा।

"पहले कब?" अलका ने पूछा।

"विवाह से पहले!" उन्होंने कहा।

"विवाह से पहले मेरी आपसे बातें ही कब हुई थीं?" अलका ने कहा।

"मणिकलाल से बातें हुई थी, पर उसने भी नहीं बताया!" हरिशंकर ने कहा।

"वह क्यों बताता। कोई अपने पाप को प्रकट करता है क्या?" अलका ने पूछा।

"तो विवाह के पश्चात् तुम्हें बताना चाहिए था। इसे छुपाने का दूसरा पाप तुमने भी तो किया?" हरिशंकर ने कहा।

"मैं तो पूरी पापिन थी ही, जब एक पाप कर बैठी तो उसे छुपाने के लिए दूसरा भी किया। परंतु आपने मेरी विवशता और दुर्बलता को नहीं समझा। मुझे तो मणिकलाल ने यही बताया था कि मैंने पंडितजी से सब बातें कर ली हैं और वे राजी हैं।" अलका ने कहा।

पंडितजी भी चुप होकर कुछ सोचकर पुनः बोले, "मणिकलाल ने मुझसे ये बात नहीं बताई। उसने अपना पाप धोखे से मेरे गले मढ़ दिया।"

"प्रत्येक व्यक्ति अपने अपराधों, भूलों और गुनाहों पर धूल डालने की चेष्टा करता है, उसने भी ऐसा ही किया और मैंने भी; परंतु आप तो सुधारक और आदर्श व्यक्ति हैं आप क्यों परेशान होते हैं?"

वह कभी मणिकलाल पर विचार करने लगते और कभी अलका की दयनीय दशा पर सोचते और अंत में अपने पूर्व आदर्शों पर दृष्टि डालते हुए पुनः आज की परिस्थितियों पर आ जाते। तभी उन्हें ऐसा लगता, जैसे कोई उन्हें घृणा की दृष्टि से देख रहा है, उन्हें देखकर हँस रहा है और फिर उनकी ओर उँगली उठा रहा है, और फिर उनकी ओर से मुख फेरकर कहता है—'बच्चे की आकृति तो ठीक मणिकलाल से मिलती है, उसी का ये बच्चा है। मुफ्त में ही पिताजी बन गए।' तभी हरिशंकर का मस्तक नीचे झुक जाता है। वेद प्रकाश एक वर्ष का हो गया था। आज उसका जन्मदिन था। परंतु घर में उसका जन्मदिन मनाने का कोई भी विचार नहीं बना। यद्यपि अलका ने धीमे और विनीत स्वर में हरिशंकर को बता भी दिया था कि आज वेद एक वर्ष का हो गया। उन्होंने लंबी 'हूँ' करके सुन और समझ भी लिया, पर न तो कोई उत्तर दिया और न जन्मदिन के उपलक्ष्य में कुछ करने को ही कहा। इससे अलका का मन कुछ भारी हो गया, पर उसने इसे प्रकट नहीं होने दिया। वह नित्य की भाँति ही घर के काम-धंधे में लग गई। सत्या अपने कमरे में महारानी की भाँति आराम से लेटी रही। केवल भोजन करके कहीं चले गए। हरिशंकर बाहर वाली बैठक में भोजनोपरांत सो गए। अलका सबको खिला-पिलाकर बचा-कुचा खा-पीकर बरतन धोने लगी। उसकी आँखों में आँसू आ गए। एक बार तो उसने अपने दाहिने घूँघट से आँसू पोंछ डाले, फिर भी उसके आँसू बंद नहीं हुए और बरतनों पर टपकने लगे।

सत्या ने उसके मुख की ओर देखकर पूछा—"क्यों? क्या हो गया? रो क्यों रही हो?" उत्तर में अलका ने फिर गंदे हाथ से धोती पकड़कर आँसू पोंछ डाले। फिर बोली—"क्या बात है? बताती क्यों नहीं? क्या जेठजी ने कुछ कह दिया?" अलका ने बिना मुख खोले ही नकारात्मक सिर हिला दिया। पर सत्या को इससे संतोष न हुआ, उसने पूछा "तो फिर?" अलका ने फिर भी वैसे ही सिर हिलाया। बरतन मल चुके थे, वह उन्हें धोने लगी। सत्या एक मालकिन की भाँति कमर पर हाथ रखे खड़ी थी और अलका एक दासी की भाँति बरतन धो रही थी। नाक साफ करते समय उसके हाथ से कालोंच का धब्बा उसकी नाक और मुख पर लग गया था। धोती भी मैली थी। माथे में खड़ी सरवटें डाल सत्या ने फिर कहना आरंभ किया—"तो जब तुमसे किसी ने कुछ नहीं कहा तो फिर क्यों रो रही हो? तुम्हें दु:ख क्या है? अच्छा खाती हो, अच्छा पहनती हो, घर की मालकिन बनी बैठी हो, हम सब तुम्हारे हाथ का दिया खाते हैं और तुम चौके में ही इच्छानुसार खाती हो, फिर समझ में नहीं आता! तुम्हें किसी की याद आ रही है क्या? कुछ बताओ तो सही?" सत्या उससे इतना अधिक आज तक नहीं बोली थी। हाँ, मन में उससे जलती थी, मुँह फुलाए रहती थी, पर जुबान कभी नहीं खोली थी। आज उसकी इतनी अधिक बातें सुनकर अलका के आश्चर्य का ठिकाना न रहा। उसे लगा जैसे सत्या एक ताना मार रही है और लड़ने को उद्यत है। उसने अपने को संयत करके अपने अंतर में उठे क्रोध को रोकते हुए कहा—

"सत्या, तुम जाकर आराम करो, व्यर्थ मुझसे झगड़ा मत करो, जाओ।"

"मैं तुमसे क्या झगड़ा कर रही हूँ? तुम रो क्यों रही हो, यही तो पूछ रही हूँ।" सत्या ने कहा।

"मैं अपने भाग्य पर रो रही हूँ, क्या कोई बदल सकता है मेरे भाग्य के लिखे को? अलका ने उत्तर दिया।"

"जेठजी ने बदल तो दिया, तुम विधवा थी, अब सुहागिन बन गई। तुम्हारे सारे दोष-पाप दब गए।" सत्या ने फिर चुटकी ली।

"ठीक कह रही हो, अब सुहागिन बनकर मैं जो सुख भोग रही हूँ, वह भगवान् किसी को न दें! आज मुझे यही खुशी है कि मेरे दोषों को मेरी देवरानी बखान कर रही है।" कहकर अलका को फिर रूलाई आ गई। उसने बरतनों को धोकर सूखने को रख दिए। साबुन से अपने हाथ साफ कर चुपचाप रसोई के बराबरवाले कमरे में जाकर बैठ गई। सत्या जहाँ खड़ी थी, वहीं खड़ी रह गई। उसने मन में सोचा, बात बढ़ने के बजाय दब गई। वह चाहती थी कि बात कुछ

बढ़े और मुझे अलका को कुछ सुनाने का अवसर मिले, पर अलका ने उसे अवसर ही नहीं दिया और कमरा बंद कर लिया।

सत्या लज्जित सी हो गई और अपने कमरे में जाकर आगे की योजना बनाने में तल्लीन हो गई। सायं केवल शंकर भी आ गए थे और हरिशंकर भी बाहर मूढ़ा डालकर बैठे थे। अलका को हल्का सा ज्वर हो आया। वह अपने बच्चे को अपनी बगल में दबाए पड़ी थी। भोजन बनाने का समय हो गया था। सत्या इस प्रतीक्षा में थी कि वह उठकर कार्य सँभाले, पर उसके कमरे के कपाट खुले ही नहीं। सत्या ने अपने पति को उसके रोने की और वाद-विवाद की बात को कुछ नमक-मिर्च लगाकर सुना दिया और ये भी बताया कि भोजन का समय हो जाने पर भी वह अब तक उठी नहीं है, खट-पाटी लिये पड़ी है।

केवल ने इन्हीं बातों को बाहर जाकर हरिशंकर को बता दिया। हरिशंकर बिना कुछ बोले ही उठकर अंदर चले गए और अलका के कमरे के कपाटों को जोर से धक्का देकर खोल दिया। देखा, अलका पलंग पर सो रही है। कमरे के खुलते ही और उनके अंदर आते ही वह हड़बड़ाकर उठ बैठी और दृष्टि नीची करके पलंग से नीचे उतरकर खड़ी हो गई।

"आप अभी तक सो रही हैं, क्या भोजन नहीं बनेगा?" हरि ने पूछा।

"मेरा शरीर अच्छा नहीं है, आज सत्या बना लेगी।" उसने उत्तर दिया।

"क्या हो गया तेरे शरीर को?" उन्होंने पूछा—

"कुछ ज्वर सा हो रहा है!" वह बोली। उन्होंने झट से उसका हाथ पकड़कर देखते हुए कहा, "और तू रो क्यों रही थी? दोपहर को सत्या से उलटी-सीधी बातें की थी तूने?"

"मैंने तो कुछ भी नहीं कहा उससे। उलटे उसी ने मुझसे बोले-टोले मारे थे।" अलका ने कहा।

"देख अलका! मेरा भाई और उसकी पत्नी मेरे बेटे के समान हैं। केवल को मैंने बचपन से पाला है और तू उनसे झगड़ा करती है, ये मैं सहन नहीं कर सकता।" हरि ने आवेश में आकर कहा।

"उलटा चोर कोतवाल को डाँटे, आप भी उन्हीं की बात की पुष्टि कर रहे हैं! मैं कहती हूँ, मैंने कुछ भी तो नहीं कहा!" अलका ने उत्तेजित होकर कहा।

"तो रोने का क्या कारण था? क्या तुझे मणिकलाल की याद आ गई थी?" हरि ने वज्र-प्रहार किया। अलका ने चाहा था कि इसका मुँहतोड़ उत्तर दे। पर न जाने क्या सोचकर वह चुप ही रह गई, कुछ न बोली। "चुप का अर्थ है मौन

स्वीकृति, ठीक है, तब तुम उसी के पास चली जाओ। इस घर में तुम्हारे लिए कोई स्थान नहीं है,'' हरि ने कहा—''जाओ अभी चली जाओ, निर्लज्ज कहीं की।''

''ये सब आप असत्य कह रहे हैं, सत्या ने आपको बहका दिया है, आप शांत हो जाइए, अब तो मैंने आपकी शरण ली है, मैं कहीं नहीं जाऊँगी।'' अलका ने गिड़गिड़ाकर कहा।

''तू पापिनी है, ये बच्चा उसी का है, तेरे पाप का फल है, इसे भी ले जा मेरे सामने से। मैं तेरी और उसकी सूरत नहीं देखना चाहता, वेश्या कहीं की।'' हरि ने क्रोधित होकर कहा।

''मैं पापिनी हूँ, बच्चा भी उसी का है, परंतु जब आपने मुझे अपनी शरण में लिया तो मैं आपकी हो गई। पवित्र हो गई, बच्चा भी आपका ही हो गया। आप तो आर्य समाजी हैं, उपदेशक हैं, सज्जन हैं ना। क्या आप मुझे नहीं सँभाल सकते?'' अलका ने फिर नम्र भाषा में कहा। हरिशंकर पर इन शब्दों का प्रभाव अच्छा पड़ा और वह आगे कुछ न कहकर बोला, ''अच्छा, चलो भोजन बनाओ।'' अलका ने उसे जाते देख कहा—''परंतु मुझे तेज बुखार है?''

''सत्या, आज तुम ही बना लो!'' कहकर हरिशंकर बाहर जाकर बैठ गए।

सत्या इसे अपनी हार और अलका की विजय समझकर चुपचाप रसोई में चली गई। उसे ऐसा लग रहा था जैसे अलका ने ज्वर का बहाना बना लिया है और जेठजी उस चालाक स्त्री की बातों में आ गए हैं, अन्यथा इसे कुछ भी नहीं है।

अलका को ज्वर हल्का ही था, पर किसी ने न तो उससे भोजन के लिए पूछा और न दूध इत्यादि ही दिया गया। वह दो दिन भूखी ही पड़ी रही। बच्चा, जो उसी का दूध पीता था, जब माँ ही भूखी थी तो उसको दूध कहाँ से उतरता? वह भी भूखा रहने के कारण बार-बार रोने लगा। जब वह रोता, अलका उसके मुख में स्तन दे देती, पर उसमें से कुछ न निकलने पर वह उसे छोड़कर पुनः रो पड़ता।

तीसरे दिन अलका को भूख ने विवश कर दिया। वह प्रातः ही उठकर कार्य में लग गई, उसने अपने शरीर की भी चिंता नहीं की। परंतु उसे बच्चे की चीख-पुकार ने विवश कर दिया कि वह कुछ खाए। उसे रह-रहकर विचार आ रहे कि घर में से किसी ने भी उसकी ओर ध्यान नहीं दिया, दवा-दारू तो दूर, किसी ने रोटी तक के लिए भी नहीं कहा! अपनी इस उपेक्षा और अवहेलना पर उसे बार-बार रूलाई आ जाती। वह बार-बार अपने आँचल से आँसू पोंछ लेती, अपने भाग्य को मन-ही-मन कोसती रहती। ऐसे ही उसे कई दिन तक विचार आते रहे। ज्वर तो अपने आप रफू-चक्कर हो गया, कहते हैं—'तुलसी बिरवा बाग के, सींचे से

कुम्हलाए, राम भरोसे जो रहें, पर्वत पर हरियाएँ।'

सत्या और केवल तो अलका से मन-ही-मन जलते ही थे, परंतु हरिशंकर भी उसकी ओर कोई ध्यान नहीं देते। बात-बात पर उन लोगों के कहने पर उससे पूछताछ करते थे, कभी-कभी उत्तेजनावश कुछ अपशब्द भी कह डालते थे। सबसे हँसते-बोलते थे, पर घर में केवल अलका की ही सूरत देखकर उनके माथे में बल पड़ आते थे। अलका अपनी विवशताओं की ओर देखते हुए सबकुछ सहन करती जा रही थी।

11

सन् 1939 का आरंभ था। जर्मनी ने अंग्रेजों के साथ युद्ध छेड़ रखा था। भारत से भी अंग्रेजों की ओर से सेनाएँ युद्ध में भेजी जा रही थीं। गोरखा, जाट, सिख, मराठा रेजीमेंट अच्छे वीर और लड़ाकू समझे जाते थे। परंतु राजस्थान के राजपूत और जाट भी किसी से कम बहादुर और लड़ाकू नहीं थे। राजपूताने की रियासतों में भरतपुर राज्य भी जाट राज्य था और वहाँ से भी काफी जाट भरती करके जाट रेजीमेंट भेजी गई। अंग्रेजों ने प्रति घर से एक जवान माँगा था। राजा गाँवों में अपने आदमी भेजकर भरती करवा रहे थे। कुछ तो खुशी से भरती हो जाते थे, कुछ बेकारी और भुखमरी से विवश होकर। भरती हुए जवानों में अंग्रेज सरकार तथा राजा के प्रति पूर्ण विरोध था।

भारत के अन्य स्थानों में ब्रिटिश सरकार के विरुद्ध एक व्यापक आंदोलन चल रहा था, जिसके संचालक महात्मा गांधी थे और उनका दल कांग्रेस के नाम से आंदोलन कर रहा था। कांग्रेस चाहती थी कि अंग्रेज हमारे देश को हमारे हाथ में सौंपकर भारत से चले जाएँ।

रियासतों में भी आंदोलन 'प्रजामंडल' चला रहा था। इसका संचालन होता तो कांग्रेस के ही द्वारा था, पर इसके नियम कुछ भारत के आंदोलन से भिन्न थे, क्योंकि यहाँ राजा तो भारतीय ही थे, अत: उन्हें कहीं खदेड़ा तो जा नहीं सकता था, परंतु उनसे उत्तरदायी शासन देने को कहा जाता था। काउंसिल में प्रजा के चुने हुए प्रतिनिधि रखने को कहा जाता था और राजा लोग इसे भी कांग्रेस का ही आंदोलन समझकर तथा ऊपर से अंग्रेज सरकार की आज्ञा मानकर 'प्रजामंडल' का दमन करते थे। उनको पुलिस द्वारा पिटवाया जाता, जेलों में उन्हें भाँति-भाँति की यातनाएँ दी जातीं।

आर्य समाज ने अब तक धर्म और जाति की रक्षा का कार्य किया था।

उसके विद्वान् कार्यकर्ता अपनी योग्यता और वाक्‌पटुता का प्रयोग अब देश-रक्षा के लिए करने लगे। अधिकतर आर्यसमाजी ही कांग्रेस में सम्मिलित होकर देश-सेवा में जुट गए। वह कांग्रेस के सिद्धांतों को, उसके नियमों को भली प्रकार समझकर ही उसमें सम्मिलित हुए थे। अब उन्हें जाति और धर्म से ऊँचा और महान् कार्य देश-रक्षा का जँचा और वे उसी में जुट गए। स्वयं भारत के धन-कुबेर बिड़ला-बंधुओं ने भी इसमें धन देना आरंभ कर दिया।

पंडित हरिशंकर भी देशभक्ति से प्रेरित होकर अपने कुछ साथियों सहित भरतपुर राज्य के 'प्रजामंडल आंदोलन' में सम्मिलित हो गए। उन्होंने मथुरा से ही जत्था बनाकर भेजना आरंभ कर दिया; क्योंकि भरतपुर में कैंप बनाकर इस आंदोलन को चलाना कठिन था, वहाँ तो पुलिस उनके कैंपों को उखाड़ फेंकती थी, उच्च नेताओं को गिरफ्तार कर लेती थी। अतः राज्य की सीमा पर अथवा किसी निकटतम युक्त प्रांत (यू.पी.) में अस्थायी कैंप लगाकर ये आंदोलन भली-भाँति चलाया जा सकता था। उन्होंने मथुरा से ही ये कार्य आरंभ कर दिया। एक जत्था पुरुषों का और एक महिलाओं का बनाकर भेजते रहते थे।

केवल शंकर तो मथुरा के एक स्कूल में अध्यापक लग चुके थे, अतः उन्हें तो किसी भी जत्थे में भेजना उपयुक्त न समझा। उन्होंने सत्या को ही महिला जत्थे में भेजना निश्चय कर लया। सत्या को महिला दल की नेत्री बनाकर भेजना था। उसमें अन्य महिलाओं के साथ अलका ने भी जाना निश्चित कर लिया। सत्या चाहती तो न थी कि अलका इसी जत्थे में चले, पर हरिशंकर की स्वीकृति से अलका उसी जत्थे में चली गई। भरतपुर आकर उन्हें पुलिस द्वारा बंदी बना लिया गया और जेल भेज दिया गया। मुकदमा चला और तीन मास का दंड दिया गया। अन्य महिला जत्थे को भी तीन मास का ही दंड दिया गया था। वेद को गोद में लिये अलका भी तीन मास के लिए जेल में चली गई। घर के विषाक्त वातावरण से निकलकर वह खुले वातावरण में अन्य कितनी ही महिलाओं के साथ हँस-खेलकर अपना समय बिताने लगी। यहाँ सत्या की जलन की उसे चिंता न थी।

इनके छूटने का समय आ गया था कि तभी स्वयं पंडितजी को ही किसी दल का नेता बनकर सत्याग्रह करने आना पड़ा और वह भी बंदी बना लिये गए। उनके स्थान पर दूसरे अन्य संचालक आ चुके थे। घर पर इस समय अकेले केवल शंकर ही थे। दिन भर अपने इष्ट मित्रों में अपनी पत्नी की ही प्रशंसा करते फिरते थे। अपने भाई और पत्नी के त्याग और बहादुरी के गुणगान करना ही वह अपनी देश-सेवा समझते थे।

सत्या का दल जेल से मुक्त हो गया। मुक्त होते ही सत्या का स्वागत सत्कार के पश्चात् उसका भाई अपने गाँव ले गया। अलका मथुरा लौट आई। उसने घर आकर देखा, न आटा न दाल। भोजनालय लुटा सा पड़ा था। उसने केवल से कहा—''लालाजी! रसोई का सामान ला दीजिए, यहाँ तो कुछ भी नहीं है, क्या आप भोजन नहीं बनाते?''

''नहीं! मैं होटल में खा लेता हूँ!'' केवल ने रूखे से स्वर में कहा।

''तो मेरे लिए तो सामान ला दीजिए!'' अलका ने कहा।

''मेरे पास पैसे कहाँ हैं?'' उसने झुँझलाकर कहा।

''तो फिर कैसे काम चलेगा?'' अलका ने पूछा।

''तुम कैंप में खाना खा लिया करो और मेरे विचार से तब तक रहने का प्रबंध भी वहीं कर लो। वहाँ और भी महिलाएँ रहती हैं।'' केवल ने समझाया। अलका इससे आगे कुछ बातें न कर सकी और 'प्रजामंडल कैंप' में चली गई। वहाँ के संचालक को उसने अपनी सब स्थिति बता दी। उसने वहाँ उसके रहने और भोजन का प्रबंध कर दिया, पर जब उसने अपने बच्चे के दूध तथा अन्य खर्च के लिए कुछ रुपए माँगे तो उन्होंने स्पष्ट कर दिया कि पंडितजी ने हमारे पास जेल से समाचार भेजा है। उसमें आपको एक पैसा भी न देने को कहा है। आप खा लो और कपड़े फट जाएँ तो नए ले सकती हो।'' उनका स्पष्ट वक्तव्य सुनकर अलका के हृदय को एक गहरा आघात लगा। पर वह करती भी क्या, और कोई ठिकाना भी तो नहीं था! यहाँ दिन भर कैंप के कर्मचारियों के लिए भोजन बनाती, नल से पानी भरकर लाती और झाड़-बुहारी करती तथा बदले में अपना पेट भरती। उसने एक पत्र अपने पति को भी डलवाया कि 'वेद के दूध के लिए तो कुछ पैसे चाहिए, अतः आप इनको पत्र लिख दें कि मुझे कुछ रुपए दे दें।''

हरिशंकर के संचालक के पास पत्र तो कई आए, पर उनमें न तो कोई अलका के नाम ही आता, न उसके लिए पैसे देने की कोई बात ही लिखी होती। वह बेचारी हृदय पर पत्थर रखकर चुप रह जाती। अपने बच्चे को उसने रोटी के छोटे-छोटे टुकड़े मसलकर खिलाना आरंभ किया। हरिशंकर को नौ मास का दंड मिला था। तीन मास अलका ने कैंप में ही बिता दिए।

उत्तर प्रदेश में उस समय भी अस्थायी कांग्रेस मिनिस्ट्री थी। पं. गोविंद वल्लभ पंत उसके मुख्यमंत्री थे। ब्रिटिश सरकार ने केवल प्रयोग के तौर पर यहाँ कांग्रेस को चुनाव कराने की अनुमति दे दी थी और कांगेस जीत भी गई, तभी मिनिस्ट्री बन गई। उन्हीं दिनों मथुरा में युक्त प्रांतीय 32वीं कॉन्फ्रेंस का आयोजन

किया गया था। कॉन्फ्रेंस के लिए जो स्थान नियुक्त किया गया, उस स्थान का नाम राजा महेंद्र प्रताप, महान् क्रांतिकारी के नाम पर रखा। वह भारत से निर्वासित कर दिए गए थे और जापान में रहते थे।

इस कॉन्फ्रेंस के मुख्य अतिथि भारत हृदय-सम्राट् पंडित जवाहर लाल नेहरू थे। उनके स्वागत का वृहत आयोजन किया गया। हजारों की संख्या में स्वयंसेवक और स्वयंसेविकाओं की भरती की गई। स्वयंसेवकों को खादी के नेकर, कमीज, टोपी, लाठी, बेल्ट और बैज तथा चप्पलें दी गई थीं। महिलाओं को खादी की धोतियाँ और सैंडिल तथा लाठी-बेल्ट दिए गए थे। कांग्रेस का नया सेवादल तैयार हो गया।

अलका भी इसी में भरती हो गई। अपने कार्य की शिक्षा पाकर वह एक छोटे महिला दल की नेत्री बना दी गई।

□

"देर तो नहीं हुई?" अलका ने आकर मुझसे कहा।

"अरे! बड़ी जल्दी आ गईं?" मैंने चौंककर पूछा। वह हँस गई और हम दोनों बंगाली घाट की ओर चल पड़े। वहाँ घाट पर बैठकर हम दोनों बातें करने लगे। सड़कों पर बिजली का प्रकाश फैल चुका था।

रात्रि के लगभग आठ बजे होंगे। गरमी की ऋतु थी। सीढ़ियाँ गरम हो रही थीं, पर बातों की उत्सुकता में इस ओर ध्यान ही नहीं दिया और बैठे ही रहे। अलका इस समय सफेद खादी की नीली किनारी की साड़ी और पीली खादी का ब्लाऊज पहने हुए थी। मैं खादी के कुरता-पाजामा पहने हुए था। मैंने ही बोलना आरंभ किया—

"पहली बात तो ये है कि अगर ऐसी बात थी तो मेरे घर क्यों नहीं आ गई?"

"इसका उत्तर मैं फिर दूँगी। पहले आप मेरी बातें सुन लें। क्या मैं विश्वास करूँ कि आप ये बातें किसी से नहीं कहेंगे? अलका ने सशंकित होकर कहा।

"तुम मुझपर विश्वास कर सकती हो अलका! मैं उन लोगों का कुछ भी हूँ, पर मैं उन्हें भली-भाँति जानता हूँ, और फिर मुझसे न्याय की ही आशा रखो।" मैंने उसे आश्वासन देते हुए कहा।

इस पर उसने मुझे अपने विवाह से लेकर विधवा होने तक, विधवा होने से सास के मरने तक और फिर मणिकलाल के साथ धोखे से हुए संबंध तक की संपूर्ण कहानी सुना डाली। रात्रि के दस बज चुके थे। उसने मुझसे पूछा—"क्या

समय हो गया?'' मैंने कहा—''दस!'' उसने कहा—''अब कल बताऊँगी, समय अधिक हो गया है।'' कहकर वह खड़ी हो गई, मैं भी खड़ा हो गया।

''सायं सात बजे आप द्वारकाधीश मंदिर के सामने मिलिए!'' उसने बताया—''मेरे मन में ये गुबार बहुत दिनों से भरा हुआ था। आज विश्वास करके आपके सामने निकाल रही हूँ।''

''मैं समझ रहा हूँ अलका! विश्वास रखो!'' मैंने उससे चलते हुए कहा।

गो घाट के सामने गली में प्रवेश करते हुए उसने 'नमस्ते' की। मैंने भी 'नमस्ते' कहा और सीधा चौक बाजार की ओर चलता हुआ अपने घर पर आ गया।

12

अलका अपने बच्चे के साथ मथुरा में किराए का मकान लेकर रहती रही। इसी बीच उसका बच्चा बहुत बीमार पड़ा और एक दिन दम तोड़ गया। यह उसके जीवन में दूसरा बड़ा झटका था। वह निराश होकर काम ढूँढ़ती हुई दिल्ली आ गई। दिल्ली उस समय बहुत छोटी थी। उसे अजमेरी गेट के पास किसी विधुर डॉक्टर के यहाँ नौकरानी का काम मिल गया।

डॉक्टर के यहाँ रहते हुए एक वर्ष हो गया। डॉक्टर के यहाँ हर तरह के लोग आते-जाते थे। एक व्यक्ति, जो दिल्ली की वेश्याओं का दलाल था, उसने नौजवान अलका को शादी का झाँसा देकर फँसा लिया और थोड़े दिन झूठा प्यार दिखाकर एक दिन उसे वेश्या के कोठे पर 500 रुपए में बेच दिया।

अब अलका वेश्या बन गई। उसने इसे किस्मत का धोखा मानकर अपनी जिंदगी को स्वीकार कर लिया। आखिरकार एक समाज-सेवक ने उसे वहाँ से कड़ी मेहनत करके मुक्त करा लिया। उसे कुछ ही महीनों में संगीत की शिक्षा दी और कमला नगर में बच्चों को संगीत और गाना सिखाने का स्कूल खोल दिया। यहाँ अलका को अच्छा जीवन और सम्मान मिला, पर वह आदमी अचानक अलका को छोड़कर गायब हो गया और अलका फिर अकेली रह गई। शायद उसके जीवन में अकेला रहना ही लिखा था।

अलका को कमलानगर में लगभग 5 वर्ष बीत गए। उसकी जवानी भी उतर गई। वह अधेड़ लगने लगी। अब उसने किसी भी पुरुष से पुनः संबंध न बनाने की प्रतिज्ञा कर ली और संगीत को ही अपना जीवनसाथी बना लिया। बस यहीं,

अलका की दुःख भरी कहानी समाप्त होती है। उसका जीवन कहाँ से चलकर कहाँ आ गया और शेष जीवन उसने बच्चों को अच्छा संगीत और अच्छी बातें सिखाने में ही व्यतीत कर दिया। जीवन के दुःख भरे दिनों को संगीत कितना बदल सकता है—यही इस लंबी कहानी का सार है।

□

गाँव की गोरी

सूरज उस जगह से सैंकड़ों हाथ ऊपर उठ चुका था, जहाँ धरती और आकाश मिलते हैं। 10 बीघे का लंबा-चौड़ा खेत धूप से तपने की तैयारी कर रहा था। अनोखे ने मुट्ठी भर मिट्टी उठाकर आँखों से लगाई। बजरंगबली का नाम लेकर उसने खेत की जुताई शुरू कर दी। ग्यारह बज गए। अनोखे माथे से पसीना पोंछते-पोंछते बेहाल हो गया। बैल हाँफने लगे। वह सोच रहा था कि कुछ देर रुककर साँस ले लूँ, लेकिन यह सोचकर परेशान था कि जुताई कैसे पूरी होगी?

रधिया छाछ का लोटा सिर पर रखे चली आ रही थी। वह अनोखे के लिए रोटी लाई थी। अनोखे थक गया और बैलों को पानी पिलाने लगा। दोनों बैलों को छोकरा के पेड़ के नीचे बाँध दिया। फिर मुँह-हाथ धोकर रोटी खाने के लिए अनोखे रधिया के पास बैठ गया। गरम हवा चलने लगी। सभी 10 बजते-बजते अपने-अपने खेतों में जुताई करके चले गए। अनोखे पीछे रह गया था। सामने देखा, जमींदार का फार्म दो बार जुताई खा गया। मिट्टी ढीली हो गई। पटेला फिर गया और जमींदार के लड़के ने एक ही भोर में एकड़ों के लंबे-चौड़े फार्म में जुआर और संकर किस्म की गंगा-मक्का बो दी। फिर क्यों न फसल लहराए, क्यों न धन की बरखा हो!

अनोखे भौंचक्का रह गया—"रधिया, क्या हम इसी तरह जमाने से पिछड़े रहेंगे? हमारी जिंदगी में ऐसा दिन कब आएगा, जब हमारी मेहनत का मोल हमें ज्यों-का-त्यों मिलेगा?"

"अनोखे, वे जमींदार लोग हैं। उनके पास ट्रैक्टर हैं, बड़ी-बड़ी बुआई की मशीनें हैं, बिजली है, पानी के पंप हैं। सब पैसे का खेल है। दो हाथों का नहीं, मशीनों का खेल है। हमारा और उनका क्या मुकाबला! कहाँ राजा भोज और कहाँ कंगला तेली!"

"तू नहीं जानती रधिया! चिरंजी का लड़का विलायत से आया है। अंजीनियर है अंजीनियर। एक दिन बी.डी.ओ. (क्षेत्रीय विकास अधिकारी) महेश बाबू से अंग्रेजी में गिटपिट-गिटपिट बातें कर रहा था। महेश बाबू सिटपिटा रहे थे।"

"क्या कह रहा था वह, तुमने कुछ सुना?" रधिया ने गडुआ की छाछ को अनोखे के आगे रखते हुए अपनी फरिया सँभाली। वह पेड़ के तने की ओटक में खिसकने लगी।

"वह कह रहा था रधिया, मैं इस गाँव का रूप बदल दूँगा। यहाँ के खेतों में सबसे ज्यादा अनाज पैदा होगा। यहाँ का अनाज सबसे अच्छी किस्म का होगा और यहाँ उगाए गए बीज जिले भर के खेतों में उगाए जाएँगे।"

"लेकिन यह सब कैसे होगा अनोखे? हमारे पास पैसा कहाँ है, ताकत कहाँ है और अक्कल कहाँ है?"

"ठीक कहती है रधिया, सारा खेल तो अक्कल का है। दादा कहा करते थे न, कि अक्कल बड़ी या भैंस! चिरंजी के लड़के के पास साइंस की बड़ी-बड़ी चीजें हैं—एक छोटी सी मशीन है, जिसमें से एक दिन इंदिरा गांधी की आवाज आ रही थी।"

"हमारी प्रधानमंत्री की न!" रधिया ने अपनी बात जमाई।

"हाँ, वह कह रहा था, यह छोटा रेडियो है। गाने भी गाता है। एक दिन तो उसने मेरे खेत से मिट्टी खोदकर मशीन में रख दी। थोड़ी देर बाद बोला—'अनोखे, तुम अमोनियम सल्फेट डालो, तुम्हारा खेत बूढ़ा हो चुका है। अगर इसे भूखा रखोगे तो जल्दी मर जाएगा, फिर तुम्हें ज्वार और बाजरे के मोटे-मोटे भुट्टे नहीं मिल सकेंगे। समझे न'!"

"मैं उसकी ओर टुकुर-टुकुर देखने लगा। ठीक ऐसे ही रधिया, जैसे अब तू मेरी तरफ देख रही है।"

अनोखे खड़ा हो गया। बैल पानी पीकर सुस्ता चुके थे। उसने हल उठाया और फिर खेत में गहरी कतारें खींचने लगा।

"डॉक्टर, तुम बेकार गाँव के पचड़े में फँस रहे हो। तुम दिल्ली जाकर कृषि-विभाग में क्यों नहीं कोशिश करते? देखो न, आजकल खेती के वैज्ञानिकों की कितनी जगह निकल रही हैं—"विकास अधिकारी महेश बाबू ने चाय का घूँट गले से उतारकर डॉ. नाथ का रुख बदलने की कोशिश की।

"वाह महेश बाबू, यह तुम कह रहे हो! भई, तुम्हें तो सरकार ने गाँववालों की भलाई और बहबूदी के लिए नौकरी दी है।" डॉ. बद्रीनाथ ने कहा।

"ठीक है नाथ, हम तो यार एम.ए. करके यहाँ फँस ही गए; लेकिन तुम अमेरिका की जिंदगी में कई साल बिताने के बाद यहाँ कब तक झक मारोगे? मेरा तो मन यहाँ एक घड़ी नहीं लगता," महेश बाबू ने उखड़ी जुबान में फिर पासा फेंका।

"जाओ यार, यहाँ क्या कमी है? गाँव में नहर से पानी आ गया है, बिजली आ ही चुकी है। बड़ी सड़क से जुड़नेवाली सड़क इस महीने में पूरी हो ही जाएगी। मोटर गाँव तक सवारी लेने-उतारने आती ही है, फिर क्या तकलीफ है? मेरी समझ में नहीं आता, शहर में ही क्या मजा है?"—डॉ. नाथ ने उठते हुए कहा।

"बैठो, इतनी जल्दी कहाँ की है!"—महेश बाबू ने डॉ. नाथ का हाथ पकड़ लिया और उन्हें फिर बिठा लिया।

डॉ. नाथ फिर बैठ गए। बातें होते-होते गाँव से शहर और फिर खेती-बाड़ी पर पहुँच गईं। महेश बाबू ने डॉ. नाथ से खेती के विकास के बारे में बहस शुरू कर दी।

डॉ. नाथ हाल ही में केलीफोर्निया विश्वविद्यालय से वनस्पति विज्ञान में ऊँची शिक्षा (डॉक्टरेट) लेकर आए थे। भारत की खेती-बाड़ी की पिछड़ी दशा को देखकर उनके मन को बड़ा धक्का लगता था। उनका पिता स्वयं भी एक पुराना और समृद्ध किसान था। लेकिन उसका हौसला इतना बढ़ा-चढ़ा था कि उसने अपनी मेहनत की कमाई को दाँव पर लगाकर अपने बेटे को विलायत भेज दिया था।

□

अमेरिका और ऑस्ट्रेलिया के किसान एक बार इस गाँव में आए थे। उनके हिटलरशाही दिमाग, ठाट-बाट और शिक्षा-दीक्षा को देखकर चिरंजी के मन में स्पर्धा जागी। उसने शहर के कॉलेज में कृषि की 16वीं कक्षा में पढ़ रहे अपने बेटे नाथू को विलायत भेजने का उसी दिन फैसला कर लिया। उसका बेटा भी किसी रूसी या अमेरिकन से कम न था। लंबा-तगड़ा, गोरा और नाक-नक्श का मलूक। फिर विलायत से पढ़कर लौटा तो उसमें सचमुच चार चाँद लग गए।

बाप और बेटे के विचारों में एक मौलिक अंतर था। बाप अपनी लगाई गई पूँजी का बदला चाहता था—सरकारी नौकरी कराकर। बेटा अपने फॉर्म पर काम करके तथा सभी किसानों को आगे बढ़ाकर अपनी मेहनत का रंग देखना चाहता था। उसका मन था कि नए-नए औजार, मशीनें और तरीके, जो दूसरे देशों की खेती में काम आ रहे हैं, भारत में भी चलें। हमारे किसान दस गुनी उपज बढ़ाकर दिखाएँ।

महेश पढ़ा-लिखा शहरी नौजवान था। उसका शहर में मन रमता था, पर पेट

की खातिर नौकरी के लिए वह गाँवों की खाक छान रहा था। वह नाथ से बहुत प्रभावित था। कई बार दोस्ती में उससे लंबी-लंबी बहस भी कर लेता था।

"डॉक्टर, तुम तो बहुत ऊँचे आदमी हो। यह तो बताओ कि हमारी खेती के औजारों का जन्म कैसे हुआ? यह तो बड़ी दिलचस्प कहानी होगी।"—महेश बाबू ने एक सवाल छेड़ा।

"5000 साल से भी पहले की बात है। आर्य भारत में नहीं आए थे। उससे पहले यहाँ हड़प्पा और मोहनजोदड़ो की सभ्यता फल-फूल रही थी। ये लोग धान को जंगलों से लाकर पानीवाले क्षेत्रों में उगाने लगे।" डॉ. नाथ ने कहा।

"यह कैसे? क्या धान के बारे में ये लोग सबकुछ जानते थे?"

"नहीं, धान पानी की एक घास थी। ये घास यह लोग काटकर अपने पशुओं को चराया करते थे। एक बार जब ये पकी हुई घास काट लाए तो उसमें से कुछ दाने जमीन पर झड़ गए। मिट्टी में दबकर कुछ दिनों के बाद पौधे बनकर उग आए।"

"यह खूब रही!"

"बस फिर क्या था, इन लोगों ने धान के दानों को घास से चुनना शुरू कर दिया। इस तरह से वे धान के बारे में जान गए कि इसे खाया जा सकता है और इसके डंठलों का जानवरों के लिए भूसा बच जाता है।"

"बस, इसी तरह से खेती का काम शुरू हो गया होगा!" महेश बोला।

"नहीं, यह तो कुदरत की बात हुई। इसके बाद आर्य जाति हमारे देश में आ गई। ये लोग यहाँ के आदिवासियों के मुकाबले ज्यादा होशियार और खेती के तौर-तरीकों के माहिर थे।"

"अच्छा!"

"हाँ-हाँ भई! यह एक ज्यादा सभ्य जाति थी। उन्हीं के वंशज तो हम लोग हैं।"

"फिर क्या हुआ? इन्होंने खेती के लिए क्या किया?" महेश ने बड़ी उत्सुकता से डॉ. नाथ को कुरेदा।

"उन्होंने यहाँ आकर नए औजार से जमीन जोतनी शुरू की। ये इस औजार को 'कृष' कहकर पुकारते थे। बस, इसी के नाम पर अनाज उगाने की क्रिया का नाम 'कृषि' और फिर धीरे-धीरे खेती पड़ गया।"

"भई, यह खूब रही। हमारी कृषि की कहानी बड़ी दिलचस्प है। लेकिन आर्यों से हजारों साल पहले आदमी कैसे रहा करता था?"—बी.डी.ओ. के पास

बैठे मलूका सरपंच ने एक और सवाल सामने रख दिया। इस पर डॉ. नाथ को उसे समझाना ही पड़ा—

"मलूकाजी कोई 5 लाख साल पहले आदमी शिकारी जैसा जीवन बिताता था। खेती-बाड़ी या पशु-पालन का कहीं नामो-निशान नहीं था। लोग जंगली जानवरों को मारकर कच्चा ही खाते थे और पत्थर के उलटे-सीधे औजार बनाकर उनकी लाशों की चीर-फाड़ कर लेते थे। जंगली वनस्पति खाकर भी 5 लाख पुराना आदि मानव जिंदा रहता था।"

"डॉक्टर साहब, ये तो मजेदार कहानी है। अच्छा, इसके बाद आदमी ने कैसे-कैसे खेती-बाड़ी का काम खोज निकाला?"—मलूका को डॉ. नाथ की बातें दिलचस्प लगीं।

"कोई चार लाख साल पहले आदमी ने दो पत्थरों की रगड़ देखकर आग को खोज लिया। फिर उसने पशुओं का मांस अधकच्चा भूनकर खाना शुरू कर दिया। इसी युग में उसने लकड़ी के नुकीले बरछे और भाले तैयार किए।"

"यानी आदमी पत्थर के बाद लकड़ी का इस्तेमाल करने लगा?"—महेश बाबू ने बीच में बात रोक दी।

"जी हाँ, और कोई एक लाख साल पहले की बात है, जब आदमी ने पहली बार जानवरों के स्वभाव को पहचाना और कुछ जानवरों को हमेशा के लिए अपना पालतू दास बना लिया। लोमड़ी और भेड़िया के वंशज कुत्ते मनुष्य के वफादार दोस्त बन गए और वे आज तक भी बने हुए हैं। ये कुत्ते शिकार में जानवर को फँसाने में अपने मालिक की मदद करते थे।"

"नाथ भय्या! बात सच ही तो है। कुत्ता तो आज भी हमारे गाँव और फसल की रखवाली करता है।"—मलूका सरपंच को बात एकदम जँच गई।

"जमाना बढ़ता ही गया। सिर्फ 10 हजार साल ही बीते होंगे, जब मानव ने खाने के लिए अनाजों को खोज निकाला और धीरे-धीरे उन्हें खेती करके उगाना शुरू कर दिया। सबसे पहले आदमी ने लोहे की बजाय लकड़ी के फालवाला भोंडा सा हल बनाया। अफगानिस्तान, अनातोलिया और अबीसीनियाँ के पठारों में आदमी ने गेहूँ को ढूँढ़ निकाला। धीरे-धीरे और फसलों का भी पता लगता गया और आदमी हिंसा छोड़कर अनाज उगाने का काम करने लगा। कपास, तिलहन, प्याज और फलों की खेती तो सबसे पहले एशिया के गरम जलवायुवाले देशों में ही शुरू की गई।"

"अच्छा, तो खेती की शुरुआत सिर्फ दस हजार साल पहले ही हुई? मैं तो

समझ रहा था कि बाबा आदम के जमाने से इनसान खेती कर रहा है,''—विकास अधिकारी महेश ने कहा।

''वाह यार, तुमने भी कैसी पढ़ाई पढ़ी है, समझ में नहीं आता!'' नाथ बोला।

''भाई, खेती से तो वास्ता अब पड़ा है, जब गाँव में बी.डी.ओ. बनकर आ गए। कॉलेज में पढ़ते हुए और शहर में रहते हुए खेती से भला क्या काम''—''महेश बाबू, यह भी याद रखिए कि खेती की शुरुआत तो इनसान ने दस हजार साल पहले ही कर दी थी, लेकिन सभ्यता का उदय अभी भी नहीं हुआ था। इनसान जंगली जानवरों की तरह पेड़ों पर रहता था और कहीं-कहीं लकड़ी के टूटे-फूटे हल बनाकर गेहूँ और धान उगाता था। उस समय जमीन की कमी न थी। फल और कंद-मूलों से जंगल भरे थे,''—डॉ. नाथ ने कहा।

''लेकिन आज तो बात उलटी है डॉक्टर! इसीलिए तो हमारी सरकार जिलों में खेती का पैकेज और क्रैश प्रोग्राम (यानी सघन और धुआँधार कार्यक्रम) चलाकर कम धरती से ज्यादा-से-ज्यादा पैदावार बढ़ा देना चाहती है। यह सब होगा नए औजारों और नए वैज्ञानिक तरीकों से'',—विकास अधिकारी महेश ने बीच में बात काट दी।

''उस जमाने में विज्ञान कहाँ था, महाशय! विज्ञान का तो हमारे देश में सिर्फ 300 साल पहले ही प्रवेश हुआ। आज से 5000 साल पहले आदमी काफी सभ्य हो चुका था—गाँव और नगर बस गए थे। उसने रहन-सहन, वेश-भूषा, खाना-पीना और कलाओं का विकास शुरू कर दिया था। इसका सबूत है—लोथल, हड़प्पा और मोहनजोदड़ो की सभ्यताएँ, जहाँ खुदाई में बहुत सा सामान निकला है। उससे साफ पता चलता है कि हमारे पूर्वज 5000 साल पहले अच्छे किसान और साहूकार थे।''

''यह सब तो मैंने इतिहास की किताबों में पढ़ा है,''—महेश बोला।

''नाथ साहब, ये मोहनजोदड़ो और हड़प्पा क्या चीज हैं, मैंने नाम तो इनका कभी-कभी अखबार में पढ़ा है?''—सरपंच ने पूछा।

''ये दोनों जगहों के नाम हैं। यहाँ खुदाई में हमारी प्राचीन सभ्यता की बहुत सी चीजें निकली हैं। इसे हम 'सिंधु घाटी की सभ्यता' के नाम से जानते हैं,'' डॉ. नाथ ने कहा।

''पाँच हजार साल पहले तो धातु-युग शुरू हो चुका था। इस जमाने में तो किसान काफी मालदार थे न!''—महेश ने कहा।

''हाँ-हाँ, यह पहले का जमाना था। लोहे के हल बनाना और नदियों के पानी को मोड़कर सिंचाई करने का काम आदमी ने सीख लिया था। इस जमाने के

लोग गाय जैसा छोटे-छोटे सींगोंवाला जैबू, पानी की भैंस, ऊँट, भेड़, मुरगे और सूअर पालने लगे थे और मवेशी से काम लेते थे। ईसा से लगभग 1500 साल पहले सिंधु घाटी की सभ्यता बहुत बढ़ी-चढ़ी थी। आर्य बैलों से 'कृष' नामक हल को खिंचवाकर खेतों की जुताई करते थे। इनके खेती-बाड़ी के तरीके काफी सुधरे हुए थे। इनके पास बकरियाँ, घोड़े आदि जानवर भी थे।''—डॉ. नाथ ने कहा।

''अच्छा तो इस तरह खेती का विकास हुआ।''—मलूका ने कहा।

''मुगल-काल में पशु-पालन और खेती का ढर्रा उसी तरह चलता रहा। उस समय अनाज सस्ता था और घी-दूध की कमी न थी।''—डॉ. नाथ ने बताया।

''लगभग 300 साल पहले हमारे देश में फसल की बढ़वार, रक्षा, सिंचाई, पौधों के प्रजनन करके तैयार करना, बिजली के पंप और उर्वरक व खाद का प्रयोग अच्छी तरह शुरू हो चुका था और किसान तेजी से तरक्की करने लगा।''—डॉ. नाथ ने कहा। ''बस, यही हमारी खेती की कहानी है।''-यह कहते-कहते डॉ. नाथ कुरसी से उठकर खड़े हो गए।

''क्या बात है, क्या हमें खेती का किस्सा सुनाते-सुनाते ऊब गए आप?''—मलूका सरपंच बोला।

''नहीं, मलूकाजी, मुझे अब घर जाना है। दादा इंतजार कर रहे होंगे। मुझे उन्हें एक फार्म दिखाने ले जाना है।'' यह कहते हुए डॉ. नाथ चल दिए। मलूका और महेश बाबू एक-दूसरे का मुँह ताकने लगे।

2

जब डॉ. नाथ महेश के साथ दिल्ली आए तो उन्हें उसके घर जाना ही पड़ गया। महेश ने घर पहुँचते ही डॉ. नाथ का अपनी बहन रानी से परिचय कराया। चुस्त सलवार और कसे कुरते में रानी बड़ी सलोनी लग रही थी। डॉ. नाथ ने उसे कई बार कनखियों से देखा और वह शरमाकर रह गई। विकास अधिकारी महेश बाबू ने कहा—''निक्की, यह हमारे बड़े जिगरी दोस्त हैं। मेरा गाँव में बिल्कुल मन नहीं लगता, बस इन्हीं के सहारे समय कटता है।''

रानी का प्यार का नाम 'निक्की' था। वह यहाँ बी.ए. में पढ़ रही थी। निक्की ने अपने हाथों से गरम-गरम पकौड़ियाँ बनाईं, चाय तैयार की और डॉ. नाथ की खासी खातिर कर दी। महेश बाबू ने घर में अपनी माँ और निक्की से डॉ नाथ की बहुत तारीफ की। निक्की की माँ डॉ. नाथ के पास आकर बैठ गई और

डॉ. नाथ से बातें करने लगी—"भय्या, इसके लिए कोई लड़का तो बताओ!"

"हाँ-हाँ, मिल ही जाएगा माताजी, अभी जल्दी क्या है! इसे बी.ए. तो करने दो। मेरी भी तो एक छोटी बहन है, वह गाँव में ही हायर सेकेंडरी में पढ़ रही है, उसके लिए भी मुझे लड़का खोजना है। मैं तो सोचता हूँ माँ, कि तुम्हारे लड़के के साथ ही अपनी बहन की शादी कर दूँ।" डॉ. नाथ ने महेश बाबू की ओर मुसकराकर कहा।

"यार, तुम शैतानी से बाज नहीं आओगे। हर समय शरारत करते रहते हो।" महेश बाबू बिगड़कर बोले और सभी हँसने लगे। डॉ. नाथ ने महेश बाबू की माँ और निक्की को गाँव आने का न्योता दिया और दोनों जीप से वापस गाँव की ओर चल पड़े।

विकास अधिकारी ने घंटी बजाई। चपरासी हाजिर हो गया।

"जाओ, जरा डॉ. बद्रीनाथ को खबर कर दो कि आपको साहब ने याद किया है,"—महेश बाबू ने कहा।

चपरासी जाकर डॉ. बद्रीनाथ को लिवा लाया। "आइए, डॉ. नाथ! मैं आपको याद कर रहा था।" महेश बाबू ने कुरसी से उठकर डॉ. नाथ का अभिवादन करते हुए कहा।

डॉ. नाथ बैठ गए। "सुनाइए जनाब, क्या खबर है?" उन्होंने बैठते-बैठते कहा।

"खबर क्या है, नाथ! आज अब्दुल्ला गाजियाबाद से वापस आया है। वह वहाँ ट्रैक्टर की ट्रेनिंग लेने गया था। आपको याद है न!"

"हाँ-हाँ, अच्छा तो वह तीन महीने का प्रशिक्षण पूरा करके आ गया।"—डॉ. नाथ ने कुछ आश्चर्य की मुद्रा में महेश बाबू की ओर देखा।

"हाँ, कल रात ही लौटा है। अब सवाल यह है कि उससे सभी किसानों की मुलाकात करा दी जाए, ताकि सभी ट्रैक्टर के बारे में जान जाएँ। तुम्हारा क्या खयाल है?"

"सभी किसानों से तुम्हारा मतलब उन्हीं लोगों से है न, जोकि ट्रैक्टर रखते हैं, या खरीदने वाले हैं।" डॉ. नाथ ने साफ-साफ जानना चाहा।

"नहीं, यह बात नहीं है। मैं चाहता हूँ कि जो भी ट्रैक्टर के बारे में जानना चाहें, सभी को बुलाया जाए और आस-पास के गाँवों के किसान भी आएँ।"

"बिल्कुल ठीक है,"—डॉ. नाथ ने कहा।

"लेकिन यह सारा खेल तुम्हें ही करना होगा। तुम किसानों के मन को पहचानते हो।"

''ठीक है, मैं कर लूँगा। कल शाम को छह बजे पंचायत-घर में सबको बुला लो। मैं ऐसा नाटक रचूँगा कि किसान भाइयों को मजा आएगा और वे हमेशा के लिए ट्रैक्टर को अपना दोस्त समझने लगेंगे।''

धीरे-धीरे शाम होने लगी। रोशनी जल उठी। पंचायत घर के मंच के नीचे चारों ओर 200-250 किसान ट्रैक्टर की कहानी सुनने के लिए बैठे थे। सभी ट्रैक्टर की बारीकियों के बारे में जानना चाहते थे। थोड़ी देर में घर्र-घर्र की आवाज शुरू हुई और मंच पर ट्रैक्टर आकर खड़ा हो गया। ट्रैक्टर पर कोई सवार नहीं था। उसकी सीट पर कठपुतला बैठा हुआ था। कठपुतले ने ऊपर हाथ उठाकर सलाम किया और पीछे से आवाज आई—

''भाइयो, राम-राम! मेरा नाम ट्रैक्टर है। आज तुम्हें अपनी कहानी सुना रहा हूँ। आज देश को कार से ज्यादा मेरी जरूरत है। जब देश में ज्यादा पैदावार बढ़ाने के लिए जी तोड़ कोशिशें की जा रही हैं, तो मैं कैसे पीछे रह सकता हूँ? मुझे बनानेवाले कई कारखाने भी देश में खुल गए हैं। 30 हजार रुपए की लागत से काम करनेवाले 10-15 हॉर्स पावर के ट्रैक्टर जल्दी ही तैयार हो रहे हैं। फरीदाबाद की एस्कोर्ट कंपनी में, नाहन फाउंड्री में, पंजाब और मध्य प्रदेश में छोटे-छोटे ट्रैक्टर तथा हाथ से चलनेवाले ट्रैक्टर भी बनाए जा रहे हैं। अब आप लोगों को कोई काम हाथ की कड़ी मेहनत से पसीना बहाकर नहीं करना पड़ेगा। जुताई, बुआई, कटाई, निराई, गुड़ाई और फसल की ढुलाई का सारा काम मैं ही करूँगा और तुम लोग मुझे पाकर फूले नहीं समाओगे।''

सारे किसान हँस पड़े और जोर से तालियाँ बज उठीं।

''वाह ट्रैक्टर भय्या, धन्य हो! लेकिन हम गरीब तुम्हें खरीद कैसे सकते हैं?'' भीड़ में से किसी ने कहा।

ट्रैक्टर वापस चला गया और दुबारा आने के लिए इशारा दे गया। इतने में ही गाजियाबाद कृषि इंजीनियरिंग वर्कशॉप में जो लड़का रूसी ट्रैक्टरों का काम सीख रहा था, वह मंच पर आ गया और बोला—

''देखो भाइयो! मैं ट्रैक्टर के एक-एक पुरजे का काम सीखकर आया हूँ। जो भी भाई ट्रैक्टर के बारे में मुझसे सवालात पूछना चाहें, वह यहाँ आ जाएँ और मुझसे ट्रैक्टर की मरम्मत, चलने और काम करने के बारे में दिल खोलकर सवाल करें—''यह कहकर वह सवाल करनेवाले का इंतजार करने लगा।

अनोखे ने उठकर सवाल पूछने का हौसला किया। वह जब अपने खेत में खड़ा-खड़ा जमींदार के ट्रैक्टर को चलते देखा करता तो उसके मन में तरह-तरह

के सवाल उठते थे। उन सवालों का जवाब देनेवाला भी कोई न था। आज उसे मौका मिल गया और उसी ने सवाल पूछने की ठान ली—

"अगर हम ट्रैक्टर चलाने लगेंगे तो हमारे बैलों का क्या होगा?" अनोखे ने कहा।

"भई, बैलों का काम खत्म हो जाएगा और जिस जमीन में हम उनके लिए घास और चारा उगाते हैं, वहाँ देशवासियों के लिए अन्न उगाएँगे।"

सब तरफ से आवाज आई—"बिल्कुल ठीक है।"

अनोखे मन-ही-मन खुश हुआ और सोचने लगा कि मैं भी अपनी बैलों की जोड़ी को बेच दूँगा। ट्रैक्टर जल्दी और अच्छा काम करेगा। मेरी मेहनत भी बचेगी। बचे समय में मैं रधिया को लेकर शहर घूमने जाया करूँगा।

"ट्रैक्टर से और क्या-क्या काम हो सकते हैं?" अनोखे ने दूसरा सवाल किया।

"ट्रैक्टर दरअसल खुद एक औजार नहीं है। ट्रैक्टर तो एक ऐसी मशीन है, जो दूसरे औजारों को चलाती है और उन औजारों को चलाकर उनसे जल्दी और ज्यादा काम लेती है। ट्रैक्टर हलों को खींचता है। इसमें जोड़कर पंखी हल, पत्तीदार हल, तवेदार हल, बखर, बुआई की बड़ी-बड़ी ड्रिल मशीनों और कटाई की मशीनों को चलाया जा सकता है। इसके अलावा ट्रैक्टर से कुट्टी काटने की मशीन चलाई जा सकती है। सिंचाई करनेवाला पानी खींचने का सेंट्रीफ्यूगल पंप चलाया जा सकता है। ट्रैक्टर में पीछे गाड़ी या ट्राली लगाकर बिना तकलीफ के टनों माल भी ढोया जा सकता है। मेरा मतलब यह है कि ट्रैक्टर किसान का सच्चा दोस्त है।"

इतने में ही एक युवक खड़ा होकर अनोखे से भी पहले बोल पड़ा—"क्यों भय्या, क्या ट्रैक्टर धान के खेत में भी काम कर सकता है?"

"हाँ-हाँ, क्यों नहीं कर सकता। धान के खेत में चलाने के लिए ट्रैक्टर में हलके पहिए लगा दिए जाते हैं, जो ट्रैक्टर के सारे वजन को उठाए रहते हैं। ये धान के खेत का सारा काम करता रहता है।"

अनोखे ने पूछा—"ट्रैक्टर कितनी तरह के होते हैं? क्या जैसा ट्रैक्टर अभी हमने देखा था, सभी ट्रैक्टर ऐसे ही होते हैं?"

"नहीं, ट्रैक्टर कई तरह के होते हैं। एक तो जमीन की सतह से सटकर रेंगनेवाले ट्रैक्टर होते हैं। ये कड़ी मिट्टी और चट्टानों को तोड़ने का काम करते हैं। मैंने वर्कशॉप में ऐसे कई जंगी ट्रैक्टर देखे थे। इन्हें 'क्राउलर ट्रैक्टर' कहते हैं। दूसरे बहुधंधी ट्रैक्टर होते हैं। ये फार्म पर हर तरह का काम करते हैं, जैसाकि यह

ट्रैक्टर है। फर्ग्यूसन कंपनी का, जो आप लोगों ने अभी देखा था।''

''हाँ-हाँ, देखा था, इसमें चार पहिए लगे थे।''

''बस, यह ट्रैक्टर ही आप लोगों के ज्यादा काम का है। यह कूँडों में उगाई गई फसलों में सभी काम कर लेता है। यह ट्रैक्टर मिट्टी की सफाई भी करता है और खेत में काम करते समय फसल को जरा भी नुकसान नहीं पहुँचाता। आज हमारे देश में कई लाख ट्रैक्टर काम कर रहे हैं। सहकारी फार्मों पर तथा किसी भी बड़े फार्म पर तो ट्रैक्टर की मदद के बिना काम चल ही नहीं सकता।''

''आप यह बताना तो भूल ही गए कि आप ने वहाँ तीन और कौन-कौन सी तरह के ट्रैक्टर देखे? क्या वे हमारे गाँव में काम नहीं आ सकते?'' रधिया बीच में ही बोल उठी। गाँव के कई लोग, जो ट्रैक्टर का तमाशा देखने आए थे, उसे घूरने लगे।

''हाथ का छोटा ट्रैक्टर भी जापान में होता है।'' विकास अधिकारी ने उसे याद दिलाया।

''हाँ, साहब, बस अब उसी की बारी है। यह छोटा ट्रैक्टर हमारे देश में भी बन गया है। यह हाथ से पकड़कर चलाया जाता है। यह हलकी जुताई, निराई-गुड़ाई और छोटे-छोटे धान के खेतों में और बगीचों में काम करने के लिए बड़ा उपयोगी है।''

''क्या इसे किसान बैठकर नहीं चला सकता?'' मलूका ने पूछा।

''नहीं भय्या, यह तो दोनों हाथों से पकड़कर और खड़े होकर ही चलाया जाता है। जापान में धान के खेतों में ऐसे बहुत से ट्रैक्टर चलते हैं। हमारे देश में भी नाहन फैक्टरी में यह ट्रैक्टर बनाए जा रहे हैं। हो सकता है, 2-4 साल में तुम्हारे गाँव में भी आ जाएँ।''

''एक दो पहिएवाला चेनदार ट्रैक्टर होता है। इसके पहियों की चौड़ाई कतारों के मुताबिक घटाई-बढ़ाई जा सकती है। यह 'हाफट्रैक ट्रैक्टर' कहलाता है। इससे खेती के भारी-भारी औजारों को भी आसानी से खींचा जा सकता है। इसे कतारों में काम करनेवाला ट्रैक्टर कहते हैं। यह बगीचे और फुलवारियों में भी काम करता है।''

''सबकुछ बात ठीक है, बेटा! लेकिन ट्रैक्टर से और क्या-क्या फायदे हैं, जिनसे हम अपने देश की खेती को खुशहाल कर सकते हैं?'' दादा ने फिर कहा।

''यह मैं नहीं बताऊँगा दादा! मेरा ट्रैक्टर खुद ही तुम्हें अपने गुण बताने आ रहा है। वह देखो सामने से घर्र-घर्र करता चला ही आ रहा है। अब मैं जाता हूँ।''

रोशनी तेज हो गई और ट्रैक्टर महाराज फिर मंच के चबूतरे पर आकर रुक

गए। सभी गाँववाले और बच्चे ताली पीट-पीटकर शोर करने लगे। जैसे-जैसे शोर कम हुआ, ट्रैक्टर की तरफ से आवाज आई—

"तेज गरमी पड़ने लगी। किसान आकाश की तरफ देखने लगा। समय आया। घटाएँ घुमड़ने लगीं और धरती पानी से सराबोर हो गई। जुताई का समय आ गया। अब किसान के पास वही हल, वही एक बैलों की जोड़ी, आखिर क्या करे? उसने हल उठाया और दम तोड़कर खेत की जुताई कर दी। कई दिन लग गए। धरती की नमी सूख गई; उधर खेत में छोटे-छोटे खर-पतवार उगने लगे। ये तो हुई हलवालों की बात। पर जिन लोगों के पास ट्रैक्टर था, उन्होंने उसे चालू किया और एक ही घंटे में सारे खेत में गहरी जोत लगा दी; दूसरे दिन पाटा फेर दिया और तीसरे दिन खेत में उगने के लिए दाना फेंक दिया। बस, तीन दिन में सारा काम चुक गया। खरपतवार भी नहीं उग सके, भूमि की नमी भी नहीं सूखी और बीज में फौरन ही अंकुर फूटने लगे। यह था मेरा चमत्कार, हल या बैल का नहीं।

"चंदू को सरकार ने नदी के कछार में खेती करने के लिए नई जमीन दे दी। जमीन की हालत को देखकर उसका कलेजा काँपने लगा। नदी के खादरों और झंखाड़ों में ऊँची-ऊँची घास से भरी जमीन बिल्कुल ऊसर और अनुपजाऊ। आखिर चंदू क्या करेगा? क्या वह सरकार को ऐसी जमीन लौटा दे? क्या सरकार से यह कह दे कि मैं यहाँ खेती नहीं करता? आखिर सरकार भी बढ़िया जमीन कहाँ से लाएगी? क्या उसके पास जमीन बनती है?

"अरे एक जमाना तो ऐसा था, जब सारे देश की जमीन ही ऐसी थी, बस, चंदू मेरे पास आ गया। और मैंने कहा—चंदू जमीन है, बीज है, पानी भी बरसता है, पास में नदी बहती है, फिर तू हिम्मत न हार। आ, मेरी पीठ पर सवार हो, तेरा खेत बना दूँ और अगले साल तेरी कोठी को अनाज से भर दूँ। आखिर बूढ़ा हल और ये कमजोर बैल तेरी कहाँ तक मदद करेंगे?'

"बस फिर क्या था! चंदू की बाँछें खिल उठीं। उसने मेरा सहारा लिया और मैंने तीन दिन के अंदर-अंदर जमना की खादर का बंजर तोड़कर साफ कर दिया। जहाँ झाड़-झंखाड़ और टीले थे, वहाँ चंदू का खूबसूरत खेत बन गया। घासें साफ हो गईं और उसने गेहूँ बो दिया।

"दिनों को बीतते देर नहीं लगती। बात की बात में चंदू के खेत में 'सोनोरा 64' नामक नए गेहूँ की नई फसल लहलहा उठी और वह खुशी से नाच उठा।"

"भय्या ट्रैक्टर, तुमने जो कुछ कहा था, कर दिखाया। तुम्हारी जय हो।"—ट्रैक्टर घर्र-घर्र करता हुआ चला गया।

बस, यही बात सभी बैठे हुए किसानों के मुँह से भी निकल पड़ी। उन्होंने खेतों की चकबंदी करने, सहकारी फार्म बनाने और ट्रैक्टर के साथ नए-नए हल, औजार और कीमती मशीनें खरीदकर नई-नई अनाज की किस्में बोकर खेती करने का निश्चय कर लिया।

डॉ. नाथ ने आकर सभी किसानों को उनकी सूझ-बूझ पर बधाई दी। विकास अधिकारी ने ट्रैक्टर कंपनी की तरफ से कुछ ऐसी हिंदी की किताबें बाँटीं, जिनमें ट्रैक्टर की सार-सँभाल और देख-भाल की बातें लिखी थीं। सभी किसान एक-एक किताब लेकर रवाना हो गए।

गाँव में कई जमींदारों के पास नए और पुराने ट्रैक्टर थे। उनमें से एक ने तो सारी किताब को उलट-पुलट डाला और एक-एक बात को दस-दस बार जोर से पढ़ा। उसने उन्हीं बातों पर अमल किया, ताकि उसका ट्रैक्टर ज्यादा दिन तक काम करे और कभी खेत में काम के वक्त धोखा न दे। पुस्तिका में लिखा था—

प्रत्येक आठ घंटे काम करने के बाद ट्रैक्टर की देख-भाल करनी चाहिए—

1. टायर के अंदर पूरी-पूरी हवा रखी जाए। यदि टायर का दबाव ठीक न रखा गया तो रबड़ में दरारें पड़ जाती हैं।
2. ग्रीस और तेल से टायर की सफाई रखना जरूरी है। यदि तेल लगा रहा तो टायर फूल जाता है और वह धीरे-धीरे सड़ जाता है।
3. रेडिएटर में पानी की कमी से इंजन ज्यादा गरम हो जाता है। नतीजा यह होता है कि उसकी घिसावट अधिक होती है और तेल अथवा पेट्रोल ज्यादा लगने पर भी कम अश्व-शक्ति (हॉर्स-पावर) पैदा होती है।
4. इंजन के क्रेंककेस और ट्रांसमिशन में पूरा तेल होना चाहिए। यदि कम तेल रहेगा तो इंजन अधिक गरम हो जाएगा। यदि काफी तेल नहीं होगा तो तेल के प्रैशरगन में भी दबाव की कमी होगी।
5. पेट्रोल टंकी में देखने पर पता लग जाएगा कि उचित मात्रा में पेट्रोल है अथवा नहीं। पेट्रोल कम मात्रा में हो तो और भर लें। लेकिन पेट्रोल साफ होना चाहिए। जब इंजन चल रहा हो तो टंकी में पेट्रोल कभी भी न डालें।
6. टूटी हुई अथवा पेट्रोल टपकानेवाली नलियाँ और टंकी की जाँच करते रहना चाहिए। नहीं तो आग लगने का खतरा रहता है।
7. एयरक्लीनर का तेल बदलना भी जरूरी है। इसके अंदर का तेल आठ घंटे में अवश्य ही बदल दिया जाए। यदि ट्रैक्टर धूल-धूसरित हो रहा हो तो दिन में दो बार तेल बदलना ठीक होगा। तेल बदलते समय और भी

कई बातों का ध्यान रखें, जैसे—

(क) प्याले में बने निशान तक तेल भरा जाए।

(ख) एयरक्लीनर के नीचे की जाली को निकाल लें।

(ग) खराब तेल अलग प्याले में रख दें।

(घ) प्याले की पैंदी में जमी धूल को साफ कर लें।

8. गादवाले तेल की सफाई करें। इस यंत्र को घुमाकर निकाला जाए, जिससे कार्क की गास्कट को कोई हानि न पहुँचे। इसके बाद उसका पेट्रोल निकालकर साफ कर दिया जाए और नया तेल भर दिया जाए।
9. ग्रीस व तेल भी दें। ट्रैक्टर में ग्रीस देनेवाले पुरजों पर, जैसे लैवलिंग, लीवर, वेल्टपुल, किंगपिन, ब्रैक आदि पर प्रतिदिन ग्रीस लगानी चाहिए। ग्रीस देने वाली जगह को साफ कपड़े से रगड़ देना चाहिए। ग्रीस अथवा तेल, जो भी दिया जाए, उसमें धूल नहीं होनी चाहिए।

हाँ, साँतवें दिन फिर देखें—

ट्रैक्टर को प्रत्येक 60 घंटे काम करने के बाद उसकी साप्ताहिक देख-भाल करनी चाहिए—

1. तलछट तेल की जाली को बाहर निकाल लेना चाहिए। इसके बाद पेट्रोल में डुबाना चाहिए। पूरी तरह डुबाकर साफ कर देना चाहिए।
2. रेडिएटर की टोंटी में भरा हुआ पुराना पानी निकाल दिया जाए। फिर साफ पानी भर दिया जाए।
3. एअरक्लीनर की जाली को भी तलछट के तेल की तरह ही साफ किया जाए।
4. गंधक के तेजाब का तेल बैटरी के अंदर की प्लेटों की सतह के ऊपर तक रहना चाहिए। अगर यह तेल प्लेटों की सतह के नीचे है तो प्लेटें खुली रह जाएँगी, जिससे उनके खराब हो जाने का खतरा हो जाएगा। यदि गंधक के तेजाब का तेल नीचे हो तो उनमें और साफ किया पानी या डिस्टल वाटर भर देना चाहिए।
5. तेल की तीन-चार बूँदें मेगनेट और जेनेरेटर में डाली जाएँ। तेल को कुप्पी से डाला जाए। तेल साफ हो तथा फालतू तेल न भरा जाए।
6. बैटरी के जोड़ को कपड़े से साफ किया जाए। फिर उस पर ग्रीस की महीन तह लगा दी जाए।
7. क्रैंककेस में पुराने तेल के स्थान पर नया साफ तेल भरें। तेल भरते

समय गंदगियों से बचना चाहिए—पानी, पेट्रोल, धूल के कण, तेजाब वगैरह, जो पुराने क्रैंककेस के तेल के सड़ने से पैदा होती हैं।

130 घंटे काम करने के बाद ट्रैक्टर की पाक्षिक देख-भाल करनी चाहिए। वह इस तरह से की जाएगी—

1. तेल की छलनी (आयल फिल्टर)—इस यंत्र की किस्म के मुताबिक उनको बदलना अथवा साफ करना चाहिए। ऑयल फिल्टर तेजी से कार्बन और अन्य प्रकार की गंदगी लाने वाले पदार्थ के कणों को स्वच्छ कर देता है।
2. पानी ठंडा रखनेवाले पंखे-पंखे की पट्टी न अधिक ढीली और न अधिक कसी रहे। नहीं तो पंखे की बियरिंग अधिक घिसती रहेगी। यदि पट्टी अधिक ढीली होगी तो पंखा धीरे-धीरे से घूमेगा और पानी ठीक ढंग से ठंडा नहीं हो सकेगा।

घिसटनेवाले नमूने के ट्रैक्टर भारी काम के लिए उपयोगी हैं। खासतौर पर गहरी जोत, नाली बनाना और मिट्टी के पलटने आदि कामों के लिए। इस प्रकार के ट्रैक्टर कड़ीभूमि वाले बड़े-बड़े फार्मों के लिए अधिक उपयोगी हैं। ये फार्म के साधारण कामों के अतिरिक्त जुताई, गुड़ाई, बुआई, कतारों में बोई जानेवाली फसल के लिए कटाई, बुवाई, पट्टे से खींचे जानेवाले यंत्रों के लिए भी उतने ही उपयोगी हैं। पंक्तियों में बोई जानेवाली फसल के काटने के लिए मशीन के सामने एक पहिया या साथ-साथ जुड़े दो पहिए लगा दिए जाते हैं। इस तरह से ट्रैक्टरों को उगनेवाली कतारों के बीच सरलता से चलाया जा सकता है। पिछले पहिए भी साधारण ट्रैक्टरों से कुछ तंग होते हैं। ऊँची खड़ी फसल के लिए विशेष प्रकार के यंत्र भी मिलते हैं। विशेषकर 40 हॉर्स पावर के ऊपर के पहिएवाले स्टैंडर्ड ट्रैक्टरों के लिए 'हाफ ट्रेक' तथा 'फुल ट्रेक' रूपांतर भी बाजार में मिलते हैं।

3

आज गाँव से एक लॉरी में भरकर गाँव के कुछ किसान दिल्ली आ रहे थे। दिल्ली में दुनिया की सबसे बड़ी खेती-बाड़ी के साज-सामान की नुमाइश लग रही थी। इस नुमाइश की चर्चा महीनों से गाँव में फैली हुई थी। इसमें भारत के कोने-कोने से अनेक किसानों के दल के दल पहुँच रहे थे। बड़ी मजेदार नुमाइश थी। एक ही तीर में दो शिकार—एक तरफ खेती के नए-नए औजारों और मशीनों

को देखेंगे, खेती के उपज बढ़ाने वाले नए-नए तरीके सीखेंगे और दूसरे, दिल्ली शहर को भी देख लेंगे।

इस किसान-दल में डॉ. नाथ, विकास अधिकारी महेश बाबू, कृषि अधिकारी, मलूका, अनोखे, रधिया, नत्थू तथा सबको मिलाकर कुल बारह लोग थे। दल दिल्ली के लिए रवाना हो गया। दिल्ली पहुँचकर दल के दो भाग कर दिए। एक टुकड़ी महेश बाबू के साथ चली और दूसरी डॉ. नाथ के साथ। दोनों का काम अलग-अलग बाँट दिया गया। एक दल पहले दिल्ली के खास-खास ऐतिहासिक स्थानों को देखेगा, जब तक दूसरा दल नुमाइश को देखेगा।

शाम हुई। डॉ. नाथ बस में बिठाकर अपने छह साथियों को लेकर मथुरा रोड पर लगी विशाल विश्व कृषि-प्रदर्शनी में पहुँच गए। प्रदर्शनी के बड़े-बड़े तीन द्वार थे। बड़े कलात्मक ढंग से दरवाजों पर 40-40 फीट ऊँची किसान और किसान की घरवाली की मूर्तियाँ लगी हुई थीं। इन्हें देखकर ऐसा लगता था कि माटी और धूल में लिपटे किसान के लिए भी शहरी समाज के दिलों में जगह बाकी है।

टिकट लेकर डॉ. नाथ सभी साथियों सहित अंदर आ गए। अंदर घुसते ही चारों ओर चहल-पहल नजर आ रही थी। तरह-तरह की देशी और विदेशी संगीत की धुनों से नुमाइश का मैदान गूँज रहा था। ये किसान भी नुमाइश की चहल-पहल और भीड़-भाड़ को देखकर ठगे से रह गए।

अनोखे डॉ. नाथ के ही साथ था, रधिया भी। सचमुच जो कुछ कहा था, उससे भी बढ़कर उन्होंने वहाँ पाया। उनकी आँखें फटी रह गईं। ग्राम-सेवक ठीक ही कह रहा था। अंदर बड़ी भीड़ थी। शहर के बहुत से लोग तो तफरीह कर रहे थे, लेकिन बहुत से लोग खेती के मंडपों में जाकर देश में हो रही खेती-बाड़ी की उन्नति देख रहे थे। डॉ. नाथ ने सामने देखा—सबसे लंबा, ऊँचा और नए ढंग से लट्ठों से सजाया गया अमेरिका का मंडप था। अमेरिका का झंडा वहाँ लहरा रहा था। ज्यों-ज्यों ये लोग मंडप की ओर बढ़ते जाते थे, वैसे-वैसे और आवाजें कम होती जाती थीं और तीखा अमेरिकी संगीत कानों में घुस रहा था।

डॉ. नाथ सबको लेकर अमेरिकी मंडप में घुस गए। उन्होंने एक बोर्ड पर लिखी बात सबको जोर से पढ़कर सुनाई—

'वैज्ञानिक खेती का मतलब है—खेती में औजार और मशीनों का इस्तेमाल, उर्वरक देना, मवेशी को अच्छा चारा देना, अच्छा बीज उगाना, फसल को खर-पतवार, कीड़े व बीमारियों से दवाएँ छिड़ककर बचाना, सिंचाई के पानी का पूरा इस्तेमाल करना, खेती की उपज को अच्छी तरह रखना और बाजारों में महँगे दामों

पर बेचकर अपना रहन-सहन का दरजा ऊँचा करना—पिछले 25 वर्षों में अमेरिका ने ऐसा ही किया और आज वह दुनिया का सबसे मालदार देश है।'

अलग-अलग पटों पर बहुत सी बातें लिखी थीं। डॉ. नाथ यह बात सबको सुनाकर आगे बढ़ गए। एक ओर अमेरिका में अनाज को रखने के लिए बनाए गए गोदाम का एक नमूना रखा था। उस पर 'एलिवेटर' लिखा था। डॉ. नाथ ने अनोखे से कहा—

"देखो, अनोखे, हमारे गाँव में लोग खत्ती या कोठियों में गल्ला रखते हैं न!"

"हाँ-हाँ, रखते तो हैं।"

"लेकिन अमेरिका में 180 फीट ऊँचे और लंबे गोदामों में टनों गल्ला रखा जाता है। समझे न!"

"समझ गया," अनोखे ने कहा। "लेकिन एक किसान के पास इतना गल्ला कहाँ-कहाँ से आता होगा, जो वह इतने बड़े गोदाम में रख दे?"

"भई, इनमें से एक किसान का नहीं, पूरे गाँव, कस्बे या सहकारी समिति का गल्ला भरा रहता है। जिसको जरूरत पड़ती है, वह उतना ही गल्ला ले लेता है। इन समितियों को यहाँ 'ग्रेंज' बोलते हैं।"

"ठीक है। हम समझ गए।"—सबने एक साथ कहा।

"यह देखो सामने दीवार पर कितनी बड़ी तसवीर बनी है। जानते हो इसका क्या मतलब है?" डॉ. नाथ ने समझाया।

"यह कैसे।"

"भई, मान लो तुम्हारी जमीन पर गेहूँ की फसल खड़ी है। अचानक टिड्डियों का हमला हो जाता है, किसी वजह से खेत में आग लग जाती है, फसल को कीड़े या बीमारियों से नुकसान हो जाता है। फसल को मवेशी चर जाती हैं, तो तुम अपना सिर ही पीटोगे न!"

"हाँ-हाँ, और क्या करेंगे? अपनी तकदीर को रोएँगे।"

"लेकिन अमेरिका में अगर किसी किसान के साथ ऐसा हो जाए तो वह जरा भी परेशान नहीं होगा।"

"ऐसा क्यों?"

"इसलिए कि उसने अपने खेत में खड़ी हुई सारी फसल का बीमा करा रखा है। वह बीमा कंपनी को सालाना पैसा देता है और बीमावाले उसकी फसल के सारे खतरे और नुकसान को अपने सिर पर ले लेते हैं। अब समझे न!" डॉ. नाथ ने कहा।

डॉ. नाथ ने सबको आगे बढ़ाया। बाईं ओर एक मैदान था। वहाँ सिंचाई का 'साइफन' तरीका समझाया जा रहा था। इस तरीके में साइकिल के ट्यूबों में होकर पानी को क्यारियों में छोड़ रहे थे। अनोखे यह देखकर दंग रह गया। साइकिल के फटे-पुराने ट्यूब भी क्या काम आते हैं! उसकी समझ में कुछ-कुछ तो आ रहा था, लेकिन पूरी बात वह नहीं समझा।

उसने डॉ. नाथ से चलते-चलते पूछ ही लिया—''नाथ भय्या! यह क्या बात है, क्या ट्यूबों के बिना क्यारियों से सीधे पानी खेत में नहीं दिया जा सकता?''

''हम देते ही हैं, अनोखे! लेकिन पानी बड़ा कीमती होता है। कहीं-कहीं पानी की कमी होती है और वहाँ हम एक-बूँद पानी फैलाना भी बुरा समझते हैं। ऐसी जगहों पर ट्यूब से उतना ही पानी खेत में देते हैं जितने की उसे जरूरत होती है। इसे 'साइफन सिंचाई विधि' कहते हैं। हाँ, एक बात और है, इस तरह पानी तो बचता ही है, साथ में क्यारी बनाने की मेहनत भी बच जाती है और ट्यूबों को इधर-उधर घुमाकर या ट्यूब में ट्यूब जोड़कर खेत के किसी भी कोने में मन-माफिक सिंचाई की जा सकती है।''

अमेरिका के मंडप से दल बाहर आ गया। एक ओर मैदान में ट्रैक्टर कुएँ से सिंचाई का पानी खींच रहा था। एक अमेरिकन ट्रैक्टर चला रहा था और एक गाँव का किसान उस पर खड़ा था। ट्रैक्टर से इस दल के लोग पहले ही परिचित थे। आज उन्होंने आँखों से यह देख लिया कि बैलों की जगह ट्रैक्टर भी पानी खींचता है। बाहर फिर दीवाल पर एक अमेरिकी किसान का सुझाव छपा था—डॉ. नाथ ने उसे पढ़कर सुनाया—

''मैं सोचता हूँ अमेरिका की तरह भारत में भी खेती की क्रांति की जा सकती है। अमेरिका में सन् 1800 में जब क्रांति हुई थी तब खेती में 16 प्रतिशत आदमी, 80 प्रतिशत पशुओं की ताकत और 4 प्रतिशत मशीनों की ताकत काम करती थी। लेकिन आज अमेरिका का यह ढर्रा बिल्कुल बदल गया। अब वहाँ 3 प्रतिशत आदमी, 1 प्रतिशत मवेशी और 96 प्रतिशत मशीनों की ताकत से खेती की जाती है और ज्यादा-से-ज्यादा उपज मिलती है। हिंदुस्तान में भी इसी नमूने पर काम किया जाए तो क्या ही अच्छा हो!''

''वाह कमाल की बात कही है!''—एक बोला। लिखाई के एक ओर उस बूढ़े किसान का चेहरा मुसकरा रहा था। ऐसा लगता था कि मानो वह स्वयं ही इन्हें यह बात सुना रहा हो।

डॉ. नाथ का दल यह संदेश पढ़कर आगे बढ़ गया। मंडप के बाहर फिर

वही राग-रंग और रौनक थी। डॉ. नाथ ने बताया कि हमारे देश में अमेरिका से हर साल कुछ किसान हमारी खेती की खोज-खबर लेने आते रहते हैं। तुमने जो अभी बात सुनी और फोटो देखा, यह उसी एक अमेरिकी किसान का फोटो है, जो हाल ही में हमारे देश में आए यहाँ के हालातों को देखकर उसने वहाँ से भारत के किसान और खेतिहरों के नाम यह संदेश भेजा।

''क्या हमारे देश से भी किसान अमेरिका जाते हैं?''

''बराबर, देखो मैं भी अमेरिका, ऑस्ट्रेलिया होकर आया हूँ और मेरे अलावा सैकड़ों हिंदुस्तानी वहाँ खेती की पढ़ाई करते हैं। हमारे किसानों के दल भी अमेरिका, जर्मनी, ऑस्ट्रेलिया वगैरह जाते रहते हैं। किसान के नेता ही नहीं, कई खेतिहर औरतें भी अमेरिका हो आई हैं।'' डॉ. नाथ ने उनका हौसला ऊँचा कर दिया।

दल आगे बढ़ रहा था। इतने में ही रधिया की नजर एक छोटी सी दुकान पर पड़ी। उस पर तसवीर बनी थी—एक आदमी मशीन हाथ में लेकर दवा छिड़क रहा है और घास मुरझाकर झुक रही है। उस पर मोटे-मोटे हरफों में लिखा था—'ग्रामोक्जोन'। रधिया ने चटककर पूछा—''नाथ भय्या! यह 'ग्रामोक्जोन' क्या होता है?''

''2,4 डी. का नाम तो तुम जानते ही हो। यह कीड़े-मार दवा है। इसके अलावा ब्रिटेन में एक ऐसी खर-पतवार नाशी दवा की खोज की गई है। जो खेत तथा पानी में उगे खर-पतवार को नष्ट कर देती है। 1962 में इस दवा को खोज निकाला गया। ब्रिटेन की आई.सी.आई. की पौध-रक्षा शाखा ने इस दवा की खोज की। यह खर-पतवार, घास-पात तथा पानी में उगे फालतू पौधों का समूल नाश कर देती है। इसी का नाम 'ग्रामोक्जोन' है। इसी से फसल को जरा भी हानि नहीं पहुँचती और खर-पतवार नष्ट हो जाती है। रबर, चाय, काफी की फसल के आस-पास से खर-पतवार हटाने के लिए यह दवा बड़ी अच्छी साबित हुई है। इस दवा के छिड़कने से जमीन कटने का खतरा भी नहीं है। छिड़कते ही यह खर-पतवार को नष्ट कर देती है। इसमें निराई की तरह मिट्टी को खोदने की बिल्कुल जरूरत नहीं पड़ती। एक एकड़ में उगी फसल से खर-पतवार हटाने के लिए एक गैलन ग्रामोक्जोन काफी रहता है।

''फर्म ने पैर से चलाए जाने वाला 'मारुति' नामक एक उपयोगी छिड़कावक भी तैयार किया है। इसकी एक नली को दवा के घोल में डाल देते हैं तथा हैंडिल को हाथ में पकड़कर जमीन पर रखकर पंप को चलाया जाता है। फिर दूर-दूर तक नॉजिल से दवा की फुहार जाती रहती हैं। इस छिड़कावक से चाय की झाड़ियाँ,

ऊँचे-ऊँचे पेड़-पौधे, आम, नारंगी के वृक्ष तथा सभी तरह की फसलों पर भी दवाओं का छिड़काव किया जा सकता है।

''और सुनो! इसी फर्म ने एक गैसवाला छिड़कावक भी तैयार किया है, जिसका बटन घुमाने से उसमें से गैस निकलकर नलकी में जाती है। वह दवा को ताकत के साथ नली में होकर छोटे छेद तक ले जाती है। इस यंत्र को हाथ या पैर की ताकत से नहीं चलाना पड़ता। यह खुद-ब-खुद गैस की ताकत से काम करता है।''

''भय्या, दुनिया में बड़ी-बड़ी चीजें चल गई हैं, हम गरीब कहाँ तक खरीदेंगे?''—रधिया ने नैन मटकाकर कहा।

''तू नहीं समझती रधिया। हमारे देश में एक अरब रुपए की फसल को हर साल कीड़े-मकोड़े, बीमारियाँ और खर-पतवार खा जाते हैं। अगर हमारे गाँव में ही इतना अनाज बचे तो हम सारी जिंदगी बैठकर खा सकते हैं; और फसल का 20वाँ हिस्सा तो हर साल हर किसान को इनकी भेंट चढ़ाना पड़ता है।''

''हिंदुस्तान इंसेक्टीसाइड्स जैसे बड़े-बड़े कारखाने एक-एक लाख टन तक दवाएँ हर साल तैयार करते हैं। आज भी हममें से आधे किसान इन दवाओं का फायदा उठाकर फसल को बचा लेते हैं।''—डॉ. नाथ ने जोर से छींका और बात अधूरी रह गई। इतने में ही पौध-रक्षा विभाग का मंडप सामने आ गया। सारा दल उधर ही मुड़ गया।

मंडप छोटा-सा था। वहाँ तरह-तरह के चित्र लटक रहे थे। कहीं दवा छिड़कने का, कहीं हवाई जहाज से टिड्डी मारने का, कहीं फ्लेमगन चलाकर फसल बचाने का।

डॉ. नाथ ने बताया—''भारत में पौध-रक्षा के औजार और मशीनें बनानेवाले उद्योग काफी चल पड़े हैं। ये मशीनें ज्यादा महँगी नहीं हैं। पौध-रक्षा के औजार और उपकरणों में भुरकावक, छिड़कावक, बीज उपचारक, लपटें फेंकनेवाले यंत्र, चिड़िया उड़ानेवाले यंत्र, गैस पंप इत्यादि आते हैं। ये सभी यहाँ दिखाए गए हैं। देखो यह भुरकावक है। भुरकावक यंत्र चार तरह के बनाए गए हैं—पहले, हाथ से दवा भुरकने वाले यंत्र, दूसरे, नैपसैक थैलेवाले भुरकावक यंत्र; तीसरे रोटरी भुरकावक यंत्र और चौथे बिजली से चलनेवाले भुरकावक यंत्र। ये यंत्र बड़े-बड़े फार्मों पर दवा छिड़कने के काम आते हैं।

''हाथ से चलाए जाने वाले रोटरी भुरकावक में 8-10 पौंड तक दवा आ सकती है। इससे फसल तथा पेड़-पौधों पर दवा छिड़की जा सकती है। इसमें एक रेगुलेटर भी लगा रहता है, जिससे दवा के भुरकाव की गति को कम-ज्यादा कर

सकते हैं। एक पेटी भी इसी में रहती है, जिसे भुरकनेवाला गले में लटकाए रहता है और पैदल चलकर दवा भुरकता रहता है। इसमें अंदर पंखा होता है, जो दवा के पाउडर को उड़ाकर तेजी से नॉजिल तक ले जाता है।

"यह एक छोटा भुरकावक है, जिसमें वाई (Y) की शक्ल में दो नॉजिल लगे रहते हैं। इससे भी दवा भुरकना आसान रहता है। इसमें 8-10 पौंड दवा भरी जा सकती है तथा एक एकड़ में 5 से लेकर 20 पौंड तक दवा छिड़कने का काम लिया जा सकता है। छोटे फार्म व बगीचों के लिए घूमनेवाले तथा लंबी नलीवाले भुरकावक ज्यादा अच्छे रहते हैं, क्योंकि इनको किसी भी दिशा में आसानी से ले जाया या घुमाया जा सकता है तथा इसमें 1 पौंड दवा का पाउडर भरा रहता है। देखो, यह ऐसा ही भुरकावक रखा है।"—डॉ. नाथ भुरकावकों की बात बताते-बताते दवा छिड़कनेवाले यंत्रों को बताने लगे—

"ये छिड़कावक यंत्र हैं। भुरकावक की तरह ये भी चार तरह के होते हैं—

(1) पंप-छिड़कावक

(2) बाल्टीवाला छिड़कावक

(3) बिजली या मोटर से चलनेवाला छिड़कावक

(4) नैपसेक छिड़कावक

इन सभी में तरल दवाओं की फुहार नॉजिल से निकलती है। इन्हीं यंत्रों से फफूँद नाशी, खर-पतवार नाशी तथा अन्य कीड़े-मार दवाएँ छिड़की जा सकती हैं।

"हाथ से चलाए जाने वाले छिड़कावकों में लाल दवा पीतल की चद्दर वाले बरतनों में भरी रहती है। फिर इन्हें झाल कर 120 से 200 पौंड प्रति वर्ग इंच के ऊँचे दबाव पर परखा जाता है, ताकि चद्दर फट न जाए। इनमें पाँच गैलन तक दवाएँ भरी जा सकती हैं। इसमें ऊपर की ओर छिड़कनेवाली नली फिट रहती है, जो एक पोली नली की तरह काफी लंबी होती है। इसमें 'डी''1' की शक्ल का पकड़ने का हत्था तथा ताला भी लगा रहता है, जिससे छिड़कावक को रोका जा सके।

"यह बाल्टीवाला छिड़कावक है। इसमें पीतल की नली होती है जिसे पंप के साथ जोड़ दिया जाता है। जब पंप चलाया जाता है तो पंप के साथ दवा खिंचकर आती है और दूसरी नॉजिलवाली नली में पहुँचकर हवा के दबाव के साथ तेजी से फुहार बनकर बाहर निकलती है। बालटी और पंप काफी बनने लगे हैं, जो सस्ते मूल्यों पर किसानों को मिल जाते हैं। बड़े-बड़े छिड़कावक, जो डीजल इंजन और बिजली की मोटर से चलते हैं, बड़े फार्मों पर ही दवाइयाँ छिड़कने के काम आते हैं।

"देखो, यह लपट फेंकनेवाली बंदूक (फ्लेमगन) है। ट्डिडी जैसे भयंकर

फसल के शत्रुओं को नष्ट करने के लिए यह बड़ी उपयोगी है। इसकी नली से तेजी से आग की लपट निकलती है, जिससे फसल को नुकसान नहीं पहुँचता, बल्कि टिड्डी या कीड़े जल कर मर जाते हैं या उड़ जाते हैं। यह वायु के दबाववाले छिड़कावक पंप के साथ फिट कर दी जाती है। इन पंपों में जलनेवाले तेल ओर विस्फोटक रसायन होते हैं, जिनसे लपटें बनती हैं। यह रखा है गैस पंप। चूहा मारने के लिए यह बड़ा उपयोगी है। इस पंप को चालू करके चूहों के बिल में गैस छोड़ दी जाती है। यह गैस बड़ी तेज और जहरीली होती है। इसलिए इसे बड़ी सावधानी से इस्तेमाल करना चाहिए।'' डॉ. नाथ ने बताया।

''लेकिन डॉक्टर साहब, यह ढोल-सा क्या रखा है?''—मलूका बोला।

''यह बीज उपचारक है। कीड़े और अन्य हानिकारक जंतुओं को मारने के लिए यह जरूरी है कि बीज को दवाओं में निथार लिया जाए। मिट्टी के तेल का एक खाली पीपा लेकर उसके बीच में एक गोल धुरी फिट कर दी जाती है। फिर इस पीपे में बीजों को तथा दवा को भरकर उस धुरी को तेजी से 20-25 मिनट तक घुमाया जाता है। इससे दवा बीजों पर अच्छी तरह लिपट जाती है। इस तरह एक बार में लगभग 10 सेर बीजों को उपचारित किया जा सकता है। उपचारित होने के बाद बीज में घुन या अन्य कीट-व्याधि आदि नहीं लग सकती।''

''कीड़े-मार दवाएँ पतले रसायन और पाउडर जैसी होती हैं। इन्हें तीन भागों में बाँटा जा सकता है, जैसे—

1. ऐसी दवाएँ जिनको छूने से कीड़ों का नाश हो जाता है।
2. ऐसी दवाएँ जिनके खाने से कीड़े मर जाते हैं।
3. ऐसी दवाएँ जिनके धुएँ से साँस लेने से कीड़े मर जाते हैं।

ये सभी दवाएँ हमारे देश में बनती हैं और कुछ बाहर से आती हैं।''—डॉ. नाथ यह कहते हुए आगे चल दिए।

4

सब हार्टिकल्चर यानी बागवानी के मंडप की ओर बढ़ गए। यहाँ बड़े सुंदर रंग-बिरंगे फूलों के गुच्छों की सजावट थी। गणतंत्र दिवस पर निकलनेवाली झाँकियों के छोटे-छोटे नमूने दर्शकों के देखने के लिए लगाए गए थे। एक ओर बगीचे में काम देने वाले औजार रखे हुए थे। वहाँ खड़ा हुआ एक आदमी देखनेवालों को इनके बारे में सब बातें समझा रहा था—

"खेती की तरह बगीचों के लिए औजारों की जरूरत पड़ती है। खर-पतवार हटाने के लिए, फल चुनने, कटाई-छँटाई करने, पौधों की जड़ों के आस-पास मिट्टी चढ़ाने और खाद देने के लिए तरह-तरह के उन्नत औजार काम आते हैं। अब तो खुरपा, फावड़ा और कैंचिया भी नए-नए किस्मों की निकल गई हैं। कुछ औजारों को हमारे देसी कारीगरों ने ही सुधारकर अच्छा बना लिया है।"

"जब पौधे बड़े हों और उनकी शाखाएँ फैलने लगें, तब किस कैंची से छँटाई करनी चाहिए?" एक ने पूछा।

"भई, कैंचियाँ अलग-अलग आकार की होती हैं। टहनी की चौड़ाई के हिसाब से उन्हें चुना जा सकता है।" प्रदर्शक ने बताया।

"निराई के अलावा क्या आपके यहाँ ढेले फोड़नेवाले और मिट्टी ठीक करनेवाले यंत्र भी मिलते हैं?" अनोखे ने पूछा।

"हाँ-हाँ, महाराष्ट्र, आंध्र, मैसूर, मध्य प्रदेश, गुजरात इत्यादि राज्यों में तरह-तरह के हल, पटेला और अन्य यंत्र देशी कारीगरों ने तैयार किए हैं। इनसे ही निराई-गुड़ाई का काम भी किया जाता है।" उसने बताया।

"देखिए, बाग में शाखाओं की छँटाई के लिए ये कैंचियाँ काम में लाई जाती हैं। विदेशों में तो ये कैंचियाँ बिजली से भी चलती हैं। किंतु हमारे यहाँ कटाई-छँटाई का काम हाथ की कैंचियाँ ही करती हैं।" उसने एक कैंची को हाथ में उठाकर अनोखे को दिखाया।

"और सुनिए! बैलों से खींचे जानेवाले त्रिफाली हल की परख की जा रही है कि वह धान के खेत में तीन कुंडों की जापानी तरीके से एक साथ निराई कर सकेगा या नहीं! इसे जापानी ढंग का बनाने के लिए इसके रोलर की चौड़ाई कुछ कम की जा रही है। ऐसा करने से यह संभव हो जाएगा कि इससे जहाँ जापानी तरीके से धान की खेती की जा रही है, वहाँ सरलता से काम कर सकेगा।" उसने धान के खेत की चर्चा कर दी।

"लेकिन भय्या! हम तो धान की खेती नहीं करते। हमें तो कोई बढ़िया सा बगीचे में काम करनेवाला अच्छा गोड़क दिखाओ।" मलूका सरपंच ने बात काट दी।,

"हाँ-हाँ, आप ठहरिए, मैं आपको कई काम करनेवाला बहुधंधी 'रोटरी गोड़क' दिखाता हूँ। इसे हाल ही में छोटे-छोटे बगीचों, वाटिकाओं और खेतों के लिए तैयार किया गया है। इससे खर-पतवार हटाई जा सकती है, पलवार की जा सकती है तथा निराई-गुड़ाई की जा सकती है। इसके अलावा शर्मा दस्ती गोड़क,

सिंह गोड़क, भारतीय कृषि अनुसंधानशाला का गोड़क आदि और भी बहुत से गोड़कों को किसान काम में लेते हैं। किंतु हाल ही में अमेरिका के मल्टीपरपज रोटरी-गोड़क के नमूने पर इस बहुधंधी 'रोटरी गोड़क' का निर्माण भारत में किया गया है। यह भारतीय स्थितियों में काफी सफल और कारगर सिद्ध हुआ है। इसे आप भी खरीद सकते हैं।''

''मलूकाजी, गाँवों के अलावा शहरों के लोग भी बागवानी का धंधा शौकिया करते हैं। शौक और लाभ दोनों की दृष्टि से उन्नत यंत्र और सुधरी विधियों से यदि बागवानी की जाए तो बागवान को आसानी रहेगी और साथ-साथ पैदावार भी मिलेगी। हम अपने ग्राम-सेवक को भी बागवानी के उन्नत तरीके बताएँगे। तुम जानते हो, बागों में सबसे पहले बगीचे की मिट्टी ठीक करनी पड़ती है। मिट्टी ठीक करने के लिए काँटा और छोटा तिकोना व बेलचा काम में लाया जाता है। इनसे ही पौध को निकालकर रोपने का काम कर लेते हैं।

''नुकीले और चपटे दाँतिए बियाड़ (नर्सरी) को ठीक करने तथा क्यारियों को सुधारने के काम आते हैं। इनके 3 से लेकर 12 तक दाँते होते हैं। आजकल बाजार में टीन या लोहे के मजबूत दाँतिए, कुदाल, फावड़े तथा बेलचे काफी मिलते हैं।

''खुरपी का भी तो बड़ा काम है। वह देखो सामने उन्नत खुरपियाँ तीन दाँतेवाली, हँसियानुमा कटाई करनेवाली, 'वी' की शक्लवाली व 'डब्ल्यू' की शक्लवाली रखी हैं। ये पुराने नमूने की खुरपियों से ज्यादा अच्छा काम करती हैं। देखो अनोखे, ये तीन पहिए की गाड़ी है। यह बगीचों में मिट्टी ढोने, खाद ले जाने तथा पौधों को बियाड़ में से इकट्ठा करने का काम करती है।'' डॉ. नाथ ने एक गाड़ी की ओर इशारा किया।

''देखिए, हमारे किसानों को आप इस गाड़ी के बारे में बताइए न!'' डॉ. नाथ ने उस लड़की से कहा और सभी लोग चौकन्ने से हो गए। कुछ और लोग भी आस-पास आकर खड़े हो गए।

''जी हाँ, इस गाड़ी में फल और सब्जियों को भी इकट्ठा करके ले जाया जाता है। इसमें पीछे दो चौकोर रोक तथा एक पहिया आगे लगा है। पीछे लगे दो दस्तों को पकड़कर व उठाकर इसे आगे की ओर ढकेलकर चलाया जाता है। ये देखिए, मैं चला कर दिखाती हूँ।''

बहिनजी! ये दो तरह की कैंचियाँ कैसी हैं?'' रधिया ने पूछा।

''ये कैंचिया दो ही तरह की हैं। एक जंगलाती तथा दूसरी बागवानी। ये

पेड़, डालियाँ, पत्तियाँ या झाड़-झँकाड़ों को काटने का काम करती हैं। जंगलाती कैंची बड़ी और मजबूत होती है। इससे मोटी शाखें भी काटी जा सकती हैं। जंगलाती कैंची के फलक गोल और चंदाकार हैं। कैंचियों के दाँते लहरदार भी हैं। लहरदार कैंची से दो-तीन शाखें एक ही बार में कट जाती हैं। इन कैंचियों में यह पेच भी लगा है, जिसे ठीक कसने से कैंचियों के फलक आगे-पीछे नहीं होते। ये फलक उम्दा किस्म के इस्पात के बने हैं।

''यह देखिए, कैंचियों के अलावा कली काटने के चाकू भी हैं। इन पर एक ओर धार रहती है।'' उस लड़की ने फिर कई और बगीचों के काम की चीजें इन किसानों को दिखाईं।

उसने सिंचाई के लिए पानी के झारे भी बताए। उसने कहा कि एक झारे में 2 गैलन पानी आता है। उसने बताया कि उन्नत झारों का दस्ता इस तरह का बनाया जाता कि पानी को हलके से झटके के साथ ही कम या ज्यादा किया जा सकता है तथा बंद और चालू भी किया जा सकता है—''यह देखिए, इसमें पानी भरा है। मैं आपको इन्हें चलाकर दिखाती हूँ।''

उसने झारा उठाकर पास के लॉन में छिड़काव करके सबको दिखा दिया।

''क्या बढ़िया चीज है। हलकी भी है।'' रधिया का दिल खुश हो गया।

शाम को दिल्ली देखनेवालों की टोली भी पड़ाव पर लौट आई। विकास अधिकारी के साथ उसकी बहन रानी भी थी। डॉ. नाथ अपने 6 साथियों को लेकर थके-माँदे लौटे तो देखा रानी खड़ी-खड़ी गोपी, पून्ना वगैरह से बातें कर रही है। डॉ. नाथ को देखकर वह खिल उठी और दौड़कर उनको नमस्ते की।

''कहो रानी, कैसी हो?'' डॉ. नाथ ने पूछा।

''डॉक्टर साहब, आपसे मिलने को दिल कर रहा था। आप जब पहली बार दिल्ली आए थे, तभी से मुझे आपकी याद बराबर आती रहती थी।'' रानी ने शरमाकर कहा।

डॉ. नाथ ने एक बार उसे नीचे से ऊपर तक देखा। उन्होंने देखा, आज वह सिंदूरी रंग की साड़ी पहने है और बिना बाँहों का कामदार ब्लाऊज। बादामी रंग पर यह साड़ी बहुत ही खिल रही थी। कई महीने पहले जब डॉ. नाथ ने उसे देखा था तो उन्होंने उसकी तरफ जरा भी ध्यान नहीं दिया था, लेकिन आज डॉक्टर के मन में उसके लिए एक अजीब सा खिंचाव पैदा हो रहा था।

''तुम्हें उन दोनों के बारे में बताए देता हूँ। देखो, एक तो था खेत की मिट्टी की तीन तह पलटने वाला रूसी हल। समझ गए न!''

''हाँ-हाँ, जरा उसकी पूरी बात बताओ न!''—महेश बाबू बोले।

''रूसी इंजीनियरों ने नए ढंग का एक ऐसा हल तैयार किया है, जो भूमि को तीन तह तक जोतता है। यह हल बहुत काम का सिद्ध हुआ है और रूस की खारी भूमिवाले इलाकों में इसका प्रयोग किया जा रहा है। इसका ऊपरवाला भाग तो पहली तह को जोत देता है और निचला हिस्सा नीचे की उस मिट्टी को ऊपर ले आता है, जिसमें खड़िया मिली रहती है। इस तरह वह तीनों तहों की मिट्टी को मिला देता है। खड़िया मिट्टी में जो कैल्शियम पाया जाता है, वह खारवाली मिट्टी में मिलने पर उसके खार को काफी कम कर देता है।''—डॉ. नाथ ने सारी बात समझा दी।

''एक है, लहरदार फलकवाला अमेरिकी हल। इसे अमेरिका में बनाया गया है। इससे जमीन की जुताई में बहुत सुधार होगा। इसे चलाने में ढलाई की पटरीवाले हल की अपेक्षा बिजली भी कम खर्च होगी। इस हल के सिरे पर और नीचे जो लहरिएदार फलक बने हैं, उनसे एक बार में अच्छी जुताई होती है तथा जमीन में किसी दूसरी तरह की खुदाई करने की जरूरत नहीं पड़ती। हल के आगे लगे हुए फलक मिट्टी को फौरन ऊपर उठा देते हैं। इस हल में इस तरह के ढकने भी लगे हुए हैं, जिससे हल पर मिट्टी चिपकी नहीं रहती। फलक पर चिपकने वाली मिट्टी को ये खुरचकर हटा देते हैं।''—डॉ. नाथ ने कहा।

''भई, जरा ठहरो न! इन लोगों का इंतजाम तो ठीक कर दें।''—डॉ. नाथ उलटे लौट पड़े।

''भाई मलूकाजी, खाना वगैरह सबको खिलवा दोगे न? देखो, इस धर्मशाला के पास ही खाने का ढाबा (होटल) है, वहाँ शुद्ध शाकाहारी खाना मिलेगा। सभी खा लेना।''—डॉ. नाथ ने समझाया।

''ठीक है डॉक्टर साहब, आप जाइए। हम सब ठीक कर लेंगे। आप निश्चिंत रहिए।''—मलूका सरपंच और अनोखे ने कहा।

''अच्छा देखो नथिया, रधिया, भोली सबका खयाल रखना। मैं जाता हूँ, फिर सुबह मिलेंगे।''—डॉ. नाथ चल दिए।

उधर महेश बाबू ने जीप चालू कर दी थी। डॉ. नाथ के बैठते ही जीप चल दी। रानी पीछे बैठ गई। जीप तेजी से दिल्ली की सड़कों पर बल खाती हुई चली जा रही थी और डॉ. नाथ महेश बाबू के साथ फिर खेती-बाड़ी की बातों में मशगूल हो गए।

''जब अमेरिका में था तो वहाँ फार्मों पर फसल बचाने के लिए कीटनाशी रसायन-सैविन छिड़कते थे। यह कपास के कीड़े, भृंग, दीमक, पत्ती-छेदक कीट,

चींटियाँ, थिप्स इत्यादि को नष्ट कर देता था। इसे अमेरिका की 'यूनियन कैंब्रिज' नामक फर्म ने तैयार किया है। हमारे देश में भी इस दवा के छिड़काव से करोड़ों रुपए के मूल्य की फसल को बचाया जा सकता है। कपास, फल, तरकारी, अनाज इत्यादि की फसलों में लगनेवाले कीड़ों को यह दवा तुरंत नष्ट कर देती है। अमेरिका से भारत में इस दवा का आयात किया गया है। टिड्डी मारने के लिए भी इस दवा को वायुयान से सैकड़ों एकड़ के क्षेत्रफल में छिड़ककर फसल को टिड्डियों से बचाया जा सकता है।''—डॉ. नाथ धुआँधार बोले जा रहे थे और जीप दौड़ती जा रही थी।

''अच्छा डॉक्टर साहब, आपने तो अमेरिका की बात की, मैं आप को हिंदुस्तान में बनाए गए खेतपाल की बात बताता हूँ।

''खेतपाल को बंबई के 'क्राप प्रोटेक्शन कारपोरेशन' ने तैयार किया है। इससे बिना किसी आदमी की सहायता के ही खेत से चिड़िया तथा अन्य फसल को खानेवाले पशु-पक्षियों को उड़ाया जा सकता है। यह तो आप जानते ही हैं कि बहुत से पशु-पक्षी फसल के शत्रु होते हैं और किसान की गैर-हाजिरी में उसकी फसल को खा जाते हैं; और किसान हर समय खेत की रखवाली भी नहीं कर सकता। ऐसी हालत में किसान पशु-पक्षियों को भगाने का काम इस यंत्र से ले सकता है। इसीलिए इसका नाम 'खेतपाल' यानी खेत को पालनेवाला रखा गया है।''—विकास अधिकारी ने बताया।

''अच्छा, मैंने इसे नहीं देखा। ये कैसे काम करता है?''—डॉ. नाथ ने पूछा।

''इसे खेत के बीच में एक बाँस या लकड़ी का लट्ठा गाड़कर लटका देते हैं। फिर थोड़ी-थोड़ी देर के बाद यह यंत्र एक भयंकर आवाज करता है, जिससे बाग या खेत में पशु-पक्षी डरकर नहीं घुसते। 10-12 एकड़ के फार्म के बीच एक यंत्र काफी रहता है।

5

सुबह डॉ. नाथ जब रानी और माँ के साथ नाश्ते पर बैठे तो दोनों एक-दूसरे को देखकर नीची निगाहें किए मुसकरा रहे थे। महेश बाबू ने ताड़ लिया कि रानी और डॉ. नाथ ने एक-दूसरे को पसंद कर लिया है। अब सिर्फ बात तय करने की देर है। लेकिन यहाँ तो हम अपने किसानों को नुमाइश दिखाने आए हैं। पहला काम तो दरअसल यही है।

साढ़े आठ बजते ही दोनों जीप लेकर बिड़ला मंदिर की धर्मशाला चलने की तैयारी करने लगे। वहीं पर किसानों का दल ठहरा हुआ था। जैसे ही डॉ. नाथ और महेश बाबू चलने लगे, रानी ने भी चलने की इच्छा प्रकट की; क्योंकि रानी की छुट्टियाँ हो चुकी थीं और आजकल वह बिल्कुल खाली थी। फिर वह नाथ का साथ भी नहीं छोड़ना चाहती थी। महेश बाबू ने कहा—''रानी, आज तुम 'साइट सीइंग' पर डॉ. नाथ के साथ जाना, मैं किसानों को लेकर नुमाइश जाऊँगा। समझीं!''

रानी मन-ही-मन खुश हुई और तीनों जीप लेकर बिड़ला मंदिर आ गए।

दो दलों में किसानों के बँटने की बात आई। आज सारे किसान बोले कि हम सभी आज नुमाइश ही देखेंगे। फिर एक दिन सारे मिलकर दिल्ली की सैर कर लेंगे। अब तो रानी की बाँछें खिल उठीं। वह सोचने लगी, फिर तो मैं और डॉ. नाथ ही कुतुब, बुद्ध जयंती पार्क, लालकिला, हुमायूँ का मकबरा वगैरह देखने जाएँगे। ओखला टैंक पर पहुँचेंगे। लेकिन डॉ. नाथ ने भी नुमाइश चलने की बात की और रानी का मुँह लटक गया। उसने एक-दो बार डॉ. नाथ को इशारा भी किया। लेकिन डॉक्टर को दिल्ली-दर्शन में ज्यादा दिलचस्पी न थी। वह तो कई देशों के मंडपों को देखना चाहते थे और किसानों के साथ घूमने में दिलचस्पी ले रहे थे।

तय यह हुआ कि आज सभी मिलकर दो बार में सारी नुमाइश देख डालें। एक बार सुबह नौ से एक तक और फिर शाम को पाँच से आठ बजे तक। इतनी देर में 5-6 मंडपों को अच्छी तरह देखा जा सकता है। बस, सारे लोग तैयार थे। जीप ने दो चक्कर किए और आधे घंटे में सभी को नुमाइश के बीच वाले द्वार पर जाकर उतार दिया। टिकट लेने के बाद सभी अंदर दाखिल हो गए।

विस्तार निदेशालय द्वारा लगाए गए मंडप में दल पहुँच गया। वहाँ फसल को काटने, मंडाई व ओसाई करने के तरह-तरह के देश में ही बनाए गए औजार रखे थे।

पहले डॉ. नाथ ने सभी लोगों को देसी औजारों के बारे में थोड़ी सी जानकारी करा देना उचित समझा। उधर प्रदर्शक भी बैठा स्टॉल पर चाय पी रहा था। सामने ऊँची मेज पर सभी राज्यों के बनाए गए उन्नत किस्म के हँसिए, आलू खोदने का हल, अनाज कटाई की एक-दो मशीनें, मोअर, ओसाइ के पंखे, गहाई के रोलर आदि रखे थे। यह पूरा सेक्शन कटाई, गहाई तथा औसाई के औजारों का ही था।

डॉ. नाथ ने कहा कि ''देखो कटाई का सबसे पहला औजार हँसिया ही है। तुम लोग भी तो हँसिए से ही फसल काटते हो।''

सबने 'हाँ' कर ली और डॉ. नाथ ने कहना शुरू किया—

"भारत में तरह–तरह के दरांत और हँसिए चल रहे हैं। दक्षिण में चंदाकार हँसिया, पंजाब तथा उत्तर प्रदेश में दरांत जैसे गोलाकार हँसिए काम में आते हैं। कई राज्यों में दाँतेदार उन्नत हँसिए चल रहे हैं, जिन्हें पैना करके फिर काम में लाया जा सकता है। इनकी कीमत 1 रुपए से लेकर 3–4 रुपए तक है। पंजाब के हँसिए में छोटा लकड़ी का बेंटा लगा रहता है। इसे पकड़ने पर काटनेवाले का हाथ नहीं थकता। उत्तर प्रदेश के हँसियों का लंबा बेंटा होता है और इससे गन्ना भी काट लिया जाता है। दक्षिण में जो हँसिए काम में लाए जाते हैं, उनके दोनों ओर काटनेवाली तेज धार होती है।" ये सारी बात संक्षेप में डॉ. नाथ ने अपनी टोली को बताई।

उन्होंने अपनी बात जारी रखते हुए कहा—"जापान ने उन्नत हँसिया तैयार किया है। उसपर बार–बार धार कराने की जरूरत नहीं पड़ती, क्योंकि इसमें स्टील की पतली–पतली तीन परतें होती हैं।

बीच की परतें मोटे इस्पात की होती हैं तथा इधर–उधर की पर्तें पतले इस्पात की होती हैं। इनको इस तरीके से इस्तेमाल किया जाता है कि उस पर अपने आप धार बनी रहती है। वैसे कटाई के लिए सब जगह हँसिया ही चलता है। परंतु हाल में कटाई की एक मशीन भी चली है। इसे 'स्काईथ' कहते हैं। यह पश्चिमी देशों में इस्तेमाल की जाती है। यह तुम्हें जर्मनी, पोलैंड या ऑस्ट्रेलिया के मंडप में जरूर मिलेगी। यहाँ तो सिर्फ नए तैयार किए देसी हँसिए ही रखे हैं।"—डॉ. नाथ ने कहा।

"यह क्या है?" एक ने पूछा।

"यह गड़ासा है। मोटे तनोंवाली फसलों, जैसे गन्ना और अरहर को गड़ासे से ही काटा जाता है। जहाँ पर फसलों को जमीन से मिला कर काटा जाता है, वहाँ पर फलक को हैंडिल में उलटा लगा दिया जाता है; और यह मक्का काटने का यंत्र 'सैलर टेकुरी' है। यह बिहार के संथाल परगने में काम आता है। इसका वजन 5 औंस होता है। इसे एक आदमी आसानी से चला सकता है। यह भुट्टों से दाने अलग करने के लिए काम आता है। यह 2 से 3 साल तक आसानी से काम दे सकता है। यह देहरादून जिले का 'पलाट हँसिया' है। यह लकड़ी और कच्चे लोहे का बना है। इसका वजन 1.25 पौंड है। इससे एक आदमी आसानी से काम कर सकता है। इससे गन्ने की कटाई की जाती है। इससे एक आदमी एक दिन में आधे बीघा खेत की कटाई कर सकता है।"—जानकार ने कहा।

"भई, यह क्या नया सा औजार है?"—अनोखे बोला।

"यह आलू की खुदाई करनेवाला हल है। हिमाचल प्रदेश एवं मध्य प्रदेश के दक्षिणी भागों में यह हल बहुत चलता है। पहले खेतों में आलू की खुदाई के

लिए देसी हल चला दिया जाता था। उसके बाद खेत में से आलुओं को चुन लिया जाता था; किंतु जहाँ मिट्टी ज्यादा कड़ी होती, वहाँ यह हल ज्यादा काम नहीं करता था। इस हल से अंदर तक के आलू नहीं निकल पाते और बहुत से आलू खेत में ही रह जाते थे, किंतु आलू खोदनेवाले इस नए हल से यह नुकसान नहीं होता। यह हल कड़ी मिट्टी में भी अंदर तक घुसकर आलुओं को खोद लाता है। यह देखिए इस हल में इस्पात के लंबे और मजबूत ऐसे फाले लगे रहते हैं, जो आलू और मिट्टी को अलग करते चलते हैं।''

''यह बड़ी मशीन काहे की है?''—रधिया ने एक मशीन की ओर इशारा किया।

''यह अनाज काटनेवाली मशीनें हैं। भारत में भी अब बिजली तथा बैलों से चलने वाली ज्वार और गेहूँ की फसल काटनेवाली मशीनें आ गई हैं। कुछ मशीनें ऐसी भी हैं जिनमें बैल और इंजन दोनों ही काम देते हैं। मशीन और उसमें फिट किए गए इंजन को बैल खींचते हैं और काटनेवाले फलकों को इंजन की शक्ति से कितनी भी कम या ज्यादा गति से चलाया जा सकता है। 50 एकड़ तक बड़े फार्म के लिए 'मैककार्मिक इंटरनेशनल मोअर' बिल्कुल ठीक है। इसे बैल खींचते हैं। चूँकि कटाई और गहाई का काम जल्दी करना पड़ता है, इसलिए इन यंत्रों की बड़ी कीमत है। खलिहान में पड़ी या खेत में खड़ी फसल को कीड़ा लगने, आग लगने, बरसात इत्यादि का बड़ा खतरा रहता है। इसलिए यह जरूरी है कि किसान इन यंत्रों की मदद से फसल को फौरन काटकर घर ले आएँ।

''यह इससे भी बड़ी, कटाई की मशीन है। जब मशीन चलती है तो ये चाकू क्रॉस करते हुए एक-दूसरे के आगे-पीछे चलते हैं। ये चाकू फसल उठानेवाली फिंगर लिफ्ट में फँसनेवाली फसल को काटते चलते हैं। ये फिंगर-जाली फसल को उठाकर इकट्ठा करती चलती हैं। ये दाँतें इस प्रकार लगे रहते हैं कि वे दोनों तरफ से फसल को काटते चलते हैं। इसमें यह एक चौड़ा फड़ लगा है। इस पर फसल कट-कटकर गिरती और इकट्ठी होकर बँधती जाती हैं। काम लेने के बाद इस मशीन के गीयर बॉक्स में अच्छी तरह तेल दे देना चाहिए। इसके अलावा मशीन चलाने से पहले चाकुओं को भी अच्छी तरह कस लेना चाहिए। यह भी बैलों से चल सकती है। जब भारी और सूखी फसल को काटना हो और मजबूत बैल न मिलें तो इस मशीन को चलाने के लिए एक इंजन लगा देना चाहिए। इस इंजन को लगाने से बैलों पर ज्यादा जोर नहीं पड़ेगा। इंजन लगाकर गेहूँ, धान, ज्वार और बाजरे की फसल आराम से काटी जा सकती है। इस इंजन से 8-10 घंटे से

एक आदमी 8 एकड़ खेत की कटाई कर सकता है।

''यह धान का जापानी गहाई यंत्र है। यह यंत्र गेहूँ और धान की गहाई के लिए ही है। इस यंत्र में एक घूमनेवाला ढोल लगा है। इसमें इस्पात के बने हुए काँटे कुछ-कुछ दूरी पर लगे हुए हैं। इसके घुमाने से दाने और छिलके अलग-अलग हो जाते हैं। इस यंत्र को चलाने के लिए सिलाई की मशीन की तरह पैर से एक पैडल चलाया जाता है। पैडल चलाने पर रोलर घूमता है। इस मशीन को एक आदमी चला सकता है।''

''यह कौन सा थ्रेशर (गहाई यंत्र) है?''—डॉ. नाथ ने पूछा।

''जी, यह बिजली से चलनेवाला या डीजल इंजन की ताकत से चलनेवाला गहाई का थ्रेशर है। इस मशीन के तीन हिस्से हैं और इसका सारा ढाँचा और मशीनों जैसा ही है। फर्क सिर्फ इतना है कि इसमें सीट नहीं होती और यह ट्रैक्टर के पीछे जोड़कर खींचा जाता है या इसमें इंजन लगा रहता है, उसी के बल पर यह चलता है।'' प्रदर्शक ने संक्षेप में कहा।

''यह एक मिला-जुला गहाई यंत्र (कंबाइन थ्रेशर) है।''—डॉ. नाथ ने सबका भ्रम दूर करना चाहा।

''जी हाँ, इससे कटाई और गहाई दोनों काम साथ-साथ होते चलते हैं, यानी फसल की कटाई और कुचलाई,'' प्रदर्शक ने बताया।

''तब इसमें खर्च काफी कम पड़ता होगा और कम आदमियों की जरूरत पड़ती होगी!''—महेश बाबू बोले।

''जी हाँ, दोनों ही फायदे हैं और सबसे बड़ा फायदा तो यह है कि जल्दी काम खत्म हो जाने के कारण खेत से अनाज उठकर फौरन किसान के घर पहुँच जाता है। भूसे या डंठलों को खेत में ही छोड़ दिया जाता है। यह डंठल अगली फसल के लिए खाद का काम देते हैं और भूसा जानवरों के खाने के लिए छोड़ दिया जाता है। लेकिन यह महँगा यंत्र है। छोटे किसानों के लिए ठीक नहीं।'' प्रदर्शक ने कहा।

''लेकिन सहकारी फार्मों के लिए तो ठीक है!''—विकास अधिकारी ने पूछा।

''जी हाँ, बड़े फार्मों के लिए तो यह है ही।''

''दाने अलग करने के लिए ओसाई या उड़ावनी की जाती है। यह एक ऊँची टिकटी पर खड़े होकर हवा के रुख के साथ अनाज को गिराकर की जाती है। अब ओसाई का सारा काम ये पंखे करते हैं। ये सभी देशी हैं। देखो अनोखे, सभी पंखों

पर पूरा हवाला लिखा हुआ है। आओ, विकास अधिकारी पढ़कर सुनाएँगे।''— डॉ. नाथ ने कहा।

''नीलीखेड़ी ओसाई पंखा-नीलीखेड़ी के विस्तार प्रशिक्षण केंद्र ने यह पंखा तैयार किया है। यह बहुत ही कारामद और टिकाऊ है। इसमें न बाल-बियरिंग है, न गीयर और न चैन, फिर भी यह काफी तेज हवा फेंकता है। ज्वार और धान की ओसाई के लिए यह बहुत अच्छा है। इस पंखे से इतनी हवा बनती है कि दो किसान भी एक साथ अनाज उड़ा सकते हैं। पंखे की एक ही आदमी चला सकता है। सुनो, इसकी मरम्मत भी गाँव में हो सकती है। समझ गए न आप लोग!'' महेश बाबू ने सब पढ़कर सुनाया।

''जी हाँ, समझ गए।''—एक किसान ने कहा।

''और यह है उत्तर प्रदेश का ओसाई पंखा—ये साइकिल की तरह चलता है। एक आदमी साइकिल जैसी सीट पर बैठ जाता है और फिर पैरों से पैडिल चलाता है। पैडिल चलने से चैन से बँधे हुए पहिए घूमते हैं और पंखा चलने लगता है। इसमें लाभ यह है कि इसकी पंखियों को उखाड़कर बहुत कम जगह में रखा जा सकता है।'' महेश बाबू एक-एक करके सभी पंखों पर लगे लेबिलों को पढ़कर सुना रहे थे।

''इलाहाबाद ओसाई पंखा—इलाहाबाद कृषिशाला के कृषि इंजीनियर श्री मैसन बोध ने इस पंखे को बनाया है। इसकी पंखियाँ छोटी होती हैं। ये छोटी और बड़ी पुली के घूमने से चलती है। इन पुलियों को एक बेल्ट या पट्टे से जोड़ दिया जाता है। इसकी कीमत 70 रुपए पड़ती है। यह पंखा एक बाँस या लट्ठा जमीन में गाड़कर कहीं भी चलाया जा सकता है।''

''नागपुर ओसाई पंखा—साइकिल की तरह एक साईकिल की चैन, स्प्राकिट तथा थ्रीव्हील से चलता है। इसकी हवा में अनाज उड़ाने के लिए एक आदमी एक ऊँची जगह पर खड़ा होकर अनाज बरसाता है। इसे कहीं भी ले जाया और लगाया जा सकता है।''

दल के सभी लोग महेश बाबू की ओर देख रहे थे और वह जल्दी-जल्दी एक-एक पंखे का हाल पढ़कर सुनाते जा रहे थे—

''यह गियरवाला पंखा है। इसे बंबई में बनाया गया है। इसमें चार पंखड़ियाँ हैं। हत्थे को दो चक्कर देने से पंखड़ियाँ 20 बार घूमती हैं। हत्थे की लंबाई एक फीट है। एक आदमी पंखों को एक मिनट में करीब 310 चक्कर कटवा सकता है। लकड़ी के स्टैंड के बिना इसकी कीमत 125 रुपए है।

"यह चैन से चलनेवाला दुहरे चक्केवाला पंखा है। यह पंजाब में बनाया गया है। इसमें तीन पंखड़ियाँ हैं। पंखे का व्यास 50 इंच है। यह साइकिल की तरह चलता है। चलानेवाले के बैठने के लिए एक गद्दी लगी है। पैडिल को 8 बार घुमाने से पंखड़ियाँ 64 बार घूमती हैं। यह तेज हवा फेंकता है।

"यह बिहार का पंखा है। इसमें चार पंखड़ियाँ हैं। दो घिर्रियों पर पट्टा चढ़ाकर हत्था घुमाने से पंखड़ियाँ घूमती हैं। एक बार हत्था घुमाने से पंखड़ियाँ पाँच बार घूमती हैं। इसे एक मिनट में 210 बार घुमाया जा सकता है। आइए, आगे बढ़ आइए।"-मलूका बोला।

"भई, मलूकाजी, हमारे देश में भारी तरक्की हो गई है। बड़ी-बड़ी चीजें चल गई हैं। हमें भी इन्हें खरीदना चाहिए।"—नत्थू चौधरी ने कहा।

"नत्थू भय्या! पहले सारी नुमाइश देख लें। फिर गाँव जाकर सलाह करेंगे और अपनी सारी ताकत लगाकर एक बार तो सहकारी फार्म बनाकर ही दिखा देंगे"—अनोखे बोला।

"शाबाश!"—डॉ. नाथ के मुँह से सहसा निकल पड़ा और मलूकाराम सरपंच फिर पढ़ने लगे—

"यह पूसा पंखा है। इसमें चार पंखुड़ियाँ हैं। एक बार हत्था घुमाने से पंखुड़ियाँ छह बार घूमती हैं। इसकी बनावट बहुत सादी है। हत्थे और पंखुड़ियों के धुरे लकड़ी के एक चौखट के डंडे में लगे रहते हैं। पंखुड़ियों को आसानी से 300 चक्कर प्रति मिनट की गति से घुमाया जा सकता है।" मलूका धीरे-धीरे सभी कुछ पढ़ता गया।

"बस, मलूकाजी, पंखे तो यही हैं। अब ये धान की मड़ाई और छँटाई की मशीनें हैं। इनके बारे में मैं बताता हूँ।" डॉ. नाथ ने कहा।

"यह धान की छँटाई मशीन है—यह चावलों को उनके आकार के अनुसार अलग करती है। चावल को ऊपर कुप्पी में डालते हैं। वहाँ से ये तार की जाली पर लुढ़कते हैं। अलग-अलग आकार के चावल अलग-अलग स्थानों पर इकट्ठे हो जाते हैं। इस यंत्र से गेहूँ और जई आदि को भी छाँटने के परीक्षण किए गए हैं। यह यंत्र सफल सिद्ध हुआ है। इस यंत्र से एक घंटे में 5 मन चावल की छँटाई की जा सकती है।"

"यह चावल पर पॉलिश करने की मशीन है। छिलका उतारने के बाद जो चावल मिलता है, वह भूरा होता है। बाजार में आने से पहले उसको सफेद करने के लिए उस पर पॉलिश चढ़ाई जाती है। चावल पर पॉलिश करने की मशीन पावर

या ताकत से चलती है। इससे एक घंटे में करीब पौने दो मन पॉलिश किए हुए चावल मिल जाते हैं।''

''यह जापानी पंखा है। जापानी पंखा वास्तव में धान की ओसाई के लिए बनाया गया है। यह भी पैंडिलों से ही चलाया जाता है। इस पंखे में दो बॉल बियरिंग होती हैं। इसलिए यह बहुत तेजी से व आसानी से बिना आवाज किए चलता रहता है। यह पंखा हाथ और पैर दोनों से ही चलाया जा सकता है।''—डॉ. नाथ ने सारा हाल पढ़ा।

इतने में ही प्रदर्शक इन किसानों की दिलचस्पी देखकर उधर आ गया और बताने लगा—''देखिए! ये ओसाई की बड़ी मशीनें हैं। इन्हें बड़े-बड़े फार्मों पर चलाते हैं। इन मशीनों में एक बड़े आकार का खोल होता है। इसमें अंदर से दो बॉल बियरिंगों पर आड़े चार पंखवाले पंख लगे रहते हैं। पंखे की धुरी के अंत में एक पैडिल लगा रहता है। इसे घुमाने से पंखा चलता है। जब पंखा चलता है तब ढेरों अनाज की ओसाई मिनटों में हो जाती है। इस मशीन में 6 चलनियाँ लगी रहती हैं। मशीन को कसने और ढीला करने के लिए पेंच लगे रहते हैं। इसमें एक पंखा भी लगा रहता है।''

''इस्पात की ओसाई मशीन को चलाने के लिए पाँच आदमियों की जरूरत होती है। यदि इस मशीन को 180 चक्कर की मिनट की चाल से चलाया जाए, तो इससे एक हॉर्स पावर के इंजन या एक बिजली की मोटर के बराबर काम लिया जा सकता है।''—डिमांस्ट्रेटर (प्रदर्शक) रुक गया!

''भई, यह तो बड़ी मशीन है। क्या छोटे फार्म के लिए भी कोई अच्छी मशीन है?''—मलूका बोला।

''जी हाँ, ओसाई की छोटी मशीनें उन किसानों के लिए हैं, जिनके पास 60 से 100 एकड़ तक का खेत है। यह देखिए लकड़ी की बनी हुई इस मशीन की कीमत इस्पात की मशीन की अपेक्षा कम पड़ती है। लकड़ी की मशीनों से एक घंटे में करीब 3000 से 5000 पौंड दानों की ओसाई की जा सकती है।''

''इन मशीनों से ज्वार, गेहूँ, धान, चना और अरहर आदि फसलों की ओसाई की जाती है। इससे एक घंटे में ज्वार 1000 पौंड, धान 5000 पौंड, गेहूँ 4000 पौंड, अलसी 2000 पौंड और 6000 पौंड चने की ओसाई की जा सकती है। अरहर और सोयाबीन के साफ दाने निकालने के लिए उसकी तीन बार ओसाई करनी पड़ती है।''

''तीन बार!''

''हाँ जी, तीन बार ओसाई करें और इस मशीन को चलाते समय इन बातों का ध्यान भी रखें''—डिमांस्ट्रेटर ने कहा—

''पहली बात—मशीन के सब वियरिंग और घूमनेवाले भागों पर तेल लगा हो और वे सही जगह पर लगे होने चाहिए।

दूसरी बात—काम में लेने से पहले ओसाई की जाने वाली फसल के अनुसार चालक को चाहिए कि वह छलनियों को ठीक जगह पर लगा दे।

तीसरी बात—जब मशीन से अधिक ओसाई करनी हो, तब उसे सीमेंट के बने चबूतरे पर जमा देना चाहिए।

चौथी बात—जब मशीन को बिजली की मोटर या डीजल इंजन से चलाया जाए तब तेज और ढीली पुली रखें और मशीन भी ठीक जगह पर लगी होनी चाहिए।

आखिरी बात भी याद रखें कि काम करने के बाद मशीन के पंखे को ठीक तरह से देख लेना चाहिए और उसे सफाई करके व तेल लगाकर रखना चाहिए। तभी आप काफी साल तक इन मशीनों से काम ले सकते हैं।''

6

जुताई के लिए हमारे देश में तरह-तरह के हलके, भारी हल, बखर तथा कल्टीवेटर काम आते हैं। ट्रैक्टर में भी हलों को लगाकर जुताई की जाती है। ज्यादातर किसान सुधारे गए देसी हलों से ही जुताई करते हैं। बड़े खेत और जमींदारों के फार्मों पर ट्रैक्टर में हलों को पीछे लगाकर जुताई की जाती है।

''चलो अंदर चलें—''सब बोले।

''देखिए, ये 'पंखी हल' हैं। इन्हें अंग्रेजी में 'मोल्ड बोर्ड हल' कहते हैं। यह हल खेत की मिट्टी पलटने के काम आता है। इनमें एक ओर मिट्टी पलटनेवाले पंखी हल भी होते हैं। इनकी पंखियाँ हलकी और दोनों ओर घूमनेवाली होती हैं। इन हलों में एक-सी और सुंदर फूंडे तैयार होती है।'' वहाँ खड़े प्रदर्शक ने बताया।

''ये बिना पंखीवाले देसी लकड़ी के हल हैं। इनकी लंबाई 9 से 15 तक होती है। हत्थे को हल के साथ जोड़ देते हैं। अधिकतर देसी हल ऐसे ही होते हैं। इनके आकार तथा वजन में जरूर फर्क होता है। ये 60 पौंड से लेकर 200 पौंड तक वजन खींच सकते हैं। यह देखिए यह 'बलराम हल' है। इसकी शक्ल तो देसी हल जैसी ही है, लेकिन इसे केवल लोहे से ही ढालकर बनाया गया है। इसकी

फाल अलग हो जाती है और इसके घिसने के बाद दूसरी भी बदल देते हैं। लो, मैं आपको अलग कर दिखाता हूँ।''—उसने 'बलराम उन्नत हल' के दो टुकड़े कर दिए और सभी उसकी ओर आश्चर्य से देखते रह गए।

''यह कौन सा हल है?''

''यह बतख के पंजेवाला हल है। इसे 'डक फुट हल' कहते हैं। नमीवाले खेतों में या धान के खेतों में कम गहरी जुताई के लिए यह अच्छा है। बंगाल, उड़ीसा, कुर्ग और असम के पहाड़ी क्षेत्रों में यह हल बहुत काम देता है। पंखी हल भी हलके, मध्यम और भारी तीन तरह के हैं। कंकरीली और कड़ी मिट्टियों को पलटने के लिए भारी पंखी हल चलते हैं। इन्हें 'मोल्ड बोर्ड' यानी 'मुड़ी फाचर वाला हल' कहते हैं। इसके अलावा हमारे यहाँ और भी देसी हल मौजूद हैं। आइए इधर देखिए, वह एक-एक करके हलों को बताने लगा—

''यह 'विक्ट्री हल' है, यह 'राजा' है, ये 'शाबाश'। ये काली कपास मिट्टियों को जोतने वाले 'किर्लोस्कर नं. 15' और '1000 हल' हैं। 'नं. 15' डेढ़ मन का और नं. 1000 ढाई मन का होता है। इससे कूड़ें ज्यादा चौड़ी बनती हैं और मिट्टी पलटकर फौरन ऊपर आ जाती है।

यह पंजाब का 'हिंदुस्तान हल' है। यह 56 पौंड का है। यह अमृतसर, करनाल व गुरदासपुर में बहुत चलता है। 3630 वर्गगज के खेत को एक दिन में ही जोत देता है।''

''यह राजस्थान का 'देसी हल' है 60 पौंड का। यह कोटा, भरतपुर, धौलपुर, टोंक, सवाई-माधोपुर जिलों में खूब चलता है। यह देखिए यह 'कलप्पा हल' है। यह कभी चीन में चलता था। अब हमारे देश में भी खूब चलता है। यह असम का 'लंगल', यह आंध्र का 'डिम्मूनगाली'। यह सब बंबई, बिहार और उड़ीसा राज्यों के 'देसी नंगल हल' हैं। यह उत्तर प्रदेश (कानपुर) का 'बड़ा कल्टीवेटर' है।''

''भाई, हमें 'हैरो' और 'कल्टीवेटर' भी दिखाइए न!''—डॉ. नाथ ने कहा।

''भाई साहब, हमारे पास तो ये हल वगैरह हैं। अगर आप सभी औजार देखना चाहते हैं तो शाम को एग्रीकल्चर मशीनरी के मंडप में पधारिए। वहाँ खेती के औजार बनानेवाली देसी-विदेशी अनेक कंपनियों का माल आपको मिलेगा।''—प्रदर्शक ने टालते हुए कहा।

मंडप के द्वार पर 'स्वागत' का बोर्ड लगा था। अंदर घुसते ही दरवाजे के पास खड़ी एक सुंदरी ने उन्हें ऑस्ट्रेलिया के बारे में जानकारी कराने के लिए एक परचा दे दिया। परचा अंग्रेजी में था। डॉ. नाथ उसे अनुवाद करते हुए पढ़कर बताने

लगे, लिखा था—

"ऑस्ट्रेलिया में 1 करोड़ लोग बसते हैं। गेहूँ यहाँ की खास फसल है। यहाँ एक करोड़ 34 लाख एकड़ में गेहूँ की खेती होती है। यहाँ बड़े-बड़े फार्म हैं। 2000 फार्मों पर तो सिर्फ गेहूँ ही बोया जाता है। यहाँ गेहूँ की खेती को ध्यान में रखकर ही बड़े-बड़े औजार और मशीनें बनाई गई हैं। 1943 में गेहूँ को काटने की मशीन सबसे पहले जॉन रिडले ने ऑस्ट्रेलिया में ही बनाई।"

'हीडर हार्वेस्टर'—कटाई की सबसे बड़ी मशीन है। इससे सिर्फ गेहूँ की फसल ही नहीं काटी जाती, बल्कि बीज बोने और खेत में उर्वरक बिखेरने का काम भी लिया जाता है। इसे ट्रैक्टर के पीछे जोड़कर चलाया जाता है। इसमें लगे तवे अपने आप घूम-घूमकर फसल को काटते हैं।

"बहुत बड़ी मशीन होगी!"—महेश बाबू बोले। "आओ देखें तो सही।"

"हाँ-हाँ, देखिए। यह पास ही तो खड़ा है। इसमें 20 से 24 इंच के ये तवे लगे हैं। ये ही फसल काटते हैं और गेहूँ की बालियों की पूलियाँ भी बाँधते चलते हैं।"—उस लड़की ने बताया।

"हमारे देश में ऐसी मशीनें कहाँ से होंगी?" रधिया बोली।

"सूरतगढ़ फार्म पर कुछ मशीनें हैं, जो अनाज की कटाई के अलावा उसे बोरियों में भरने का काम भी करती हैं।"

"अच्छा! यह फार्म कहाँ है?" रधिया ने पूछा।

"अरे तुम नहीं जानतीं। यह राजस्थान, बीकानेर में सोवियत रूस की मदद से चल रहा है। वहाँ बड़ी-बड़ी मशीनें काम कर रही हैं। जेतसर फार्म भी इसके साथ ही खोला गया है। यह एशिया का सबसे बड़ा मशीनी फार्म है।"—रानी ने कभी अखबार में पढ़ी हुई सारी बातें रधिया को बता दीं।

"अब चलो रधिया, पश्चिमी जर्मनी के मंडप को और देख चलें। फिर वापस चलना है।"—महेश बाबू ने कहा।

सब ऑस्ट्रेलिया के मंडप से निकलने लगे। बाहर एक ओर गन्ना काटने की बड़ी मशीन रखी थी। डॉ. नाथ ने चलते-चलते बताया—

"देखो, यह गन्ना काटने का किन्नियर है। यह गन्ना काटकर बंडल बाँधता चलता है। अगोला कटने के बाद गन्ना लंबा का लंबा जमीन पर गिरता जाता है। ये दाँते गन्ने के ढेर के ढेर को एक ओर हटा देते हैं, ताकि वे पहियों के नीचे आकर कुचल न जाएँ।"

'पश्चिम जर्मनी'—मंडप पर लिखा हुआ नाम अनोखे ने पढ़ लिया। जर्मन

जानकार किसानों के दल को देखकर आगे बढ़ आया। वह टूटी-फूटी हिंदी जानता था; बोला—"नमस्ते!"

सबने कहा—'नमस्ते'। उसने अपने देश की डीगें हाँकना शुरू कर दिया—"हमारा देश में 50 हजार ट्रैक्टर काम करता हैं, हमारा देश मशीनों का देश है, खेती का नहीं। थोड़ा आदमी खेती करता है, बाकी आदमी कारखानों में इंजीनियर हैं। मशीनें तैयार करता है। कोई भी मशीन लुहार या बढ़ई नहीं बनाता। खेती का सारा मशीन कारखानों में बनता है। आओ, इधर आओ, हम तुमको अपने देश का मशीन दिखाएगा।"

"यह हमारा ट्रैक्टर 'मान' है। यह दूसरा 'ईशर' है। यह तुम्हारा देश में खूब काम करता है। यह बंजर जमीन को तोड़नेवाला तवेदार हल है। यह हल 51 मन का वजन रखता है। ये खेत में सिंचाई करने का नया तरीका है 'स्प्रिंक्लर' और यह है—'सेंट्रीफ्यूगल पंप'। हमारे देश में पानी को बेकार नहीं जाने देता। जितना पानी की जरूरत होता है, छिड़कावक (स्प्रिंक्लर) तरीके से फसल को दिया जाता है। पानी को लंबे लोहे के नलों में जाकर उसमें सूराख कर देता है, फिर फव्वारा निकलता है और खेत को पानी मिलता है। बंद करने पर पानी बंद होता है।"

"तुम्हारा देश में रहट (पर्सियन व्हील) चलता है। ट्यूबवैल चलता है, म्होट, चेनपंप वगैरह चलता है। ये हमारा देश में नहीं चलता। हमारे देश में फसल में उर्वरक भी इन्हीं सिंचाई के पंपों से छिड़क देता है। ट्रैक्टर के साथ भी उर्वरक व खाद फेंकनवाला मशीन होता है। यह वो ही मशीन है। ऐसा मशीन रूस ने भी तैयार किया है। उसका बड़ा मशीन है, हमारा छोटा है।"—जर्मन जानकार सभी यंत्र इस दल को दिखा रहा था।

वह थोड़ी देर के लिए अंदर गया। अंग्रेजी में छपी बहुत सी किताबें लाकर डॉ. नाथ को देने लगा—"इनमें हमारे देश के बारे में छपा है।" जर्मन खुश हो रहा था।

7

नुमाइश देखते-देखते सब लोग खेती के औजारों के मंडप के पास पहुँच गए। मंडप में घुसते ही जमीन पर दीवार के सहारे तरह-तरह के औजार कतारों में रखे हुए थे। एक ओर दीवार पर बोर्ड लगा था—'कल्टीवेटर' यह एक काँटेदार या दाँतेदार हल जैसा खींचा जानेवाला यंत्र होता है। यहाँ तीन तरह के कल्टीवेटर रखे थे—

(1) स्प्रिंगदार कल्टीवेटर।

(2) कमानीदार कल्टीवेटर और

(3) दाँतेदार कल्टीवेटर। यह जमीन को तोड़कर खेत को ठीक करने का काम देता है।

जानकार ने बताना शुरू किया—''यह 12 इंच से लेकर 20 इंच तक के दाँतों वाले कल्टीवेटर हैं। इन्हें कड़ी जमीन में ही काम में लाते हैं। ये 80 से लेकर 100 पौंड तक वजन के कल्टीवेटर हैं। कल्टीवेटरों को ट्रैक्टर में भी लगाकर चलाया जाता है। पहाड़ी और ऊँची-नीची जमीन के लिए यह चकतीदार कल्टीवेटर है। इधर आइए, अब आपको 'हैरो' या 'बखर' दिखाता हूँ।''

सारे लोग आगे बढ़ गए।

''बखर जुताई के बाद मिट्टी को इकसार करके खेत को तैयार करता है। खेत में बीज को दबाने, उर्वरक देने के बाद मिट्टी पलटने, मिट्टी को चिकनी करने के लिए बखर काम में आते हैं।''—प्रदर्शक ने कहा।

''ये टेढ़े दाँतों का खींचे जानेवाला या ड्रेग हैरो बखर है। यह काफी वजनी है इसमें 5-10 इंच के काँटे लगे हैं। इससे मिट्टी को गोडा तथा साफ किया जाता है। ये बीज वाला बखर है। ये हल्का होता है, और डेढ़ इंच नीचे जाकर मिट्टी को पलट देता है। इससे बीज पर मिट्टी चढ़ जाती है। मिट्टी की नमी भी बनी रहती है और यह तवेदार बखर हैं। इसके काँटे स्प्रिंगवाले हैं। यह ऊबड़-खाबड़ खेत को इकसार करता है। यह बोआई करने के लिए भी क्यारियाँ तैयार कर देता है। अब जरा पीछे लौटिए। ये सारे जो आप देख रहे हैं, मेंड़ या फूँड़ बनानेवाले मेंड़क या रिजर हैं।''—यहाँ मेंड़कों की लाइन लगी हुई थी।

''यह जबलपुर में बनाया गया मध्य प्रदेश मेंड़क है। इसे उत्तर प्रदेश, बिहार, उड़ीसा सभी जगह के किसान काम में ले रहे हैं। इसकी बगल में उत्तर प्रदेश का माँझा मेंड़क रखा है। इसे सहारनपुर और बुलंदशहर जिले में गाँव के कारीगरों ने बनाकर तैयार किया है। यह मूँगफली और आलू के खेत में मेंड़ बनाने के काम आता है। बहुत अच्छा रिजर है।''

''हाँ, देखने में भी अच्छा मालूम होता है''—डॉ. नाथ बोले।

''यह देखिए सामने की ओर, बोआई करनेवाली छोटी और मशीनें रखी हैं। इन्हें 'बीज ड्रिल' कहते हैं। यह 'तिफन बीज ड्रिल' है। इससे तीन कूंडों में एक साथ बोआई हो सकती है। यह 3 इंच की गहराई तक खेत में बीज बो सकता है। देशी बीज की मशीनों में हाथ से बीज डालते हैं। एक मशीन ऐसी है जिसमें बीज अपने आप

गिरता है, और इस मशीन से मिलवाँ फसल की बोआई भी की जा सकती है।

"यह बड़ी सीड ड्रिल बड़े फार्मों पर ही काम आती है। इसमें कटोरियाँ लगी रहती हैं। उनमें बीज भरा रहता है। ये कटोरियाँ घूमती हैं और एक-एक दाना तेजी से गिराती रहती हैं। इसे 'वाकर बीज ड्रिल' कहते हैं। जहाँ खास दूरी पर ही बोआई की जाती हो, वहाँ 'प्लांटर बीज ड्रिल' काम में लाते हैं। बागों के लिए अलग किस्म की बोआई मशीनें हैं। यह जापानी ढंग की मशीनें भी चल गई है।"—प्रदर्शक बता ही रहा था कि अनोखे जोर से चीख पड़ा—"नाथ भय्या! यहाँ तो कुट्टी काटने की मशीन भी रखी है! मैं बहुत देर से इसी को देख रहा था। यह बिल्कुल ऐसी ही है जैसी कि हमारे गाँव में मलूका चौधरी के गैत में रखी हुई है।"

मलूका मुसकरा दिया और सभी लोग कुट्टी काटनेवाली मशीन की ओर बढ़ गए।

"ज्यादातर लोग तो गड़ासे से ही चारा या कुट्टी काटते हैं, लेकिन चारा काटने की मशीन अब गाँव-गाँव में पहुँच गई है। ये मशीनें तीन तरह की हैं। हमारे यहाँ सभी मौजूद हैं। हाथ से चलनेवाली, बैलों से चलनेवाली और पावर से चलनेवाली। यह हाथवाली ही मशीन है, जिसे आप सब लोग जानते हैं। यह वजन में भी हलकी है और इसकी मरम्मत भी गाँव का कारीगर आसानी से कर लेता है। इस मशीन से 2 आदमी एक दिन में 30-35 मन हरा, 15-20 मन सूखा चारा आराम से काट लेते हैं।" प्रदर्शक ने उन्हें बताया।

वह आगे बोला—"ये दोनों बड़ी मशीनें हैं। यह बैलों से चलनेवाली है। यह पावर या इंजन की ताकत से चलती है। इन मशीनों से बहुत चारा काटा जा सकता है। इधर आइए, ये गन्ना पेरने के कोल्हू हैं। इन्हें भी आप जानते ही होंगे।"

"हाँ, जानते हैं, लेकिन हमारे गाँव में गन्ने की खेती नहीं होती।" "अनोखे बोल पड़ा।

"गाँवों में अनाज को घास-फूस, गोबर या मिट्टी की बनी खत्तियों में रखा जाता है। ये तसवीर पुरानी खत्ती व पूँढों की हैं। अब अनाज रखने के लिए प्लास्टिक के व पक्के गोदाम बनने लगे हैं। यह प्लास्टिक के गोदाम का नमूना है। दिल्ली में एक ऐसा गोदाम आ गया है। यह 66 फीट चौड़ा और 22 फीट ऊँचा कछुआ जैसा लगता है। इसमें अनाज के कीड़े व घुन वगैरह नहीं लगते।"

दल कृषि औजारों को देखने के बाद केंद्रीय सिंचाई विभाग के मंडप में पहुँच गया। यहाँ देश में चल रही सिंचाई योजनाओं को मिट्टी तथा पेरिस प्लास्टर से बनाकर नमूनों की तरह दिखाया गया था। हीराकुंड, तुंगभद्रा, भाखड़ा नंगल,

नागार्जुन, कोयना, कोसी, चंबल जैसी बीसियों बड़ी-बड़ी पन-बिजली योजनाएँ इस मंडप में सजाई गई थीं। एक ओर सिंचाई के उन्नत तरीके बताए गए थे। पानी के रिसने को रोकने के लिए नालियों में राल का इमल्शन या घास-फूस बिछाकर दिखाई थी और अच्छी नालियों के नमूने भी तैयार थे। नाली तैयार करने के ढंगों का भी प्रदर्शन किया गया था।

नौ बज गए। सब लोग बाहर आए। बड़ी चहल-पहल थी। चारों ओर कोलाहल था। रोशनी की रंग-बिरंगी चकाचौंध तो मानो रधिया के सपनों को सजा रही थी। वह सोचने लगी, काश! हम यहाँ से कभी न लौटें और यह नजारा हमेशा हमारी आँखों में घूमता ही रहे!

8

आज दिल्ली के पूसा संस्थान में ''परमाणु शक्ति का खेती में उपयोग' किए जाने पर डॉ. बद्रीनाथ डी.एस-सी. का भाषण था। इसे सुनने के लिए आस-पास के राज्यों से अनेक किसान, उनके नेता, कृषि विशेषज्ञ और अनेक सरकारी कर्मचारी आए थे। डॉ. नाथ गाँव से विकास अधिकारी के साथ जीप में बैठकर ठीक समय पर सभा भवन में पहुँच गए। डॉ. नाथ खादी का बंद गले का कोट, नीचे सफेद रंग की पैंट पहने, चश्मा लगाए, भारी बदन के होते हुए भी बड़े प्रसन्न और चुस्त दिखाई दे रहे थे।

डॉ. नाथ ने मंच पर आकर अपना भाषण शुरू किया—

''माननीय सभापतिजी, भाइयो तथा बहनो! आज मैं आपको यह बताऊँगा कि खेती के क्षेत्र में परमाणु-शक्ति क्या कर रही है?''

''किसी जमाने में लोग पारस पत्थर की खोज किया करते थे, किंतु आज हमें विज्ञान ने एक ऐसा पारस दिया है जिससे हम लोहे को ही नहीं बल्कि मिट्टी तक को सोना बना सकते हैं। यह है परमाणु-शक्ति। शुरू में वैज्ञानिकों की राय थी कि हर एक चीज के परमाणु ऐसे होते हैं, जिन्हें न बाँटा जा सकता है और न उन्हें खत्म किया जा सकता है। फिर कुछ समय बाद क्यूरी, रोटंजन तथा रदरफोर्ड आदि वैज्ञानिकों ने इस बात को गलत साबित कर दिया। उन्होंने कहा कि परमाणु के टुकड़े-टुकड़े हो सकते हैं और उससे चीजों में अनेक फेर-बदल भी किए जा सकते हैं।''

''इसी बात को लेकर सन् 1955 के बाद परमाणु शक्ति को उपयोगी कामों

में लगाने की शुरुआत हुई। इस मामले में कनाडा, अमेरिका और सोवियत रूस ने पहल की। आज अनेक देशों में परमाणु बिजली-घर बन चुके हैं। परमाणु शक्ति से जहाज चलाए जा रहे हैं। उत्पादन बढ़ाने के लिए भी इसका सहारा लिया जा रहा है। परमाणु शक्ति ने खेतों से अधिक उपज लेने के लिए जबरदस्त नतीजे हासिल किए हैं।

"खेती में रेडियो विकिरणें काम करती हैं। आज से 30 साल पहले अमेरिकी वैज्ञानिक एच.जे. मूलर ने पता लगाया था कि जीव के जानदार कोषों में विकिरण के द्वारा गुलाब के फूल में चमेली की खुशबू पैदा की जा सकती है। गुलाब को बेमौसम उगा देना और उसके तरह-तरह के रंग बदल देना, ये सब इसी की कारामात तो है। पीढ़ी-दर-पीढ़ी चले आ रहे गुण और स्वभाव को भी बदला जा सकता है। अनुसंधान करने पर वैज्ञानिकों ने जाना कि विकिरण से फसलों की नई-नई उन्नत किस्में जल्दी तैयार की जा सकती हैं, जबकि इन्हें कुदरती ढंग से तैयार करने में कई वर्ष लगते हैं।"

"नागासाकी और हिरोशिमा (जापान के दो नगर) में परमाणु की विनाशलीला को देखकर दुनिया ने एक गहरी साँस ली। अगस्त 1955 में जैनेवा में एक सम्मेलन हुआ। इसी में वैज्ञानिकों ने दुनिया को बतलाया कि परमाणु शक्ति से खेती-बाड़ी में भी सुधार और क्रांति हो सकती है। सन् 1946 में जोसेफ मूलर नामक जर्मन वैज्ञानिक ने एक्स-रे विकिरणों की परख की। उन्हें अपनी इस खोज पर नोबेल पुरस्कार भी मिला। उन्होंने फल की मक्खी (ड्रोसोफिवा) पर एक्स-रे विकिरण के असर को देखा। उसी समय अमेरिका के दूसरे वैज्ञानिक स्टैडलर ने मक्का और जौ की फसल पर एक्स-रे के असर की खोजबीन की। तब से तब तक बराबर खोजबीन जारी है। अमेरिका की 'बुकहेबो राष्ट्रीय प्रयोगशाला' में डॉ. सिंगलटन की देख-रेख में एक विकिरण संस्थान खोला गया। इसका काम 10 एकड़ के खेत में खड़ी फसलों और फलों पर विकिरणों के असर की जाँच करना था।

इसके नतीजे कामयाब रहे। मक्का और जौ की कई नई किस्में खोज ली गईं। कुछ फसलें विकिरणों की मदद से ऐसे इलाकों में उगाई गईं, जहाँ वे पहले कभी नहीं उगाई गई थीं। रेडियो विकिरणों से खेती को और भी बहुत से फायदे हुए, जैसे—

पौधों को मिट्टी से मनचाहे ढंग से फासफोरस या दूसरे उपजाऊ तत्त्व ग्रहण कराए गए—

- खेती को नुकसान पहुँचाने वाले कीड़ों-मकोड़ों का नाश किया गया;

- पौधों में पैदा होने वाले रोगों का नाश किया गया;
- खाने की चीजों को ज्यादा दिन तक ठीक रखना मुमकिन बनाया गया;
- पौधों की किस्में, पशुओं की नस्लों में सुधार किया गया।''

डॉ. नाथ क्षण भर को रुके, फिर उन्होंने भाषण जारी किया—

''रूस में परमाणु-शक्ति से निकलनेवाली किरणों के द्वारा खेती पर जो खोजें की गई, उससे पता चला कि परमाणु को टुकड़े-टुकड़े करने से निकलनेवाली किरणें पौधों को बढ़ाती हैं। उनके बढ़ने और पनपने में भी मदद देती है। मूली और राई के बीजों को बोने से पहले अगर विकिरण शक्ति के प्रभाव में रखा जाए तो उनकी जड़ों की लंबाई बढ़ जाती है। मटर पर जब यह प्रयोग किया गया तो सादा मटर के मुकाबले विकिरण द्वारा शोधी गई मटर की उपज 10 से 40 प्रतिशत तक ज्यादा मिली। इसी तरह टमाटर की उपज 35 प्रतिशत और चुकंदर की लगभग 15 प्रतिशत ज्यादा पैदावार हुई।

विकिरणों के कारण धरती में मौजूद जीवाणुओं की नाइट्रोजन खींचने की ताकत दुगुनी तक हो गई। रूस में बीजों को शोधा गया और यह पाया गया कि उनसे मिलने वाली उपज दूसरे बीजों से मिलने वाली उपज से कहीं ज्यादा है। मटर की 34 प्रतिशत और सोयाबीन तथा सेम की 50 प्रतिशत से भी ज्यादा पैदावार मिली।

फसल के दुश्मन अरबों कीड़े हमारी उपज को खाते रहते हैं। अकेले अमेरिका में कीड़े-मकोड़े 3 अरब रुपए की पैदावार को खा जाते हैं। परमाणु शक्ति की सहायता से इन कीड़ों की आबादी रोकी जा रही है। कुराकाव द्वीप-समूह में फीतेदार कीड़े को गामा-किरणों (रेडियो विकिरणों) की मदद से खत्म कर दिया गया। गामा किरणों से नर-मक्खियों की संतान पैदा करनेवाली ताकत को खत्म करके उन्हें खेतों में छोड़ दिया गया। ऐसी नर-मक्खियाँ जब मादा-मक्खियों से मिलीं तो मादाएँ अंडे नहीं दे सकीं।''

''खाने की चीजों को ज्यादा दिन तक रखने के लिए भी परमाणु शक्ति को काम में लिया गया। विकिरणों से ठीक करने के बाद चीजों का तापमान नहीं बढ़ता। जल्दी खराब हो जानेवाली चीजों को भी ताजी हालत में रखा जा सकता है। आलू, मांस, मछली और बहुत सी खाने की दूसरी चीजें इस तरीके से बहुत समय तक ताजी रखी जा सकती हैं।''

डॉ. नाथ का भाषण बड़ा दिलचस्प था। सभी किसान ध्यान से सुन रहे थे और उनके प्रति सभी की श्रद्धा बढ़ती जा रही थी।

''अमेरिका में पता लगाया कि विकिरणों से पौधों की ऐसी किस्में तैयार की

जा सकती हैं जो उपज अधिक दें। साथ ही उन पर रोगों का भी असर न हो। इन किस्मों को तैयार करने में बीसियों साल लग जाते; परंतु विज्ञान ने यह काम बहुत जल्दी कर दिया। हमारे किसानों का खयाल है कि मक्का के भुट्टे में जटाएँ होने तथा गेहूँ में तेज बालियों के सींकुर होने के कारण पक्षी उन्हें इतना नुकसान नहीं पहुँचाते। इसी बात को ध्यान में रखते हुए गेरूई रोग रोकने वाली गेहूँ की किस्में एन.पी. 797, 798, 799 और 809 तैयार की गईं। कुछ किस्में जैसे एन.पी. 836 इस तरह से तैयार की गई कि उनकी उपज पुरानी देसी किस्म के मुकाबले 10 प्रतिशत ज्यादा हुई। टमाटर की भी ऐसी किस्में निकालीं गईं, जिनका छिलका लाल है और उपज भी अधिक है। इसी तरह जौ, गेहूँ, तंबाकू, सरसों और तिल की नई किस्में निकाली गईं। अमेरिका में वैज्ञानिकों ने रेडियो आइसोटोप (अणु विकिरणों) के जरिए यह पता लगाया कि कौन-कौन से चारे में ताकत देनेवाली चीजें हैं और किन पशुओं को कौन सा चारा खिलाया जाए!''

''पहले वैज्ञानिकों के पास ऐसी कोई चीज न थी जिससे यह पता लग सके कि कौन सा पशु कितनी गरमी सह सकता है! अमेरिका में पशुओं को अलग-अलग गरमी में रखा गया। इसके बाद एक मशीन से गले में पहुँचनेवाली रेडियो-सक्रिय आयोडीन को नाप लिया गया। इस तरह ऐसे पशुओं का पता लगाया गया, जो ज्यादा गरमी सह सकते थे।''

जैसे ही डॉ. नाथ रुमाल से माथे का पसीना पोंछते हुए, मंच से उतरकर अपने सुननेवालों की ओर बढ़े, वैसे ही लोग हाथ मिला-मिलाकर उनका स्वागत करने लगे और पता पूछने लगे। उधर महेश बाबू उन्हें अपने घर ले चलने के लिए भीड़ से छुटकारा दिलाने के चक्कर में इधर-उधर देखकर परेशान हो रहे थे। आखिर जीप ने हॉर्न दिया और डॉ. नाथ उसमें बैठकर महेश के साथ चल दिए।

9

आज सबेरे से ही गाँव में बड़ी चहल-पहल थी। अनोखे ने आकर पीछे से रधिया के सिर पर चपत लगाई और जोर-जोर से चीखने लगा—''अरी ओ रधिया! सुनती है, गजब हो गया!''

''अरे क्या हुआ अनोखे? सारा घर आसमान पर उठा रखा है। क्या आफत आ गई?''

''आफत नहीं आई रधिया, हम लोगों की किस्मत खुल गई।''

"सो कैसे?" रधिया बरतन माँजते-माँजते उठ खड़ी हुई और राख से भरे हाथ अनोखे की तरफ मटकाती हुई बोली।

"अरी अब तक तो हम गाय को ही माता मानकर पूजते थे। आज से हमें भैंस ताई की भी पूजा करनी होगी," अनोखे ने मजाक करते हुए कहा।

"ऐसा क्यों होगा? क्या कोई सरकार का नया कानून बना है।"

"कानून नहीं, इसलिए कि किसी कवि ने भैंस की तारीफ करते हुए कहा है—गोबर करत भारी, याते भैंस लगत प्यारी है!" अनोखे ने कवि के स्वर में राग अलापते हुए कहा।

"वाह, यह भी कोई बात हुई! गोबर की भी भला कोई कीमत है! गाँव की गलियों में यों ही पड़ा फिरता है। अगर साफ न करो तो घर में बदबू भर जाती है।"

"अरी पगली, अब गोबर पड़ा नहीं फिरेगा। इसका सोना बनेगा, सोना!" अनोखे ने जोर देकर कहा।

"जा-जा, पागल हो गया तू। मुझे बहकाता है। गोबर का कहीं सोना बन सकता है?"

"बन सकता है। आज हमारे गाँव में गोबर से सोना बनाने की मशीन आई है। चल, पंचायत के दफ्तर में रखी है। तुझे भी दिखाकर लाता हूँ।"

"अभी मैं चलती हूँ। देखूँ, कौन सी मशीन है, जो गोबर से सोना बनाती है!"

दोनों पंचायत के दफ्तर में आ गए। दरवाजों पर कई तरह के बोर्ड लटके हुए थे। एक पर लिखा था—'गोबर-गैस-प्लांट—सभी देखें'। उधर गाँव के आदमी-औरतों की भीड़ भी लगी थी। दूसरे बोर्ड पर बारीक हरफों में लिखा था—

'देश में हर साल लगभग 80 करोड़ टन ताजा गोबर होता है। इसमें से आधा गोबर चूल्हों में जलता है। यदि सारे गोबर की खाद बनाई जाए तो देश में लगभग 50 लाख टन अनाज और पैदा किया जा सकता है। इस अनाज को हमारे सभी देशवासी तीन समय खा सकते हैं।'—अनोखे ने जोर लगाकर इसे पढ़ा और रधिया को भी सुनाया। रधिया बिना मशीन देखे ही गोबर के चमत्कार को मान गई। अब दोनों लाइन में लग गए। यहाँ एक ओर गोबर-गैस प्लांट काम करता हुआ दिखाया जा रहा था, बताने वाला एक आदमी जोर-जोर से सब देखनेवालों को गोबर-गैस की कहानी बताता जा रहा था।

जानकार ने बताना शुरू किया—"प्लांट के दो हिस्से होते हैं। एक कुँआ—जिसमें गोबर सड़ाया जाता है और दूसरा-ढोल, जिसमें गैस इकट्ठी की जाती है।

गोबर के सड़ने पर गैसें निकलती हैं। गोबर से निकलनेवाली इन गैसों को इकट्ठा किया गया। पता चला कि ये गैसें दियासलाई दिखाने पर फौरन आग पकड़ लेती हैं।''

''भई, ये तो बड़ी ज्ञान की बातें हैं!''—एक ने धीरे से कहा।

''गोबर में नाइट्रोजनधारी तत्त्व होते हैं। ये तत्त्व खाद का काम देते हैं। गोबर से गैस बनने के बाद बची हुई चीज खाद बन जाती है। जब खाद को खेत में डाला जाता है तो अधिक पैदावार मिलती है।''

''भय्या! यह ढोल क्या हम भी बना सकते हैं? जरा बताओ न!'' दर्शकों में से एक सवाल किया।

''हाँ भाइयों, यह प्लांट आप भी बना सकते हैं। अगर आप प्लांट बनाना चाहें तो पहले धरती पर 6 फीट का घेरा बना लें। घेरे में लगे निशानों के बीच के भाग को 4 फीट गहराई तक खोद कर उसकी मिट्टी बाहर निकाल दें। इसके बाद घेरे का व्यास 6 फीट से घटा कर 4 फीट कर दें। इसके बीच के भाग को 8 फीट की गइराई तक खोद कर मिट्टी को निकाल दें। ऐसा करने से जहाँ घेरे की चौड़ाई 4 फीट है, वहाँ एक फीट की गोल पट्टी निकल आएगी। इसी पट्टी पर गैस इकट्ठा करनेवाले लोहे के ढोल को रख दिया जाएगा, बस, ऐसा ही कुँआ बना लें।''

जानकार ने फिर बताया कि—''ढोल में इकट्ठी गैस को रसोई तक ले जाने वाली नली जाती है। यह आधा इंच मोटी होती है। गैस में भाप भी मिली होती है। यह गैस से भारी होने के कारण पानी के रूप में नीचे बैठती जाती है। इस नली का दूसरा मुँह रसोई में रखे हुए चूल्हे से जोड़ दिया जाता है। ये चूल्हे खास तरह के बने होते हैं। इनको 'बर्नर' भी कहते हैं। इनसे गैस को कम-ज्यादा किया जाता है और उतनी ही लपटें तैयार हो जाती हैं। बर्नरों को खोलने और बंद करने के लिए बटन होते हैं। यह देखो, मैं बटन दबाता हूँ। अब दियासलाई दिखाई और यह स्टोव जल उठा। यह गोबर-गैस ही जल रही है।''

''वाह भय्या, विज्ञान का खूब चमत्कार है! जरा यह तो बताओ कि इसे चालू कैसे करते हैं?'' एक किसान ने खुश होकर पूछा।

''गैस-प्लांट को चालू करने के लिए घोलनेवाले हौज में ताजा गोबर डाला जाता है। जब घोल तैयार हो जाता हैं, तब हौज में लगे नल का ढक्कन खोल देते हैं। यह घोल कुएँ में पहुँच जाता है। इस हौज में 60 मन गोबर डाला जा सकता है। अगर इतना गोबर न मिले तो 7-8 दिन का गोबर हौज में भर लें। जब यह गोबर का

घोल पहली बार कुएँ में डालते हैं, उस समय ढोल की तली में लगे मुँह को खोल देते हैं। इससे उसमें भरी हवा निकल जाती है। हवा निकल जाने के बाद ढोल के मुँह को रसोई तक गैस ले जाने वाली नली को जोड़ देते हैं।

गैस भरते ही लोहे का ढोल ऊपर उठता है। इसे पहली वाली जगह पर लाने के लिए, गरारी पर लटकी ईंटों से भरी बालटियों में से कुछ ईंटें निकाल दी जाती हैं। इससे फैली हुई गैस दब जाती है और ढोल का मुँह खुलते ही गैस बाहर आ जाती है। इस तरह नली के द्वारा ये गैस रसाई में लगे बर्नर तक पहुँच जाती है। अब रसोई में बर्नर का बटन खोलते हैं और उसको दियासलाई जलाते हैं, जैसा कि मैंने अभी आप लोगों को जलाकर दिखाया था।

''अगर गोबर कभी न मिले तो पेड़ों के पत्ते, घास-फूँस और मूँगफली के छिलके आदि से भी गैस बन सकती है। इन चीजों से 4 से लेकर 8 घनफीट तक गैस मिलती है। खेती की छीजन तो गाँवों में हर साल लाखों मन होती है, जैसे गन्ने की खोई प्रति एकड़ 300 मन तक निकल आती है। बरसात में गाँवों के पोखरों में जलकुंभी उग आती हैं। ये सभी चीजें कुएँ में डालकर गैस व खाद बनाई जा सकती है।'' गोबर गैस के बारे में सबकुछ जानने-समझने के बाद रधिया और अनोखे भीड़ के रेले को चीरते हुए पंचायतघर से बाहर आ गए।

10

एक साल बीत गया। गाँव का रंग बदल गया। गाँव में नया सूरज उगा। सहकार और मेहनत का सूरज, जिसकी हजारों किरणें थीं—गाँववालों के हजारों हाथ; जिनके बल पर उन्होंने सारे गाँव का नक्शा बदल दिया। इस बार इस गाँव को इनाम मिला था—'आदर्श गाँव' का! और विकास अधिकारी महेश बाबू खुद इनाम लेने शहर गए।

गाँव की जमीन को डॉ. नाथ ने तीन हिस्सों में बाँट लिया। एक फार्म पर नकदी फसल के लिए सरसों की खेती की गई। दूसरे बड़े फार्म पर दाल, अनाज और सब्जियों की खेती की गई और तीसरे फार्म पर संकर-मक्का की खेती की गई। तीनों फार्मों की धरती खूब लहराई। गाँव को 5000 रुपए का नकद इनाम मिला। मक्का के खेत में अनोखे और रधिया काम करते थे। इसी फार्म में उनकी जमीन को भी मिला दिया गया। सब खुश थे, जमीन सबकी अपनी-अपनी थी, मेहनत का फल सबको बँटता था और सारे साधन, बीज, औजार, उर्वरक, खाद

वगैरह दिलवाने में सरकार ने पूरी मदद की। काम करने के लिए ट्रैक्टर से लेकर सभी छोटी-बड़ी मशीनें, तीनों फार्मों पर जब भी जरूरत होती, आ जातीं और काम पूरा होने पर चली जातीं। सिंचाई के लिए नहर का पानी आया और सड़कें पक्की हो गईं। रधिया मक्का की रखवाली गुलेल से नहीं, भौंपू बजाकर करती थी। अनोखे ट्रैक्टर चलाता था। ट्रैक्टर उसका अपना नहीं, सरकारी था। लेकिन जब वह उस पर सवार होकर खेत में काम करता था तो उसे बिल्कुल ऐसा लगता जैसे, वह खुद ही जमींदार का बेटा है। अनोखे को लगता वह गाँव का राजा है, रधिया उसकी रानी है।

फसल कट चुकी थी। वह मक्का से दाने निकाल रहा था। हाथ से नहीं, दाने अलग करनेवाली डिकार्टीकेटर मशीन से। दाने सोने के मोतियों की तरह बिखरे पड़े थे। गंगा मक्का का बड़ा मोटा दाना था और उपज थी देशी मक्का से 2 गुनी अधिक। इस बार इसे डेढ़ हजार रुपए का हिस्सा मिलना था।

'हरी थी मन भरी थी, नौ लाख मोती जड़ी थी।
राजाजी के बाग में दुशाला ओढ़े खड़ी थी।'

—बस यूँ ही गुनगनाती हुई रधिया अनोखे के पास आ गई। वह मशीन चलाकर मक्का से अनोखे के पास आ गई। वह मशीन चलाकर मक्का से दाने छाँटने में लगा था।

"अनोखे, हर समय काम, काम, काम; अब जरा आराम कर लो और नए कपड़े पहनकर तैयार हो जाओ।"

"क्या है रधिया, तू एकदम सज-धजकर कहाँ से आ टपकी? तू न खुद काम करती है, न मुझे करने देती है। मैं तो तुझसे तंग आ गया। भगवान् तुझे इस साल एक बेटा दे दे तो तू हर समय उसे खिलाने में लगी रहे और मुझे तंग न करे।"

"अनोखे! मुझे लड़का-वड़का नहीं चाहिए। मैं तो ऐसी ही अल्हड़ और मस्त रहना चाहती हूँ। मुझे तो तू चाहिए, तू।" उसने हाथ पकड़कर अनोखे को उठा दिया। उसके कपड़े हाथ से झाड़े और कपड़े बदलने के लिए उससे जिद करने लगी।

अनोखे ने अंगड़ाई लेकर सुस्ती उतार दी और रधिया की तरफ कनखियों से देखा, "बड़ी छबीली बनी है आज! ये नथ, ये खनखनाती हरी-पीली चूड़ियाँ, ये बाजूबंद, ये पटेला, ये छुनछुनाती पायजेब, ये सब काहे को निकाली हैं? बता न, क्या बात है, कहाँ जा रही है?"

"बड़ा भोला बना है, जैसे कुछ पता ही नहीं!" रधिया ने मुँह बनाया।

"सचमुच, मुझे क्या खबर? तू ही घर-घर घूमकर खबर लाती है। बता दे न क्या खबर है?"—अनोखे उठकर मुँह धोने लगा।

"आज नाथ बाबू की शादी है न!"

"शादी, किससे भला"—अनोखे ठिठक-सा गया।

"रानी से"—रधिया ने बताया।

"कौन रानी, महेश बाबू की छोटी बहन न!"

"हाँ-हाँ, वही रानी, जो हमें दिल्ली में मिली थी और डॉक्टर साहब के साथ चिपकी-चिपकी घूम रही थी।" रधिया ने कहा।

"तू बड़ी नटखट है रधिया! यह तो अच्छी बात है, खुशी का मौका है। हमें भी जल्दी चलना चाहिए। लेकिन रानी का मन गाँव में कैसे लगेगा?" अनोखे बोला।

"रानी का जोड़ा अच्छा बनेगा। वह भी डॉक्टर साहब के साथ-साथ सरसों के फार्म पर काम करेगी। उसे मैं सब खेती-बाड़ी का काम सिखा लूँगी। जब कभी वह मेरी जैसी चीजें पहन लेगी, तब बहुत ही अच्छी लगेगी। मेरी तो वह सहेली होगी।"—रधिया ने मटकते हुए कहा।

"जा-जा रधिया, ऐसी डींगें न हाँक। वे तो बड़े आदमी हैं, वह विकास अधिकारी की बहन है। डॉ. नाथ भी कम काबिल और अक्किलवाले नहीं हैं। आज सारा गाँव उनके गुन गाता है। कहाँ वे और कहाँ हम?" अनोखे ने एक बार आसमान की ओर देखा। नीला आसमान साफ था।

□

रंगीली साँझ थी। पंचायतघर रोशनी से जगमगा रहा था। द्वार पर शहनाई बज रही थी। फिल्मी गीत भी गूँज रहे थे। शादी हवेली में नहीं पंचायतघर में होने वाली थी। रानी की माँ भी थी। सभी सगे-संबंधी यहीं एकत्र थे। नाथ के पिता अपनी सफेद मूँछों पर ताव दिए घूम रहे थे। महेश बाबू कोट-पतलून पहने इंतजाम कर रहे थे। कलक्टर साहब भी शादी में आने वाले थे। तहसीलदार, थानेदार, एस.डी.ओ., कृषि अधिकारी, इंजीनियर तथा शहर से भी डॉ. नाथ और महेश बाबू के बहुत से दोस्त आए थे। गाँव भर में चहल-पहल थी। कारों की लाइन लगी थी। नाथ की शादी के साथ गाँव का नया भविष्य शुरू होने वाला था। सारे गाँव को दावत का न्योता था। अनोखे और रधिया भी मक्का सजाकर ले आए। रधिया बड़ी चतुर थी, उसने एक-एक दाना चुनकर डॉक्टर साहब के लिए लिखा था—'शादी की बधाई'।

दोनों अंदर जाकर डॉ. नाथ को ढूँढ़ने लगे। डॉ. नाथ कलक्टर के साथ बात

करते हुए आ ही रहे थे—बस, उन्हें देखते ही रधिया ने वह सौगात उन्हें भेंट कर दी।

''वाह रधिया! तुम तो कलाकार भी हो! क्या बढ़िया चीज बनाकर लाई हो! चलो तुम लोग बैठो, मैं अभी आता हूँ।'' डॉक्टर नाथ आगे बढ़ गए। रधिया दौड़कर विकास अधिकारी के घर में घुस गई।

रानी के मुँह की सजावट हो रही थी, दुलहन जो थी। रधिया ने जाकर नमस्ते की और काम में हाथ बँटाने लगी।

''यह क्या लाई हो, रधिया?'' रानी ने पूछा।

''ये सौगात है, आपकी शादी की''—रधिया ने मक्का के दाने उन्हें सौंप दिए।

''ओह, ये तो बड़ी फूली मक्का है!'' रानी बोली।

''जी, मेरा मन यही कहता है कि आपका जीवन भी इसी मक्का की तरह सुनहरा होकर फूले-फले।'' रधिया के होठों पर कुछ शर्मीली सी मुसकान दौड़ गई। उधर शहनाई के स्वर तेज होते जा रहे थे।

□

खुली हवा

इतवार का एक दिन। दोपहर को मेरे ड्राइंगरूम में टेलीफोन की घंटी बजती है। फोन उठाती हूँ तो पता चलता है कि उधर से बोल रही है कोई राधा—मेरी घनिष्ठ सहेली अलका की मित्र। वह मुझसे मिलने का समय चाहती है। मैं हैरान हूँ कि क्यों? फिर भी हम दोनों का मिलने का समय तय हो जाता है।

अगले इतवार को राधा के और मेरे कई घंटे एक साथ गुजरते हैं। ज्यों-ज्यों बात आगे बढ़ती है मुझे स्पष्ट होता जाता है कि किस प्रकार उसकी भोली-भाली मासूम जिंदगी धीरे-धीरे नरक में डूबती जा रही है। मेरे मस्तिष्क में एक अनचाहा सा द्वंद्व भर जाता है, एक मर्मांतक पीड़ा, जो रोम-रोम को कंपित कर देती है। हमारी समाज व्यवस्था, वर्तमान कानून और पारिवारिक संबंधों के मध्य घुटता हुआ नारी जीवन कितना घिनौना हो गया है, यह मैंने राधा की जुबानी सुना। राधा की यह दर्दनाक कहानी उसी की नहीं, देश की उन लाखों बेबस पत्नियों की कहानी है, जिनकी जुबान पर शरम, मर्यादा और पुराने संस्कारों का ताला पड़ा है। वे घुट-घुटकर मर जाती है, पर उफ तक नहीं करतीं।

मुझे लगा जैसे एक उपन्यास मेरे अंत:स्थल में घुमड़ रहा है। मैं बेचैन हो उठी और इस वेदना से मुक्त हुई इस उपन्यास के पूरा होने पर ही। यह उपन्यास नहीं वास्तव में एक सच्ची कहानी है—एक पीड़ित नारी की आपबीती। राधा अभी गुमनाम ही रहना चाहती है। उसने मुझसे वायदा लिया है कि उसका नाम-पता आदि प्रकट नहीं किया जाएगा। अत: पाठक उससे मिलने या उसके बारे में जानकारी प्राप्त करने का प्रयास न करें तो अच्छा है।

1

रात के सन्नाटे में उलसूर झील के किनारे बनी दुमंजिली कोठियों की कतार तेज वर्षा के छपाकों में नहा रही थी। जुलाई का महीना था—हलकी-हलकी ठंड बरसात के कारण हो गई। रात का एक बजा था राधा पहली मंजिल के मकान में अकेली थी। उसके साथ अगर कोई था, भी तो एक नन्हा साथी, उसकी मुनिया, जो मुश्किल से 11 महीने की थी। तीन कमरों का छोटा सा फ्लैट था।

तेज वर्षा की आवाज, बीच-बीच में हवा की गूँज और फुहारों की छपा-छप में कोई और आवाज सुनाई न पड़ती थी। कभी-कभी लगता जैसे कोई दरवाजे पर दस्तक दे रहा है। वह चौंकती और दरवाजे की ओर बढ़ने को होती तो बिजली की कड़क उसे भयभीत कर देती और वह उसे हवा का झोंका समझकर लौट पड़ती। वैसे वह संगीन खामोशी की गोद में थी। मगर मन में एक तूफान हिलोरें ले रहा था। राधा सोच रही थी सवा बज गया, वे अभी तक आए नहीं। बारिश के वक्त में भी घर पर जल्दी नहीं लौटा जाता। आखिर क्लब क्या हुआ मेरी जिंदगी के लिए तबाही हो गई! रोज-रोज क्लब, शराब आखिर ये सब कब तक चलता रहेगा?

वह सोच ही रही थी कि दरवाजे पर किसी ने दस्तक दी। पल भर के लिए वह काँप-सी गई। लगा, फिर वही हवा का झोंका होगा, जो बार-बार डरा देता है। मगर दस्तक फिर जोर से कई बार हुई। कानों में वर्षा की तेजी को चीरती हुई एक भारी और थकी हुई सी आवाज आई "अरे दरवाजा खोलो न, क्या मर गई? आखिर क्या हुआ दरवाजा क्यों नहीं खोलती?"

आवाज परिचित थी। लपककर दरवाजा खोला तो पानी में लथ-पथ आँखों में अजीब सी परेशानी, थकान और गुस्सा लिये वह सामने खड़े थे। बड़बड़ाहट करते हुए अंदर आ गए। दरवाजा बंद हो गया। राधा थोड़ी देर फिर सोचती रही। वे सीधे कमरे में चले गए। एक के बाद एक भीगे कपड़े उतारने लगे। राधा मुनिया की ओर बढ़ी। वह कुछ देर से रो रही थी।

राधा को वही रात आज याद आ रही थी और उसके मन में वह भयानक घटनाक्रम ज्यों-का-त्यों घूमने लगा। उसने मुझे अपनी कहानी खुद की जुबानी सुनाना जारी रखा—

"दरवाजा खोलने के बाद उनके आते ही मैं सबकुछ भूल-सी गई। मुनिया का रोना, बरसात की तेज आवाज, सभी कुछ मुझे सुनाई नहीं पड़ा। मेरा सारा ध्यान तो केंद्रित होकर उन्हीं की ओर लगा हुआ था। उनका हुक्म सुनने के लिए मैं व्यग्र थी।"

मुनिया को मैंने पास जाकर चुप कराना चाहा, मगर वह लगातार रोए जा रही थी। सहसा एक कड़क मुझे फिर सुनाई दी-ये कड़क आसमानी बिजली की नहीं थी—"इस बच्ची को चुप करो, मुझे खाना दो। मैं भूखा हूँ।" उन्होंने कपड़े बदलकर अपने बेडरूम से बाहर निकलते हुए कहा।

मैंने तुरंत मुनिया को गोद में उठाया और लॉबी में आ गई। मुनिया अभी भी रोए जा रही थी। मैंने कहा—"शाम से इसकी तबीयत ठीक नहीं है। बुखार है, इसने चैन नहीं लेने दिया, मैं खाना कैसे बनाती?"

"क्या कहा-खाना नहीं बना!"

मैं चुप रही।

"खामोश क्यों हो, जवाब क्यों नहीं देती? क्या मेरे घर में मुझे खाना भी नसीब नहीं होगा।" झल्लाकर उन्होंने तपाक से मेरे गाल पर चाँटा मार दिया।

मैं मुनिया को गोदी में लिये गिरते-गिरते बची। मुझे पता नहीं क्यों क्रोध नहीं आ रहा था, बेबसी और भय ने मेरे गुस्से को काफूर कर दिया।

"मुझे खाना अभी और इसी वक्त बनाकर दो, रोने दो इसको।" उनकी कर्कश आवाज फिर गूँजी। इस समय बारिश कुछ थम गई थी। मैं रसोई में गई। कुकर पर थोड़े चावल कुछ ही देर पहले पकने को रखे थे। कुकर सीटियाँ दे रहा था। मैंने सारे चावल परोसकर मेज पर रखी प्लेटों में उनके खाने के लिए उड़ेल दिए।

उन्होंने दानवी दृष्टि से मुझे घूरा और प्रेत जैसी लपलपाती जुबान से चटखारे मारते हुए चावल साफ कर दिए। "क्या इसके अलावा घर में खाने का कुछ और नहीं है?"—उनकी तीखी आवाज फिर कड़की।

मेरे मुँह से सहसा यह निकलने ही वाला था कि अच्छा हो आप मुझे ही भूनकर खा जाएँ, ताकि हमेशा के लिए झगड़ा निपटे। मगर मैं कहते-कहते सहम गई। मैंने कुछ उत्तर न दिया।

"क्या सुना नहीं—तुम मक्कार हो। अभी-अभी कहा खाने को कुछ भी नहीं है, थोड़ी देर में प्लेटें भरकर चावल ले आई! सब क्या मजाक है?" यह कहकर वे मेरी तरफ झपटे। मैं लड़की को छाती से चिपकाए पीछे हटती चली गई।

मेरी समझ में नहीं आ रहा था कि क्या करूँ! वह बराबर बके जा रहे थे—अनाप-शनाप गालियाँ और मैं सहमी हुई लॉबी के कोने में खड़ी-खड़ी रो रही थी। आँसुओं की झड़ी लगी थी। दिल करता था कि अभी छत से छलाँग मारकर खुदकुशी कर लूँ। मगर उस नन्हीं जान की ओर खयाल आते ही मैं फिर सुबकने लगती। वे लपके हुए रसोई की ओर बढ़े। सभी बरतन टटोलकर देखे, मगर खाने

को सचमुच कुछ भी नहीं था। इससे उनका गुस्सा और बढ़ता गया।

भूख, शराब और उन्माद की स्थिति उन्हें यहाँ तक ले आई कि उन्होंने दरवाजा खोलकर मुझे जबरन धक्का देते हुए घर से बाहर निकाल दिया और अंदर से दरवाजा बंद कर लिया। मेरी चीख-चिल्लाहट की आवाजें बिजलियों की तड़तड़ाहट और मूसलाधार वर्षा के शोर में खो गईं।

टन-टन तीन घंटे बजे। रात का एक पहर और बाकी था। मुनिया राधा की गोदी में ठंड से सिकुड़कर चिपकी जा रही थी। हवा के झोंकों के साथ तेज ठंड आती और हर मिनट के बाद वह काँपती जाती। जीना खुला था। उसमें छिपने व हवा को रोकने के लिए कुछ भी न था। राधा किसी तरह सुबह होने का इंतजार करने लगी।

राधा की कहानी इसी रात से शुरू होती है।

वह सोच रही थी यह क्या हो गया? मैं कहाँ से कहाँ आ गई? फरवरी 1995 का वह मनहूस दिन—जिस दिन मैंने अपना हाथ इस शैतान के हाथ में दिया—सचमुच एक शैतान ही कहना होगा—जिसमें आदमियत की कोई अलामत नजर नहीं आती। मेरा दिल चीख रहा था—जल्लाद, धोखेबाज, फरेबी और फिर गुस्ताख—गैर-जिम्मेदार! मेरी जिंदगी को तबाह कर दिया और आज अपने घर की रानी अपने ही घर से बाहर एक लावारिस और अनाथ की तरह।

मेरे पिता फौज में ऊँचे अफसर थे। इलाहाबाद सिविल लाइंस में किस शान से हम रहा करते थे। मेरा बचपन, मेरी तालीम किस लाड़ प्यार से हुई! कई-कई नौकर-माँ-बाप का प्यार-घर में सबसे बड़ी मैं!

...न जाने कहाँ से यह मोहन, जो आज मेरा पति है, पड़ोस में आ गया। यह भी फौज में नया अफसर बना था। भोली शक्ल, मीठी-मीठी चिकनी-चुपड़ी बातें—शराफत का पुतला बनकर मेरे पिता के दिल में जगह बनाने लगा। उसकी नजर बराबर मुझ पर जमी हुई थी। उसका निशाना थी मैं। बराबर मेरे घर में ही उसकी सुबह और शामें बीतती थीं। मेरे पिता उसे योग्य और होनहार समझकर उसके साथ मेरी शादी करने की बात में अपना दिमाग बराबर उलझाते रहते थे। मुझे भी इस चीज का अहसास साफ-साफ होने लगा।

मैं सीनियर कैंब्रिज कर चुकी थी। आगे पढ़ने का खयाल बना रही थी। मेरे पिता चाहते थे कि मैं और आगे पढ़कर एक दिन आई.ए.एस. आफिसर बनूँ। मगर किस्मत को तो कुछ और ही मंजूर था।

घंटे ने चार बजाए—राधा की तंद्रा टूट गई। बादलों की गड़गड़ाहट कम हो

चुकी थी। मुनिया का बुखार और तेज हो गया था। उसका दिल धड़कने लगा और फिर पुराने दिनों के खयाल दिमाग को कौंधने लगे।

राधा को याद आ गया—वे कितने अच्छे दिन थे! उसने पहली बार मुझे करीब से देखा, प्यार किया। मुझसे कहने लगा—'पिक्चर चलोगी?' मैंने कहा—'नहीं।' मैं पिक्चर-विक्चर नहीं देखती। मुझे शौक नहीं है।''

''अच्छा तो फिर संगम चलेंगे—दोनों, जहाँ गंगा, यमुना और सरस्वती तीनों मिलती हैं। वहाँ तो चलोगी न मेरे साथ?''

''सोचूँगी।''

''सोचना क्या—यह तो धर्म का काम है। इसमें जाने से तुम्हें कौन रोकेगा।''

''कोई तो रोकेगा।''

''भला कौन है वो—तुम्हारे माँ-बाप कितने अच्छे हैं। मुझे बहुत प्यार करते हैं। चाहते हैं, जल्दी-जल्दी ही दोनों की शादी हो जाए, उनके सिर का भार हटे, हम दोनों खुशी-खुशी रहें।''

''लेकिन मेरा मन तो मुझे रोक सकता है।''

''वाह, इसका मतलब है कि तुम मुझे नहीं चाहतीं?''

''आखिर आपको धोखा कैसे हो गया कि मैं आपको चाहती हूँ?''

''मेरा मन तो कहता है कि आप मुझे बहुत चाहती हैं।''

''अच्छा छोड़ो ये बातें, अगले संडे को संगम चलेंगे। बस, तुम यही चाहते हो न कि हम एक दिन साथ-साथ रहें?''

''ओ.के., तुमने ठीक ही समझा।''

—सोचते-सोचते नींद में उसकी झपक लग गई। अचेत और पैर फैलाए जीने में मुनिया को गोद में लिटाए वह सोती रही।

सुबह का इंतजार था। ऐसी सुबह का, जो राधा की जिंदगी में न जाने आएगी भी या नहीं। स्वप्न जो सच था, राधा के अचेतन में फिर मँडराने लगा।

गंगा की पावन लहरें—संगम जहाँ गंगा, यमुना और सरस्वती मिल रही थीं। हम दोनों नाव में बैठे थे। चारों ओर नावें ही नावें थीं। लोग पूजा कर रहे थे, कोई त्रिवेणी में दूध चढ़ा रहा था। कोई 'हर-हर गंगे' की आवाज से गंगा में नाव का कोना पकड़कर गोते मार रहा था। कुछ दूरी पर प्राचीन किला और साधुओं की टोलियाँ।

इसी वातावरण के बीच हम मॉर्डन लड़के-लड़कियाँ नाँव में बैठे प्रकृति का नजारा देख रहे थे। उसने अचानक मेरी चुटकी भर ली। मैं चीखते-चीखते रुक

गई—''यह सब क्या है? मुझे क्यों नोंच रहे हैं आप? क्या इसी का नाम प्यार है?''

''नहीं-नहीं, मैं तुम्हें दिखा रहा हूँ। वह देखो दूर पेड़ पर दो पक्षी बैठे क्या कर रहे हैं!''

''क्या कर रहे हैं?''

''प्यार।''

''जाओ हटो। प्यार-व्यार कुछ नहीं। हम दोनों साथी हैं। पड़ोसी हैं। प्यार तभी होगा, जब शादी होगी। हम प्यार इतना एडवांस नहीं करते।'' मैंने डपटकर कहा।

''हम प्यार एडवांस नहीं करते''—यह वाक्य उसने तीन बार दोहराया। उसके बाद मेरे गाल पर हलकी सी चपत लगा दी। मैंने तमककर कहा—''ये सब शरारत अच्छी नहीं। मैं अब तुम्हारे साथ कभी नहीं आऊँगी।''

''माफ करो, मेरा हाथ चल गया। सिर्फ इसलिए कि तुमने मुझसे यह कह दिया कि 'प्यार एडवांस नहीं करते।' मुझे माफ कर दो। मुझे यकीन है कि तुम मुझे चाहती हो। हम दोनों हमेशा साथ ही रहेंगे और तुम एक दिन नहीं, हर रोज मेरे साथ यहाँ आओगी।''

''छोड़ो ये बातें—मुझे ये रोमांटिक बातें करना नहीं आता।''

''ये तो तुम्हें सीखना होगा।''

''अभी ये सब बातें सीखने की जरूरत नहीं है।''

''अच्छा, बाकी शादी के बाद ही सही।''

घंटे का एक स्वर राधा के कान में गूँजा। साढ़े पाँच बजे थे। सूर्य बादलों के अनेक परदों को चीरकर पूरी ताकत से अपनी किरणों को धरती पर फेंकने की चेष्टा कर रहा था। अभी जीने में हल्का अँधेरा था। राधा की नींद टूटी। नींद कहाँ थी—यह तो थकावट मिली बेहोशी थी। राधा ने देखा खट की आवाज हुई और अंदर से किसी ने जीने की बत्ती जला दी। वह कहाँ आ गई! राधा ने सोचा—''पड़ोसी मद्रासी हैं। सुबह जल्दी उठते हैं। कहीं दरवाजा खुला तो मारे शर्म के मैं कहीं की न रहूँगी! वे पूछेंगे, मैं क्या जवाब दूँगी? यह सब क्या है, मैं इतने सवेरे घर से बाहर क्यों हूँ?''

सहसा चटखनी खड़कने की आवाज हुई। मैं काँप गई। मगर यह दरवाजा मेरे ही घर का खुला। मैंने आँखें ऊपर कीं। सामने देखा, वे अब पूरे होश-हवास में थे। आगे बढ़े और मेरा हाथ पकड़कर मुझे अंदर ले जाने लगे। मैं सर्दी से काँप रही

थी। मैंने धीरे से कहा—''रहने दो, यह तुम्हारा घर है। इसमें मेरे और मुनिया के लिए जगह कहाँ? मुझे जीने में नहीं, सड़क पर जाने दो।'' यह कहते-कहते मैं फूट पड़ी और इतनी देर की खामोशी आँखों से आँसुओं की अविरल धार बनकर बह चली।

उन्होंने फिर फुसफुसाहट की, ''मुझे माफ करो। मैं नशे में था। अब गलती नहीं होगी। अंदर आ जाओ। यहाँ रहना ठीक नहीं—कोई पड़ोसी देखेगा तो क्या कहेगा?''

''पड़ोसी क्या कहेगा—इसकी सुध आपको अब आई, जब सारी रात मैं और यह नन्ही जान तेज बुखार में यहाँ तड़पते रहे? भगवान् ने हमको मौत भी न दी।'' यह कहकर मैं फूट-फूटकर रोने लगी और उन्होंने मुझे दोनों हाथों से पकड़कर अंदर खींच लिया।

पहले मैंने मुनिया को बुखार की दवा दी और उसे आराम से बिस्तर पर लिटा दिया। वे खामोश खड़े थे। मैं अपने बिस्तर की ओर बढ़ी और वे चुपके-चुपके मेरे पीछे खड़े रहे।

मैंने कड़ककर कहा—''जाइए आप, मुझे सोने दीजिए। मेरी तबीयत ठीक नहीं है। मुझे तंग न करें। मैं पहले ही बहुत दुःखी हूँ।''

''नहीं अब मैं तुम्हें अकेला नहीं छोड़ूँगा। मैं तुम्हारे पास ही रहूँगा।''

''छोड़ो—ये बातें, मुझे अब अच्छी नहीं लगतीं। ऐसी बातें सोचकर मेरा मन दुःखी होता है। आप भगवान् के लिए मुझे अकेला छोड़ दीजिए।''

''नहीं राधा। मुझे माफ कर दो। अब मैं तुम्हें कभी नहीं सताऊँगा।''

''मगर यह सब आज पहली तो बार नहीं हुआ। यह तो आप करते ही रहते हैं। आखिर आपका विश्वास मैं कब तक करूँ? कब तक यह सब मैं सहती रहूँ?''

''तुम नहीं समझती—जो जिसे जितना प्यार करता है, वह उसपर उतना ही गुस्सा भी करता है।''

''ये सब सरासर झूठ है। मुझे ऐसा गुस्से भरा प्यार करनेवाला अब नहीं चाहिए। मुझे मेरे हाल पर छोड़ दो, वरना मैं…'' यह कहते-कहते मैं फिर सुबकियाँ भरने लगी।

राधा अपनी कहानी कहे जा रही थी—

धीरे-धीरे वे मेरे बिस्तर पर आकर बैठ गए और मेरी आँखों के आँसू पोंछते हुए मुझे फिर प्यार का नाटक दिखाने लगे। मैं कई पल खामोशी के साथ सुबकियाँ

लेती रही। मैं जितना अधिक रोती, वे मुझे उतना ही अधिक प्यार करते। प्यार, छलावा, शरीर की भूख—ये सब मैं पिछले 20 महीनों से देख रही थी। फिर क्रूरता, क्रोध का तांडव! फिर वही धोखा और फरेब!

घंटी की आवाज ने राधा की नींद तोड़ दी। दूधवाला, अखबारवाला, सब्जीवाला, सभी बारी-बारी से घंटी बजाते—आठ बज रहे थे। आखिर सूर्य देवता ने अँधेरे बादलों की छाती चीरकर अपनी किरणों को धरती पर भेज ही दिया।

मकान की खिड़की के परदों को चीरकर धूप आने लगी। मुनिया अभी भी गहरी नींद में सो रही थी। उसके पति बिस्तर पर खर्राटे ले रहे थे। शायद उन्हें भी रात को गहरी नींद नहीं आई। काम और क्रोध ने उन्हें सताया और फिर भोर में अपनी पिपासा को शांत करने के बाद ही उन्हें अब निद्रा-सुख मिला।

वह सोचने लगी—यह भी जीवन क्रम है। आदमी को ईश्वर ने कितना स्वार्थी बनाया है! अपने मतलब के सवाल पर वह किसी से पीछे नहीं रहता। अपनी इच्छाओं की शांति के लिए अपमान, बेशर्मी, विवशता—सभी कुछ दिखाकर अपने स्वार्थों की पूर्ति करता है। आदमी बड़ा शरारती, नीच, कुटिल और छली है। नारी-मन से कितनी सरल, भोली, निष्ठावान् और तपस्विनी है। एक भारतीय नारी, जो सबकुछ सहकर भी, तप कर भी प्यार करती है अत्याचारों को, क्रोध को, पाप को, असत्य को—इसीलिए कि वह आशावान है। सोचती है शायद कल यह सत्य, पुण्य और दया बन जाए! जीवन तो रसमय है, लेकिन यह सब होता नहीं। फिर राधा को सहसा अपना रोज का क्रम याद आया। बैड टी, नाश्ता, उन्हें जगाना, नहाना-धोना, फिर घर का काम, ड्यूटी आदि। कर्म कितना उज्ज्वल है, पावन है-कर्म में रत होकर सभी दुविधाओं, प्रायश्चितों और असंधियों को भूल जाते हैं। कर्म से दया, प्रेम और करुणा का जन्म होता है।

राधा काम में लग गई। अपना काम, घर का काम। उन्हें जगाया। नींद पूरी नहीं हुई। कई करवटें बदलकर फिर सो गए। राधा को लगा—शायद शराब ज्यादा पीने से सुबह देर तक नींद आती होगी। वह सारी रात जागती रही। कष्ट में रही। फिर भी सुबह आँखें जल्दी खुल गईं—थोड़ी सी नींद लेने के बाद हरारत भी कम हो गई।

उन्हें फिर जगाया। चाय दी और वह पूर्ववत् अपने जीवन-क्रम में दौड़ने लगी। जैसे रात को कुछ हुआ ही नहीं। बस तभी तक उनकी आँखों में नम्रता और वाणी में कोमलता थी, जब तक कि पूर्ववत् उन दोनों के शरीर मिले न थे। अब उनके चेहरे पर वैसी ही क्रूरता, अत्याचार और फरेब झलकने लगे।

जब-जब राधा के साथ क्लेशपूर्ण घटनाएँ घटतीं, वह उन्हें मुझे सुनाती और साथ-साथ एक दर्द भरा पत्र अपनी माँ को भी लिखती थी। पत्र लिखने से उसका मन शांत हो जाता। फिर माँ की कुछ ही दिनों में ढाढ़स भरी चिट्ठी आती और कुछ दिनों के लिए वह उसी पत्र में दिए उपदेश और वाक्यों से प्रेरणा लेकर सबकुछ सहती रहती।

राधा के पति मूलरूप में मुलतान के रहनेवाले थे। उनके घरवाले पाकिस्तान बनने के बाद अन्य शरणार्थियों की तरह पंजाब में ही आ बसे। इनके माता-पिता साधारण परिवार के लोग थे और छोटा-मोटा व्यापार करके काम चलाते थे। माता-पिता के अलावा राधा के पति के एक भाई और एक बहन भी थे। इनके अनेकों रिश्तेदार दिल्ली, पंजाब से लेकर श्रीनगर तक फैले हुए थे, जो अलग अलग व्यवसाय करते हैं। साधारण सा शिक्षित भाई मैकेनिक का काम करता था। वैसे परिवार मध्यम था और मोहन ही घर में सबसे बड़ा लड़का था। भगवान् ने मोहन को ही अफसरी बख्शी। माँ उसे हर पत्र में अपने प्यार-दुलार का खेल दिखाकर अधिकांश तनख्वाह हड़प लेती।

खाते-पीते होने पर भी पैसे की भूख इन्हें सताए रहती थी। व्यापार के लिए हर समय पैसे की जरूरत। इनके घर से कोई पत्र ऐसा नहीं आता, जिसमें पैसे की माँग न हो। आखिर जो भी वेतन मिलता, उसका अधिकांश भाग इन्हें अपनी माँ को भेजना पड़ता।

पैसे की माँग इतनी बढ़ गई कि शादी के बाद एक-एक करके राधा के सभी जेवरात बेच दिए गए। वह खामोश थी। इसलिए कि सुख सोने में नहीं, भावना में है, प्रेम में है। इतने पर भी इनके घरवालों की भूख नहीं बुझी। राधा के पति हर समय पैसे के लिए पागल बने रहते—अपनी तनख्वाह भी क्लबों में शराब में उड़ा देते।

राधा ने अपनी शादी का किस्सा बताते हुए आगे कहा—जल्दी-जल्दी में हम दोनों की टेलीफोन पर शादी तय होती है। शादी बहुत ही सादा है। फिर भी मेरे पिता को जो कुछ देना है—उससे वह नहीं चूकते। फरवरी 1995 में शादी होते ही इनका तबादला बंगलौर हो जाता है। यहाँ यह ट्रेनिंग करके बड़े अफसर बनने वाले हैं। शादी की खुशी में हम दोनों डूब जाते हैं।

इनकी माँ भी शादी में नहीं आतीं। मगर उन्हें इस बात का पूरा अहसास है कि मेरा बेटा एक बड़े फौजी अफसर की बेटी ब्याह कर लाया है। इसका ससुर बड़े पैसेवाला है। अब हमारे दिन बदल गए हैं।

बस उनका यही दृष्टिकोण मेरे जीवन में काँटे पैदा कर देता है। इनकी माँ, जो सौतेली न होते हुए भी इनपर हावी है और एक ऐसी स्वार्थी सास की भूमिका अदा करती है कि हम दोनों कभी प्यार से मिलकर न रह सके। उसे बड़े बेटे से ही सारी आशाएँ हैं। छोटा बेटा निहायत निकम्मा है। वह माँ-बाप को कुछ नहीं समझता और सारी कमाई अपने दोस्तों में ही उड़ा देता है।

माँ का प्रभाव इन्हें इतना दबाता है कि ये मुझे मजबूर करें कि मैं हर वक्त अपने बाप का गला दबाकर उससे पैसा वसूल करती रहूँ और इनकी माँ की झोलियाँ भरती रहूँ। 1995 से जुलाई 1997 आ गया। मैं मुनिया की माँ भी बन गई। शादी को 27 महीने बीत गए, मगर आज तक शादी के बाद सुख की साँस नहीं मिली।

2

शादी के बाद ही मोहन ने दो चेहरे अपना लिये। एक ओर बाहर की दुनिया में अपनी प्रतिष्ठा बनाए रखने के लिए वह सभी को ऐसा जताता था कि अपनी पत्नी को कितना प्यार करता है! वह कितना सद्गृहस्थ और पत्नी-भक्त है!

साथ-साथ दोनों घूमने जाते। ऑफिसर्स मैस में राधा के हाथ में हाथ डाले वह ऐसा प्रदर्शन करता कि वह राधा को दिलो-जान से भी ज्यादा प्यार करता है। शादी के कुछ दिनों बाद ही उसने बंगलौर पहुँचते ही मैसूर विजिट का कार्यक्रम बनाया। मैसूर का दशहरा भारत भर में विख्यात है। राधा ने पहली बार मैसूर जाकर मोहन के साथ मैसूर का दशहरा देखा।

मैसूर के दशहरे में हाथियों का जुलूस, ढोल और बाजे, घोड़े तरह-तरह के रंगीन वस्त्र और आभूषणों से सजे, दरबान, सेना और सवारियाँ—ये सभी अचरज के साथ राधा ने पहली बार देखे।

मैसूर में ही चौमुंडी पहाड़ी है। यह भी एक पर्यटन जैसा दर्शनीय सैलानियों का स्थल है। इसे भी मोहन ने राधा को दिखाया। शुरू-शुरू में मोहन ने राधा के साथ बड़ी रंगरेलियाँ दिखाईं।

बंगलौर में ब्रिगेड रोड पर एक चाइनीज रेस्तराँ है। यहाँ अच्छी रौनक रहती है। यहाँ भी मोहन कई बार राधा को लेकर साथ-साथ जाता—जो भी इन दोनों की जोड़ी को देखता, रश्क करने लगता। दोनों खूब खाते-पीते नाचते-गाते और ऐश करते।

किंतु यह रंगरेलियाँ बाहर चलतीं और घर में आते ही क्लेश का वातावरण बन जाता। घरेलू मामलों को लेकर फिर तनातनी हो जाती। माँ की चिट्ठी, तनख्वाह,

गुजारा न चलना वगैरह-वगैरह बातों पर बहस छिड़ती और अंजाम लड़ाई में होता।

फिर मोहन का एक और चेहरा भी साथ-साथ चलता। वह अकेला क्लब में बैठता। अपने को कुँवारा पोज करके इधर-उधर बगलें झाँकता। चलती पुरजी और फ्लर्ट लड़कियों से रोमांस करता। जुआ भी शराब के साथ-साथ चलता और फिर रात को रोज पीकर आता और उस वक्त हसीनों, शराब और मस्ती के नशे में उसे राधा कुछ भी न लगती। लगती तो बस एक साधारण दासी, एक मामूली औरत!

राधा बहुत ही सुंदर, पढ़ी-लिखी और संभ्रांत परिवार की लड़की थी। उसका जीवन-चक्र विवाह में बँधने के बाद जटिल होता चला गया। राधा अपने प्यारे माँ-बाप से कोसों दूर पहुँच गई। बंगलौर में जहाँ की जलवायु बड़ा खुशनुमाँ थी, जहाँ प्रकृति अपनी अनुपम कृपा उड़ेलती थी, जहाँ, लाल बाग, कब्बन पार्क तथा अन्य सुंदर बगीचे एक आकर्षण थे सैलानियों के लिए; किंतु राधा सौंदर्य प्रेमी होते हुए भी इन सबका आनंद नहीं ले पाती थी।

यदि कोई व्यक्ति रोगी हो और ऐसे रोग का रोगी हो, जिसे लंबे समय तक स्वस्थ होने की आशा न हो, तो उसका मन मनोरंजन, आमोद-प्रमोद, सिनेमा और राग-रंग किसी में नहीं लगेगा। उसे हर समय अपने रोग के निदान की चिंता रहेगी। यही स्थिति राधा की थी। राधा का मन रोगी था। वह सदैव अपने पति के बारे में सोचती रहती थी। मेरे पति का मन शादी के बाद मेरे से क्यों फिरता जा रहा है? वह घर में क्यों नहीं रहता, उसे मुझसे, अपने बच्चे से प्यार क्यों नहीं है?

यह सब सोचते-सोचते उसे अपना घर, अपने माता-पिता और सभी सुख याद आने लगते। राधा के पिता इन दिनों आगरा में थे। उसकी माँ और भाई की चिट्ठियाँ आती रहती थीं। वह सभी उसकी मंगल कामना तो करते ही, साथ-साथ यह भी सोचकर थोड़े परेशान रहते थे कि हमारी बेटी का दु:ख कब तक चलेगा! वह कब सही रास्ते पर आएगा? वे इस इंतजार में रहा करते कि कब मेरी बेटी की चिट्ठी आए, जिसमें यह लिखा हो कि मैं अब सुखी हूँ। मेरा पति बिल्कुल ठीक हो गया है।

शाम हो रही थी। राधा अकेली बालकनी में खड़ी आने-जानेवाले लोगों का तमाशा देखकर अपना मन बहला रही थी। सहसा सामने से आता अरुण दिखाई दिया। अरुण फौज में नया अफसर बना था। मोहन का साथी था और दोनों काफी दोस्त भी थे। घर आना-जाना था। मोहन के साथ अरुण कभी-कभी क्लब में भी जाता रहता था।

अरुण उत्तर प्रदेश के मेरठ जिले का रहनेवाला सुंदर व अच्छे परिवार का

युवक था? जो मोहन के साथ ही ट्रेनिंग कर रहा था। पहली बार जब वह मोहन के साथ आया तो उसे राधा का रहन-सहन और सादगी यू.पी. जैसी ही लगी। बोली, चाल-ढाल और वेष विन्यास सभी से अरुण को यह आकर्षण रहा कि यहाँ मेरे जैसे कुँवारे व्यक्ति का घर जैसा ही संबंध बना रहेगा और ट्रेनिंग का वक्त यूँ ही कट जाएगा।

खट-खट सीढ़ियाँ चढ़ता अरुण ऊपर आ गया। राधा उसके आगमन के लिए तैयार थी। उसने फौरन दरवाजा खोल दिया—"आओ अरुणजी, आपके तो कई दिनों से दर्शन ही नहीं हुए।"

जहाँ अरुण स्फूर्ति और उल्लास का प्रतीक था, वहाँ राधा का स्वर विमूर्त और रोया-रोया सा था। फीकी-फीकी सी हँसी, उदास और नैराश्य टपकाता हुआ चेहरा। वह फौरन बोला "मोहन अभी नहीं आया?"

"नहीं, आप नहीं जानते, वे कभी दफ्तर से सीधे आते भी हैं? फिर आज तो क्लब में गैला नाइट है। न जाने क्या-क्या गुल खिलाकर आएँगे!"

"भाभी, तुम बड़ी भोली हो, उस पर कंट्रोल नहीं रखतीं।"

"क्या कंट्रोल रखूँ? मैं तो बस अपने पर ही किसी तरह कंट्रोल रखे हुए हूँ। इससे अधिक कुछ करना मेरे बस की बात नहीं।"

"नहीं भाभी, मैं तुम्हें बता रहा हूँ, तुम पछताओगी और एक दिन हाथ मलकर रोओगी। वह तुम्हारे हाथ से पूरी तरह निकल चुका है।" अरुण ने चुटकी लेते हुए कहा और राधा के चेहरे का भाव जानना चाहा कि उसके इस कथन की उस पर क्या प्रतिक्रिया हुई।

राधा खामोश रही।

अरुण ने फिर कहा—"देखो न हेली नाम की एक क्रिश्चियन लड़की है, जो क्लब में शैतान की तरह मशहूर है, आजकल मोहन की टेबल पर बैठकर पैग के पैग उड़ाती है और बस घंटों तक उसकी बाँहों में लिपटी डांस करती रहती है।"

"बस-बस···यह सब आगे मुझे मत बताओ।"—राधा ने भर्राई आवाज में अरुण को चीखकर रोका और वह उठकर रसोई की तरफ चली गई।

मासूम मुनिया अरुण को देख रही थी। अरुण ने उसे उठाकर प्यार से अपनी गोदी में ले लिया और वह तेजी से राधा के पीछे-पीछे रसोई की ओर बढ़ गया।

उसे सिसकियों की तेज आवाज सुनाई दी और वह बेधड़क रसोई में पहुँच गया।

"राधा रोओ मत, मैं तुम्हारे साथ हूँ। अपना दिल हल्का कर लो। उस

बेवफा और नापाक आदमी के लिए रोना—छिह-छिह, तुम्हें एकदम शोभा नहीं देता।'' यह कहते-कहते उसने राधा के गाल पर हाथ लगाकर आँखों से ढुलके हुए मोती जैसे आँसू पोंछ दिए।

राधा की आँखों का सागर दो आँसू पोंछने से खाली होने वाला नहीं था। वह बराबर रोती रही। अरुण ने पहली बार उसे 'राधा' कहकर क्यों संबोधित किया? उसने हमेशा उसे भाभी ही कहा था—यह सोचकर उसे एक नई चिंता छूने लगी।

अरुण ने बात बदलकर राधा को भुलावे में डालने की कोशिश की।

''अच्छा, यह रोना-धोना छोड़ो—मुझे चाय पिलाओ, नहीं तो मैं फिर कभी नहीं आऊँगा।''

अरुण एकदम रसोई से मुनिया को गोदी में लिये हुए बाहर आ गया। राधा ने आँसू पोंछकर चुप्पी साधने की कोशिश की। देखा, अरुण जवाब चाहता है, अन्यथा वह जाने के लिए बेताब सा है।

अगस्त का महीना था। बादल आसमान में घिर आने से 6 बजे ही लगा जैसे रात हो गई है। राधा ने धीमे स्वर में गुस्से, गम और दुःख के बादलों को अपने मन से हटाते हुए कहा—''मैं कहाँ से कैसे चाय बना दूँ—न चीनी है, न चाय है और···

''क्या कहा, चीनी-चाय कुछ भी नहीं? क्या यह सच है।'' अरुण कुछ बिगड़ा।

''तुम न मानो तो रसोई खुली है, जाकर देख लो। तुम नहीं जानते तनख्वाह तो मेरे हाथों तक आती ही नहीं। कुछ क्लब के दौर में और कुछ उनकी माँ के पास—न जाने राशन भी अपने खाने की वजह से कैसे-कैसे लाकर दे देते हैं और अब तो उसमें भी इतनी ढील होने लगी कि आज दो दिन से बहुत सी चीजें घर में नहीं हैं।'' यह कहते ही राधा का चेहरा लटक गया। अरुण को लगा कि ऐसी स्थिति में शायद राधा को मन-ही-मन बहुत लज्जा आ रही है। मगर वह लाचार है, क्या करे!

''यह तो भाभी मोहन की बहुत ही बेजा हरकत है। मुझे पता न था कि वह यहाँ तक पहुँच गया है और समझने लगा है कि मानो उसके बीवी-बच्चे हैं ही नहीं। खैर, छोड़ो इन बातों को, मैं अभी स्कूटर पर पाँच मिनट में चाय और चीनी लेकर आता हूँ। आप गैस पर पानी रखिए।'' यह कहते हुए अरुण ने मुनिया को राधा की गोद में थमा दिया और वह तेजी से जीने की सीढ़ियाँ उतरने लगा।

मुनिया आ···आ···आ···करके खेल रही थी अपनी माँ की गोद में। अकसर राधा के साथ-साथ मुनिया भी रोती-बिलखती और उदास रहती थी। पिता का

प्यार उसे वास्तव में मिला ही नहीं। 11 महीने का बच्चा यह समझने लगता है कि घर में मुझे कौन-कौन कितना प्यार करता है। उसके ज्ञान तंतुओं को इसका आभास होता है, मगर वह व्यक्त नहीं कर पाता। आज अरुण की गोद में जाते ही मुनिया फूल की तरफ खिल पड़ी। मानो उसे अपने पिता जैसा प्यार मिला हो!

राधा मन-ही-मन सोच रही थी, पता नहीं अरुण के मन में क्या है! कहीं वह मोहन की लापरवाही से कोई नाजायज हरकत करने के चक्कर में तो नहीं है! उसकी बातें, उसके हाव-भाव और मोहन को करारी फटकार और उसकी अयोग्यता का उपहास—सभी कुछ उसे ऐसा लगा मानो अरुण उसकी ओर धीरे-धीरे बढ़ रहा है। वह सोचने लगी, मैंने तो इस जन्म में मोहन के सिवा किसी को प्यार की नजर से देखा नहीं हैं। मैं यह सब कैसे सहूँगी? क्या सभी पुरुषों का रूख और स्टाइल पहले एक जैसा ही होता है? भोली नारी के मन पर अपनी छाप अंकित करना और फिर कुरेदकर उसका मन पढ़ लेना और फिर···

वह यह सोच ही रही थी कि घंटी बजी। पहले तो राधा एक बार काँप गई, उसे लगा कहीं अचानक मोहन ही तो नहीं आ गया? यदि मोहन ही हुआ तो उसकी तरेड़ खाती हुई आँखें, त्योरियों के बल, अरुण पर शक भरी नजर, मेरे से क्लेश और न जाने क्या-क्या होगा! बस इसी कल्पना से राधा का दिल काँप उठा। उसने डगमगाते पाँवों से चलकर दरवाजा खोला। सामने चाय व चीनी लिये अरुण खड़ा था। राधा का ज्वर उतर गया।

थोड़ी ही देर में ड्राइंग रूम में बैठे राधा और अरुण चाय पी रहे थे। अरुण बोला—"भाभी, आज तुम सहमी-सहमी सी लगती हो, आखिर क्या बात है? अभी तक दु:ख और उदासी को भूली नहीं?"

"नहीं, आप चाय लीजिए। मुझे कोई दु:ख नहीं है। मैं ठीक हूँ।" यह कहते हुए राधा ने होठों पर कृत्रिम मुसकान बिखेरने का फीका सा प्रयास किया।

अरुण, जो राधा के ठीक सामने बैठा था, मेज पर प्याला रखकर सहसा उठा और राधा के करीब आकर उसके गाल पर लगे काले निशान को उँगली से छूकर बोला—"भाभी, यह काला-काला क्या लगा है?" और यह कहते हुए उँगली राधा के गाल से कुछ पलों के लिए छुआए रखी। मानो वह चाँद पर लगे कलंक को हमेशा के लिए खींच लेना चाहता हो। मगर यह राधा के गोरे गाल पर काला तिल था।

राधा का चेहरा क्रोध मिश्रित लज्जा से तिलमिला उठा। वह झल्लाकार बोली "मिस्टर अरुण! होश में रहो। मुझे गलत समझने की कोशिश मत करो। ये सब क्या

मजाक है?'' यह कहते हुए राधा सोफे के एक छोर से सरककर दूसरी ओर हट गई। वातावरण जो बड़ा क्लांत और कोमल था, सहसा गरमाहट से भर गया।

अरुण ने सहज भाव से कहा—''नहीं भाभी, कुछ भी तो नहीं। तुम इतनी परेशान क्यों हो गईं? मैंने गाल छू लिया तो क्या पहाड़ टूट गया? क्या गाल छूने का मतलब आपके मन में कुछ अधिक भी हो सकता है?''

''नहीं अरुण—ये सब मुझे पसंद नहीं। मैं तुम्हें अपना हमदर्द, मोहन का दोस्त समझकर तुम्हारा आदर करती हूँ—बस यहीं तक रहो।''

अरुण का राधा के यहाँ आना-जाना चलता ही रहता था। एक-दो बार अरुण की तेजी को राधा बरदाश्त करती तो दो बार अरुण को भी राधा का गुस्सा सहना पड़ता था।

आज जब अरुण आया तो राधा खड़ी-खड़ी रो रही थी। अरुण ने समझा यह तो इसका रोज का रोना-धोना है। उसने देखा—उसका दायाँ हाथ कुछ तकलीफ में है।

''क्या हुआ भाभी? क्या हाथ में दर्द है?''

''हाँ, कल रात से दर्द के मारे चैन नहीं है।''

''देखें तो—आखिर हुआ क्या?'' अरुण ने राधा का हाथ पकड़कर देखा। उसकी उँगली में नीले रंग का जहरबाद फैला था। पंजा सूजा हुआ था। ''कोई भयंकर इन्फेक्शन है—मोहन को नहीं बताया?''

''बताया था। जब रात को दर्द था तो जिक्र किया। उन्होंने कहा—'अब सो जाओ—सुबह देख लेंगे।' यह कहकर वह सो गए। लेकिन मैं दर्द के मारे रात भर जागती रही।''

''फिर सुबह···''

''हाँ, सुबह जैसे ही वह तैयार होकर चलने को हुए तो मैंने उन्हें धीरे से एक बार फिर टोका। मगर यह कहकर कि 'मैं अभी लौटकर आता हूँ।' निकल गए। 5 घंटे बीत गए—लौटकर आए ही नहीं। लगता है, भूल गए।'' यह कहकर राधा फिर अपने हाथ को थामकर कुसमुसाने लगी।

''इट इज रियली नॉनसेंस''—अरुण ने तपाक से कहा—''अच्छा, मैं उस बेवकूफ को अभी ढूँढ़कर लाता हूँ।''—यह कहकर अरुण फौरन चला गया।

करीब एक घंटे के बाद अरुण मोहन को साथ लेकर लौटा। अरुण ने राधा के सामने मोहन को काफी भला-बुरा कहा। मोहन ने चेहरा उतारकर ''सॉरी'' कहा और राधा से कपड़े बदलकर फौरन डॉक्टर के यहाँ चलने को कहा।

राधा मोहन और अरुण तीनों डॉक्टर के यहाँ पहुँचे। डॉक्टर ने देखकर कहा—''मिस्टर मोहन, दिस इज अटमोस्ट नैगलीजेंस ऑन योर पार्ट।''

''आई एम सॉरी, डॉक्टर।''

''यू नो—इनकी उँगली का फौरन ऑपरेशन होगा। वरना यह जहर अगर बाजू में ऊपर चढ़ गया तो सारी की सारी बाजू ही काटकर फेंकनी होगी।''

''ओ माई गॉड।''—राधा के मुँह से हलकी सी चीख निकल गई।

''घबराओ मत भाभी—भगवान् ने तुम्हें बचा लिया। अब कुछ नहीं होगा—छोटे ऑपरेशन के बाद आप जल्दी ही ठीक हो जाएँगी।''

''ठीक है मैडम, डोंट वरी, आप ठीक हो जाएँगी। मेरा मतलब था मोहन को जरा भी ऐसी बीमारी में लापरवाही नहीं करनी चाहिए, वरना मरीज की जान को खतरा हो सकता है। आखिर जान तो सबको प्यारी है।''—यह कहते हुए डॉक्टर ने राधा की लिखा-पढ़ी ऑपरेशन के लिए शुरू की। अरुण परेशान था और मोहन खामोश।

मोहन की रंगरेलियों में सहसा खलल पड़ गया। उसने ऑपरेशन से पहले भरे जाने वाले फार्म पर दस्तखत किए और धीरे से अरुण के कान में कहा—''अरुण, यार मैं अभी बीस मिनट में आता हूँ। मेरा एक निहायत जरूरी अपाइंटमेंट है। सारा बना-बनाया खेल चौपट हो जाएगा। तुम यहाँ से जाना मत—ओ.के.।'' यह कहकर मोहन क्लीनिक में से चुपके से खिसक गया।

राधा ऑपरेशन रूम में जा चुकी थी। अरुण को लगा, मोहन का मन सिर्फ बाहर की दुनिया में है। राधा, मुनिया, अपने घर से उसे प्यार नहीं। लापरवाही पर करारी डॉक्टर की डाँट खाने के बाद भी मोहन वहीं का वहीं रहा। उस पर कोई असर नहीं। ''बेवकूफ, पाजी''—सहसा अरुण के मुँह से निकल पड़ीं दो हलकी सी गालियाँ।

ऑपरेशन रूम के बाहर लाल बत्ती जल रही थी, उधर अरुण का चेहरा गुस्से से लाल होकर तमतमा रहा था। 20 मिनट के बाद खबर लगी ऑपरेशन ठीक हो गया है और डॉक्टर ने मोहन को पूछा।

अरुण ने कहा—''माफ कीजिएगा, वे जरा जरूरी काम से चले गए हैं। मैं हाजिर हूँ, कुछ चाहिए तो बताइएगा।''

''नो-नो इट इज ऑल राइट। ऑपरेशन इज सक्सेसफुल, यू केन टेक द पेशेंट आफ्टर 30 मिनिट्स।'' डॉक्टर यह कहकर अंदर चलने लगा।

''ओ.के. डॉक्टर साहब। थैंक यू वैरी मच।'' यह कहते हुए अरुण राधा के

पास पहुँच गया। राधा के चेहरे पर दर्द से छुटकारा पाने की गंभीर खामोशी थी। पलकें बंद थीं। वह कुछ क्षण उसे देखता रहा, फिर बाहर आकर आकर मोहन की प्रतीक्षा करने लगा। सोचता रहा—मोहन कितना बेखबर और लापरवाह है! एक दिन जरूर पछताएगा, रोएगा।

रक्षाबंधन का दिन था। हिंदू गृहणियों में और खासकर उन गृहणियों में जिनका एक ही भाई है, यह त्योहार बड़े महत्त्व का है। बहन भाई के राखी (रक्षा सूत्र) बाँधती हैं। भाई से रक्षा की भीख माँगती हैं। भाई उस सूत्र को देखकर बहन की स्मृति रखता है।

कहते हैं एक बार चित्तौड़ की रानी कर्मवती ने संकट के समय भारत सम्राट् हुमायूँ को राखी भेजकर अपनी रक्षा की प्रार्थना की थी। यद्यपि कर्मवती राजपूतानी थी और हुमायूँ मुगल सम्राट् थे और उनके धर्म में रक्षा बंधन या श्रावणी जैसा कोई त्योहार नहीं मनाया जाता था, फिर भी उन्होंने हिंदू धर्म के इस पवित्र त्योहार और रस्म को निबाहते हुए हिंदू बहन कर्मवती की रक्षा की और उसे बहन बनाया।

राधा के भी एक भाई था—मधुप। वह भी पूना में फौज में अफसर बनने के लिए प्रशिक्षण प्राप्त कर रहा था। बहुत दिनों से उसका कोई पत्र नहीं आया। राधा को उसकी बराबर याद आ रही थी। राधा से मधुप थोड़ा ही छोटा था। बचपन में पढ़ाई में, खेलने में और घर के हर काम-काज में दोनों साथ ही अकसर रहते थे।

मधुप कहा करता था कि राधा मैं चाहे कहीं भी हूँ, तुम मुझे याद करोगी तो मुझे जरूर हिचकियाँ आएँगी और मैं टिकट लेकर सीधा वहीं पहुँचूँगा, जहाँ तुम होगी, चाहे मुझे कुछ भी क्यों न करना पड़े! राधा ने सोचा—बेचारा कहीं सख्त ड्यूटी में फँस गया होगा—या किसी परेशानी में होगा—क्या कारण है! आखिर कई हफ्ते हो गए चिट्ठी तक नहीं आई।

यही खयाल राधा के मन में बार-बार आ रहे थे। उसके मन में तरह-तरह के शगुन-अपशगुन और संस्कार अंगड़ाइयाँ लेने लगे।

पिछले गुरुवार को मैंने सिर धो लिया। मैं मन-ही-मन पछताने लगी। मेरी माँ कहा करती थी कि बेटी, जिसका एक ही भाई होता है, उसे गुरुवार को सिर नहीं धोना चाहिए—इससे भाई के अनिष्ट का भय रहता है। हाय गलती हो गई—कहीं मेरे भाई को कुछ हो तो नहीं गया। क्या करूँ? क्या भाई को तार दे दूँ या क्या करूँ?

दोपहर हो गई थी। छुट्टी का दिन था। सुबह से ही राधा की उदासी बढ़ती जा रही थी। जैसे-जैसे सूरज की किरणें छिटक रही थीं—गरमी बढ़ती जा रही थी, वैसे वैसे राधा के मन में कसक बढ़ती जा रही थी। न मन में चैन था, न आँखों में

खुशी। नन्हीं मुनिया लॉबी में खेल रही थी। उसे देखकर कई बार राधा का ध्यान भंग हो जाता। जैसे भी कार या टैक्सी रुकने की आवाज होती, राधा दौड़कर बालकनी में जाती। हर बार कोई और कोई और इससे उसकी उदासी और भी बढ़ जाती। वह मन मारकर फिर इधर-उधर टहलने लगी। बालकनी में देखा-गमले में लगा गुलाब मुरझा रहा है। कई दिनों से पानी देने की राधा को सुध भी नहीं रही। उधर तेज धूप उसे और भी झुलसा रही थी। राधा के मन में तरह-तरह के संदेह उभर रहे थे। उसने फौरन पानी लेकर गुलाब के गमले में डाल दिया। मोहन सुबह उठकर जल्दी से घर से निकल गया था। रात को देर से आया। न कोई दुःख-दर्द पूछा, न कोई गुफ्तगू की—सीधा खाना खाकर सो गया। मूड कुछ उखड़ा-उखड़ा था। सुबह उठते ही बिना कुछ कहे-सुने और अपना प्रोग्राम बताए—मोहन घर से निकल गया। राधा उसका मूड जानती थी। उसने अपने भाई के बारे में कुछ बात करना मुनासिब न समझा।

शाम के 4 बजे थे। राधा ने सोचा अब शाम हो गई। दिन भर कुछ खाया नहीं। मन ठीक नहीं था। वह एक प्याला चाय बनाने के लिए रसोई में चली गई। अचानक घंटी बजी। वह काम करके दरवाजे की ओर बढ़ गई। दरवाजा खोला तो अरुण सामने खड़ा था।

"गुड इवनिंग भाभी।"

"गुड इवनिंग। आइए अरुणजी। कई दिनों से आप इधर आए ही नहीं।"

"भाभी, मैं बाहर चला गया था। क्या करता? मोहन है घर में?"

"नहीं, वे तो सुबह के ही निकले हुए हैं।"

"कहाँ गया, कुछ अता-पता है?"

"ये मुझसे न पूछें तो अच्छा है। उनका अता-पता मुझसे ज्यादा आप जानते हैं।"

"यह क्यों?"

"इसलिए कि आप उनके गहरे दोस्त हैं। साथ काम करते हैं। साथ क्लब में बैठते हैं—खाते-पीते हैं।"

"और आप जैसे मोहन की कुछ भी नहीं।"

"मैं तो सिर्फ ब्याही हुई एक पत्नी हूँ—जिसे पति के काम-काज, दिमाग, दिल-किसी के भी बारे में भी कुछ पता नहीं लगता। आइए बैठिए—मैं अभी चाय बनाकर लाती हूँ।"

अरुण सोफे पर बैठ गया। मुनिया को प्यार से बुलाकर खिलाने लगा और

राधा चाय बनाने रसोई में चली गई।

चाय पर दोनों बातें करने लगे। बीच-बीच में मुनिया उनकी बातों का क्रम रोकर भंग कर देती। राधा की आँखों में बातें करते-करते आँसू छलक आए।

"भाभी, तुम इतनी दु:खी क्यों हो रही हो? अगर मधुप नहीं आया तो क्या हुआ? तुम मुझको अपना भाई ही समझो।"

राधा चुप ही रही। उसकी सुबकियाँ चल रही थीं।

"भाभी, लाओ मुझे लड्डू खिलाओ, राखी मेरे हाथ में बाँध दो—मैं तुम्हें वचन देता हूँ सारी उमर तुम्हारा वैसा ही साथ निबाहूँगा, जैसी तुम्हें मधुप से आशाएँ हैं।"

"नहीं भैया। मुझे एक दु:ख नहीं, दो दु:ख हैं। भाई का दु:ख तो तुम बँटा लोगे, मगर मेरी सारी जिंदगी का जिम्मा जिसने लिया, उसने तो दो वर्षों में ही मेरी जिंदगी नरक बना दी—उसके लिए तुम क्या करोगे?" यह कहते-कहते राधा फिर सिसकने लगी।

अरुण चुपचाप राधा की ओर देखने लगा, उसे लगा वह आगे कुछ और कहना चाहती है।

"मैंने जल्दी पढ़ाई छोड़कर गलती की। मोहन के माँ-बाप ने मुझे शादी जल्दी करने पर मजबूर कर दिया। मेरे माँ-बाप भी उनकी जिद मान गए और जल्दी ही हम दोनों इस आशा में विवाह बंधन में बँध गए कि हमारा भावी जीवन सुख-शांति से चलेगा। माँ-बाप को शांति मिलेगी और उसकी सुख की कल्पनाओं में खोई मैं बंगलौर आई थी।"

अरुण खामोशी के साथ राधा की कहानी सुन रहा था—

"हम लोग कितने अच्छे खानदानी लोग हैं। तुम नहीं जानते, अरुण। विभाजन से पहले मेरे दादा फ्रंटियर में स्कूलों के इंस्पेक्टर थे। मेरे पिताजी कई भाई हैं, जो सभी भारत सरकार में ऊँचे-ऊँचे ओहदों पर लगे हैं, सभी के अच्छे परिवार हैं। मेरे दादा के जमाने में मेरे पिताजी मेहनत और योग्यता से इम्तहान पास करके फौज में अफसर बने। उस जमाने में अफसर बन जाना बड़ी बात थी। अंग्रेजों का जमाना था। मेरे चाचाजी भी फौज में लेफ्टिनेंट बने। मैं जब छोटी थी, तभी से सारे हिंदुस्तान में अपने माँ-बाप के साथ घूमती रही।

"इसी बंगलौर में 5 वर्ष की उम्र में मैंने यहाँ कॉन्वेंट की पढ़ाई की। मेरा भाई मधुप भी बंगलौर में पढ़ा-लिखा था। यहीं हमने अपने बचपन के दिन गुजारे। भोपाल, देहरादून, जम्मू आदि शहरों में जहाँ-जहाँ मेरे पिताजी का तबादला होता

2–3 साल वह जहाँ रहते—वहीं-वहीं मैं अपना अध्ययन करती और होनहार बनने के सपने सँजोती रहती।

"मगर मेरे सपने तो 1994 के बाद उलटे हो गए। भाग्य कहो या संजोग, उसने मेरा साथ नहीं दिया। 1994 में सीनियर कैंब्रिज पास करके अपने भविष्य की योजनाएँ मैं पूरी तरह सोच भी न पाई थी कि मेरे जीवन में मोहन आ गया। मैंने अपने को खुशनसीब समझा। राधा और मोहन की जोड़ी मिल गई। मेरा मन बहुत खुश था, मगर कुछ ही महीनों में मेरी खुशियाँ, मेरी जिंदगी एक बोझा बन गई—फूल से काँटा बन गई।

"मेरी आँखें मुझे धोखा दे गईं। कहते हैं भाग्य का लिखा नहीं मिटता। मोहन चाहे कितना भी सुंदर हो, जवान हो, मीठा हो, मगर उसकी नीयत, उसकी सीरत मेरी जिंदगी के लिए एक तबाही है। उसकी अफसरी, उसका ओहदा उसकी नौकरी और कमाई—इस सब में मेरे लिए कुछ भी नहीं है। मैं जो चाहती थी, वह ठीक उससे उलटा निकला। उसकी आदतों ने मेरी जिंदगी का पासा ही पलट दिया।"

"ऐसा क्यों सोचती हो राधा, अभी शादी को दिन ही कितने हुए हैं! सब ठीक हो जाएगा, धीरज से काम लो।"—अरुण राधा को धीरज बँधाने लगा।

"ठीक हो जाएगा—यही सोचते-सोचते एक-एक दिन एक-एक साल के बराबर गुजरता है। जिंदगी ऐसे जी रही हूँ, जैसे कोई कैदी अपनी उम्र कैद की सजा काटता हो—तुम नहीं जानते अरुण, मैं खामोश रहकर तुम्हें जितनी खुश नजर आती हूँ, मेरी खामोशी मेरे अंदर हिलोरें लेती रहती हैं। आज पहला दिन है तो तुम्हें अपना भाई, अपना हमदर्द समझकर अपने दिल की बात जुबाँ तक ले आई हूँ, मगर तुम-तुम इसमें मेरी क्या मदद करोगे? मोहन का बदलना इतना आसान नहीं।"—यह कहते-कहते राधा हिचकियाँ भरकर रोने लगी। अरुण का मन भी भारी हो गया।

अरुण भी काफी देर राधा की व्यथा-कथा सुनता रहा। पर राधा कहते-कहते न ऊबी। उसका कथाक्रम चलता रहा।

"मोहन का दिन काम पर और रात क्लब में गुजरती है। तुम्हें तो सभी कुछ पता है। बंगलौर क्लब में रंगरेलियों का एक अच्छा-खासा आलम है। जहाँ व्यापारी, सिविल और मिलिट्री के अफसर रंगरेलियाँ मनाते हैं। शराब के दरिया बहते हैं। जुए का जोर रहता है। मोहन भी अपने घर-बार और दांपत्य की सुख सरिता को छोड़कर इस नारकीय सागर में डुबकियाँ लगाता है।"

आज क्लब में गैला इवनिंग थी। मिस चमचम का कैबरे डांस था—बाद में

बॉल रूम डांस का प्रोग्राम था। मगर आज मोहन के साथ बाल रूम डांस करनेवाली एक और तितली थी, उसकी पत्नी राधा नहीं। उसने पहले ही बहाना बनाया और शाम से ही गोल हो गया।

राधा तो जानती ही थी। उसकी रोजाना शाम की गैर-हाजिरी राधा के लिए कोई नई बात न थी। आज सज-धज के साथ वह क्लब में पहुँचा। पहले ही सीट पर जम गया। बैरे मुसकराकर मोहन की ओर तकते और फिर मुँह उधर कर लेते। कई मिनट के लंबे इंतजार के बाद मिस हेली कमर लचकाती हुई, चारों ओर नजरें दौड़ाती हुई हॉल में घुसी। मोहन पर नजर पड़ते ही उसकी आँखें चौधियाई और उसने सीढ़ियों से उतरते ही 'टाटा' की।

मोहन की बाँछे खिल उठीं। वह उठा और उसका स्वागत करके उसे प्यार से बगल में बिठा लिया। उसके गाल पर हल्का सा 'किस' किया।

'आज देर कैसे हो गई?'

'बस यूँ ही।'

'क्या पीओगी?'

'तुम जानते हो एक ही चीज।'

'व्हिस्की?'

'यस।'

'बैरा-दो पैग-बड़ा।'

'ओ.के. सर।'

थोड़ी देर ही में हॉल में हल्का-हल्का अँधेरा हो गया। बंबई से आई मिस चमचम का कैबरे डांस शुरू होने वाला था।

लाल-लाल बत्तियाँ जलने लगीं। मिस चमचम कमर को ऊपर-नीचे चढ़ाती-उतारती हुई—धीरे-धीरे अनोखे अंदाज में फर्श पर पैरों को रगड़ती हुई आगे बढ़कर नाचने लगी। सभी की नजर चमचम के चेहरे पर या उसकी साँवली जंघाओं पर थी, जो लाल हरी रोशनी में गजसुंड की भाँति इंद्रधनुष की तरह दमक उठतीं।

मोहन कुछ ही घंटों में कई पैग चढ़ा चुका था। मिस हेली को उसने उत्तेजनावश कैबरे देखते-देखते कई बार चूम लिया। वह भी अँधेरे का लाभ उठाकर उसके आगोश में आ गई।

कैबरे के दो शो के बाद मोहन ने हेली को छाती से लगाकर बॉल रूम में डांस शुरू किया। बस ऐसी ही रंगरेलियाँ मोहन मनाता। मगर अपने चेहरे को बाहर

की दुनिया में बेनकाब न होने देता।

अपने को कुँवारा बताकर नित नई लड़कियों पर अपना जाल बिछाना, शराब, नोट और तरह-तरह के झूठ और फरेबों के जाल बनाकर फेंकना और उन्हें लुभाकर अपने जाल में फँसाना—यही उसका शौक और शगल है।

''घर में तड़फती हुई दो आत्माएँ—मैं और मुनिया। ये दोनों उसके दिमाग से हमेशा बाहर ही रहते हैं। जब रात काफी हो जाती है। सारी दुनिया नींद की गोद में सो जाती है और क्लब से उठ-उठकर सारे लोग चले जाते हैं—तब जाकर मोहन को होश आता है, नींद आती है, थकान आती है, तब उसके कदम घर की ओर बढ़ते हैं। तब तक मैं जल-भुनकर राख होती रहती हूँ और एक-एक पल उसके इंतजार में काटकर, नींद को धकेल-धकेलकर थक जाती हूँ।''

कहते-कहते उसकी हिचकियाँ बँध गईं। तभी मुनिया गिर पड़ी और उसके रोने के साथ ही अरुण और राधा उसकी तरफ दौड़े। मुनिया को राधा ने उठाया और पुचकारा। देखा कहीं चोट तो नहीं आई थी। कुछ देर की बातचीत के बाद अरुण ने छुट्टी ली। राधा इतना कुछ अरुण को बता चुकी थी। अरुण को बहुत कुछ इन सबका पता भी था, पर दुःख बाँटना मानव का स्वभाव ठहरा। उसके विचारों का ताँता बँध गया। उसे खयाल आया।

रात को एक बजे, कभी दो बजे मोहन आता है। दरवाजा खटकता या घंटी बजती है और मोहन आधा ऊँघा हुआ, मुँह से शराब की साँसें छोड़ता मकान में दाखिल होता है। खाना, नींद—आदमी की जरूरतें, फिर मैथुन—सभी पूरी तरह करता है, ठीक ऐसे ही, जैसे पशु अपनी चर्या, आहार, निद्रा, मैथुन करते हैं और फिर सुबह उठकर अपने काम पर चला जाता है।

मानवीय प्रवृत्तियाँ, सहानुभूति, दया, प्रेम, आदर, जीवन का चिंतन आदि सभी उसमें नहीं थीं। जो थीं भी, वे धीरे-धीरे नष्ट हो चुकी थीं। उसका मनोरंजन, प्यार या भावनाएँ क्लब की सुंदरियों की खोज, आमोद-प्रमोद और उन्हीं को लुभाने में लगी रहती थीं।

राधा के दर्द से भरे पत्र उसके माता-पिता को मिलते। वे मन में दुःखी भी होते और खीझ भी उठते, मगर क्या करते! जब भी कोई रिश्तेदार और बाहर का आदमी उनसे पूछ बैठता—'कहो राधा आजकल कहाँ है? कैसी है?' तो वे एक बार तो मन में क्षुब्ध होते, फिर ऊपर से मसनूही मुसकराहट चेहरे पर फैलाते हुए कह देते—'हाँ, ठीक है—राधा खुश है, आराम से रह रही है।'

मोहन से जब-जब राधा ने रास्ता बदलने की माँग की, उसकी क्रूरता और

अत्याचार बढ़ते चले गए। यही सबकुछ पति अपनी पत्नी को देता है, जब उसका मन, उसकी भावनाएँ घर से हटकर बाहर की रंगीन दुनिया में उलझ जाती हैं।

राधा का जीवन, जो फूल की तरह खिला था—आज काँटों की सेज पर आकर ठहर गया। हर तरफ उसके दिमाग को काँटे ही काँटे कचोटते और जब भी वह मोहन के बारे में, अपनी जिंदगी के बारे में सोचती—उसका माथा फटने लगता—हृदय टूटने लगता। अरुण आज उसका भाई तो बना—उसने प्यार का बंधन भी उसके दाहिने हाथ में बाँध दिया, मगर राधा के मन को शांति न मिली। उसे लगा, इतने बड़े नारकीय सागर से अरुण मोहन को कैसे निकाल सकेगा?

3

अगस्त 1997 का आखिरी सप्ताह था। राधा के पिताजी इन दिनों आगरा में मिलिट्री केंटोनमेंट में बड़े अफसर थे। मोहन सेना की जिस ट्रेनिंग के लिए बंगलौर आया था, वह खत्म हो चुकी थी। अब मोहन की पुनर्नियुक्ति श्रीनगर हो गई। बंगलौर से श्रीनगर जाने के लिए पहले 'ग्रांडट्रंक एक्सप्रेस' से दिल्ली आना पड़ता और रास्ते में आगरा भी पड़ता था। दिल्ली से पठानकोट और फिर जम्मू और श्रीनगर।

लगभग दो वर्षों तक उद्यान और झीलों की नगरी बंगलौर में राधा का जीवन ऐसा बीता, जैसे जंगल में पीली मुरझाई हुई बेल। सारे साल, महीने और दिन मोहन के साथ अटपटी बातें, रोज का झगड़ा, बीमारी, अभाव और किल्लतों में कटे। दु:ख के दिनों में जब कोई परिवर्तन आता है तो दु:खी प्राणी को एक नई आशा दिखाई देती है, शायद अब कोई नई बात हो। वे बदलें, दिन बदलें और जगह के बदलने से मन भी बदलें।

इसी सोच में राधा थी। राधा ने मोहन से पूछा—क्यों न हम 2-3 दिन आगरा मम्मी-डैडी के पास रुकें। तुम जानते हो मेरी जब से शादी हुई है, आज तक उनसे नहीं मिली।

—"नहीं, मुझे आगरा रुकने का वक्त नहीं है। मैं सीधा दिल्ली होता हुआ श्रीनगर पहुँचूँगा। दिल्ली में कुछ घंटे अपनी बहन के यहाँ जरूर रुकूँगा।"—मोहन ने कहा।

"मगर मैं तो दिल से खुश हूँ। पता नहीं फिर कब उनसे मिल पाऊँ, अच्छा हो कि आप कुछ घंटे ही आगरा रुक लें। मैं उन्हें तार दिए देती हूँ।"—राधा ने

आशा भरे स्वर में कहा।

''नहीं, यह नहीं होगा। मैं नहीं चाहता कि तुम अपने मैके में अपना दिमाग उलझाओ। तुम्हें जिंदगी मेरे माँ-बाप और मेरे साथ ही काटनी है, न कि अपने माँ-बाप के यहाँ।''

''यह खूब कहा आपने, क्या मैं दो साल में एक बार अपने माँ-बाप को देख भी नहीं सकती?''

''नहीं।''—मोहन ने कड़ककर कहा।

''इसका मतलब है आप मुझे कैदी की तरह रखना चाहते हो! मेरे माँ-बाप सिर्फ पैसा भेजने के लिए ही हैं, मेरा प्यार उनसे कुछ भी नहीं। मेरे बहन, भाई—यह हरगिज नहीं होगा—मैं आगरा जरूर रुकूँगी—तुम्हें न जाना हो तो न जाओ।''—राधा ने झल्लाकर कहा।

''नहीं राधा तुम नहीं जानती—मेरी माँ, तुम्हारे माँ-बाप से सख्त नाराज हैं। वे यही चाहते हैं कि मैं और तुम मम्मी-डैडी के यहाँ न जाएँ, उनसे न मिलें। मुझे अपना घर देखना है और मेरा घर ही तुम्हारा घर भी है, इसलिए जिद मत करो।''—मोहन ने राधा को समझाते हुए कहा।

''नहीं, मैं इन छोटी-छोटी बातों और झगड़ों में नहीं पड़ती। यह तो समधी-समधनों के झगड़े हैं—इन बातों से मिलना-जुलना और अपने माँ-बाप, भाई-बहनों को हमेशा के लिए कैसे त्याग सकती हूँ? काश! आप मेरी जगह होते तो क्या करते। क्या अपने माँ-बाप को छोड़ देते?''

''माँ-बाप को छोड़ने का सवाल नहीं है। सवाल इस बात का है कि तुम्हें वही करना है, जो मैं चाहूँगा और जो मैं करूँगा।''

''नहीं, यह नहीं होगा—मैं अभी तक यही करती आई हूँ। लेकिन मम्मी-डैडी से मिलने के लिए तुम्हारा अन्याय नहीं सहूँगी।'' राधा लाल हो गई।

दोनों का झगड़ा बढ़ता ही गया। बात यह थी कि दिल्ली में जब मुनिया पैदा हुई तो राधा के माँ-बाप ने सारे कपड़े और जेवर, रुपया आदि जो जमनी में दिया जाता है, राधा व मोहन को दिल्ली में आकर दे दिया। उस बात का मोहन की माँ (राधा की सास) ने बतंगड़ बना दिया और राधा के माँ-बाप को खूब कोसा और मोहन से कहा कि तुम हमेशा के लिए उनसे संबंध तोड़ लो और सब सामान वापिस कर दो। उन्होंने हमारे खानदान का अपमान किया है। राधा को भी कभी आगरा मत भेजो। मोहन वास्तव में इसी आदेश का पालन कर रहा था। इसी बात को, जो मोहन की माँ ने उसे पढ़ा दी थी, वह गाँठ बाँधकर बैठ गया और उसने

राधा को आगरा रुकने से रोकने के लिए पूरी-पूरी कोशिश की।

उधर राधा और मुनिया के प्रति मोहन शादी के बाद से लेकर आज तक लगभग ढाई वर्ष में निरंतर घोर दुर्व्यवहार, प्रताड़ना और झगड़े इस तरह करता था, जैसे कि कोई शिकारी जाल में फँसाकर पक्षी को तड़फाता है। उसका मन स्वयं दोषी था, इसलिए वह राधा के साथ उसके माँ-बाप के सामने खड़ा होकर उनका सामना करने का, उनसे आँखें मिलाने का साहस करने में अपने को कमजोर महसूस कर रहा था। वह अपने मन की बात को अपनी माँ के उलाहने जैसी छोटी सी बात की आड़ में लेकर राधा को मिलने से रोकने में दृढ़ था।

राधा भी दो वर्षों से मानसिक और शारीरिक पीड़ा का शिकार थी और हर कीमत पर अपने माँ-बाप से मिलकर सारा फैसला करना चाहती थी—दोनों की नोक-झोंक चल ही रही थी कि बजर बजा और दोनों आगरा ठहरने के सवाल पर बात करते-करते रुक गए।

''आओ अरुण भैया।''—राधा ने दरवाजा खोलते हुए अरुण का स्वागत किया।

''क्या बात है, जाने की तैयारियाँ हो रही हैं?''

''बिल्कुल, मगर ये आगरा रुकने की जिद कर रही है।'' मोहन ने बीच में कहा।

''तो क्या हुआ? एक-दो दिन आगरा रुककर आगे निकल जाना। भई आगरा तो अच्छी जगह है। ताजमहल देखना, राधा के मम्मी-डैडी से मिलना, क्या बुरा है इसमें?''

मोहन को एक झटका सा लगा—वह तो आगरा जाने के पक्ष में ही नहीं था। राधा के चेहरे पर थोड़ी खुशी झलकी। उसने सोचा कि मैं और अरुण मिलकर मोहन को राजी कर लेंगे।

''देखो मोहन तुम अपने आपको सँभालो, वरना मैं फिर कह रहा हूँ तुम बुरी तरह पछताओगे।''

''मैं क्या गुनाह कर रहा हूँ आखिर? दोस्तों के साथ क्लब में बैठना, कभी-कभी शराब पी लेना, क्या यह बहुत बड़े गुनाह हैं?''

''बस रहने दो मुझसे इनके सामने ज्यादा न कहलवाओ। मेरी बात मान लो और एक दिन के लिए तुम दोनों आगरा रुक लो—इसमें तुम्हारा लाभ ही है नुकसान नहीं।'' अरुण ने मोहन को बड़े प्यार से समझाते हुए कहा।

एक बार मोहन ने कुछ पल तक सोचा, फिर बोला—''जहाँ तक मेरा अपना

सवाल है, मुझे एक दिन या कुछ घंटे आगरा रुकने में कोई नुकसान नहीं हैं। मगर मेरी माताजी इनके घरवालों से जमनी के ऊपर सख्त नाराज हैं। उन्हें पता लगा तो वह बहुत नाराज होंगी। फिर तुम जानते ही हो मुझे और राधा दोनों को ही परिवार के लोगों से हिल-मिलकर रहने में आगे दिक्कत आएगी?'' मोहन ने यह बात काफी संजीदगी के साथ सोच-विचार कर अरुण के सामने रखी।

''भई मैं इस बात को नहीं मानता, आखिर राधा के माँ-बाप ने ऐसा क्या अपराध किया है, जो तुम्हारे माँ-बाप उसे अपने माँ-बाप से नहीं मिलने देते?'' अरुण ने नया तर्क किया।

''उनका गुनाह बस यही है अरुण भैया कि उन्होंने मुनिया के जन्म पर, जोकि दिल्ली में ही हुआ था, जमनी मेरी सास को न भेजकर सीधे मुझे और इन्हें दे दी। आखिर यह इतनी बड़ी बात तो नहीं जिसके लिए मैं जीवन भर घरवालों को छोड़ दूँ?'' राधा ने अरुण की पैरवी के साथ-साथ अपने पक्ष की सफाई दी।

मोहन चुप हो गया। लगता था कि उसके पास कोई अब अच्छा तर्क नहीं था, जिसे देकर राधा को आगरा जाने से रोक सके। अरुण और राधा दोनों मोहन की ओर देखने लगे कि इतनी बहस और जिद के बाद वह क्या निर्णय लेता है।

''ठीक है, मैं आगरा नहीं रूकूँगा। अगर राधा चाहे तो एक-दो सप्ताह वहाँ रुककर फिर मेरे पास श्रीनगर आ सकती है'' मोहन ने कुछ देर सोच-विचार कर कहा।

''राधा, अब तुम आगरा की तैयारी करो। यहाँ मोहन ने कुछ समझदारी का काम किया है, दिमाग से काम लिया है, इसलिए आज मैं इसे दाद देता हूँ।''—यह कहकर अरुण जाने लगा।

''ठहरो अरुण एक पैग व्हिस्की तो लगाते जाओ यार। हम तो 1-2 दिन में बिछुड़ ही जाएँगे, पता नहीं फिर कब मिलें!''—मोहन ने अरुण से आग्रह किया।

''नहीं मोहन, आज मुझे जरा जल्दी है। कल साथ-साथ बैठेंगे।'' यह कहकर अरुण तेजी से सीढ़ियाँ उतर गया।

कर्नल कपूर अपनी बेटी राधा का तार पाकर आज बहुत खुश थे। उन्हें एक-एक पल का इंतजार होने लगा। वे जानते थे कि शादी के बाद राधा को एक ही बार देखा था। जब मुनिया हुई थी। काफी दिनों के बाद मिलकर वे यह जानना चाहते थे कि आखिर उनकी लड़की में ऐसा कौन सा दोष है, जो मोहन उसकी बराबर बेकदरी कर रहा है! राधा की मम्मी तो राधा के दु:खों के कारण बहुत ही दु:खी थी। उन्हें लगा कि अब राधा आ गई तो मैं उसे कम-से-कम 6 महीने तक नहीं भेजूँगी। इस

बीच मधुप भी पूना से आएगा। वह भी अपनी बहन से मिल लेगा। उसे भी राधा को देखे एक अरसा गुजर गया। राधा की मम्मी तो तार आते ही बैचेन हो उठी। उसने कर्नल कपूर से कहा—''सुबह जल्दी तैयार होकर स्टेशन चलना है।''

''हाँ, एकदम चलेंगे और यदि मुमकिन हुआ तो एक दिन के लिए मोहन को भी रोक लेंगे''—कर्नल कपूर ने कहा।

दरअसल कर्नल कपूर के पास बहुत बड़ी कोठी थी। नौकर-चाकर थे, कार थी और सुख-सुविधाओं की सारी चीजें ही आगरा में उनके परिवार को उपलब्ध थीं। जब परिवार में बड़ा व्यक्ति संपन्न होता है तो वह उस संपन्नता और सुख को सभी को थोड़ा बाँटना चाहता है। कर्नल कपूर का मन इसी बात से परेशान था कि यहाँ मेरे घर में सभी सुख है और वहाँ मेरी लड़की थोड़े-थोड़े पैसों के लिए तरसती है। उसे हर बार मुझे पैसों के लिए लिखना पड़ता है। अजीब बात है। क्या मोहन उसे अपनी तनख्वाह में से एक पैसा भी नहीं देता?

शायद ऐसा ही होगा, तभी उस बेचारी को बार-बार लिखना पड़ता है। फिर उसकी शादी, अफसरी, ओहदे से राधा को क्या फायदा। कर्नल कपूर के मन में ऐसे ही विचार उठ रहे थे। उन्होंने सोचा, अभी इस बारे में सोचना व्यर्थ है—कल राधा आएगी, तभी सारी बातें होंगी।

राधा के एक बहन भी थी—छोटी। वह राधा से मिलने को व्यग्र थी। उसने दो बार पापा से पूछा—क्यों पापा, कल दीदी आ रही हैं न?''

''हाँ बेटी, तार तो आया है। ये लो, तुम भी पढ़ लो''—यह कहकर उन्होंने तार दोनों को दिखा दिया।

सुबह 'जी.टी.' से राधा आ गई। राधा आ गई, ठीक ऐसे, जैसे कृष्ण की राधा वर्षों बाद अपने गाँव बरसाने में गोप वृषभान के घर लौटकर आई हो। सारे बरसाने में खुशी की लहर दौड़ गई हो। राधा का बरसाना कर्नल कपूर का घर ही था।

मोहन स्टेशन पर ही कुछ मिनटों के लिए अपने सास-ससुर से अभिवादन करके औपचारिक बातें करता रहा। राधा सामान उतारकर आगरा उतर पड़ी। फिर स्टेशन पर इससे अधिक बातें हो भी कैसे सकती थीं! राधा ने घर आते ही चैन की साँस ली, जैसे उम्र कैदी वर्षों की सजा काटकर घर लौटा हो।

सारे दिन राधा अपनी मम्मी से बातें करती रही। कुछ ही घंटों के बाद राधा ने यह निर्णय ले लिया कि अब मैं कभी मोहन के पास नहीं जाऊँगी। राधा के इस निर्णय से राधा के माँ-बाप को तनिक धक्का तो लगा; लेकिन ऐसी स्थिति में वह रहती भी कैसे, जहाँ दो साल बीस साल के बराबर कटें। अत: उसका यह निर्णय

लेना ही उपयुक्त था।

राधा को आगरा में एक सप्ताह हो चुका था। उसका मन अब काफी हल्का था। मोहन के साथ उसकी आगरा उतरने से पहले यही बात तय हुई थी कि मैं कुछ दिन यहाँ रहकर जल्दी ही तुम्हारे पास श्रीनगर आ जाऊँगी, जहाँ मोहन का तबादला हुआ था। मोहन के माँ-बाप भी श्रीनगर में ही व्यवसाय करते थे और सौभाग्य से मोहन इस तबादले के बाद अपने घर ही पहुँच गया। मोहन का घर भी खुशियों से भरा था। मोहन की माँ बहुत खुश थी कि मेरा बेटा अफसर भी बन गया है और अपने वतन में भी आ गया है। मगर राधा का अभाव उसे खलने लगा। वह नहीं चाहती थी कि मोहन उसे आगरा छोड़ता। उसकी नजर में बड़े बाप की बेटी भी मर्द के पैर की जूती थी। उसका दृष्टिकोण पुराना, स्वार्थी व घमंड से भरा था। वह चाहती थी कि वह घर का सारा काम करे, पैसा भी माँ-बाप से मँगवाती रहे, सास का बरताव और उलाहना भी पीती रहे और एक दासी की तरह खामोश रहे और जुबान बंद रखकर, कान खोलकर सारा काम करती रहे। मगर बीसवीं सदी में यह चलने वाला न था।

मोहन की चिट्ठी ने पाँचवें दिन के बिछोह पर इतना प्यार बरसाया जिससे राधा सारे अत्याचारों और शोषण की व्यथाओं को भूल जाए। उसे लगे जैसे दो सालों में कुछ हुआ ही नहीं और सीधे श्रीनगर आ जाए। राधा ने चिट्ठी पढ़कर अपना फैसला अटल रखा। उसने तय कर लिया कि अब वह जान-बूझकर नरक में नहीं कूदेगी। कुछ भी चाहे क्यों न करना पड़े, वह अब अपने को उन जालिमों के हाथ में हरगिज नहीं सौंपेगी।

धीरे-धीरे दूसरा सप्ताह बीतने लगा। मोहन राधा की कोई खबर न पाकर बेचैन हो उठा। उसकी माँ भी उसे 'बेवकूफ' कहकर उकसाने लगी। उसे मन में आभास होने लगा कि हाथ से चिड़िया निकल गई। अब शायद राधा ने अपने माँ-बाप को सभी कुछ बता दिया होगा और हो सकता है कि अब वह न लौटे।

उसने हिम्मत से काम लिया। एक धमकी भरा पत्र लिखा कि तुम मेरी पत्नी हो, तुम्हें जल्दी ही आना होगा। वरना हम दोनों हमेशा के लिए अलग हो जाएँगे—वगैरह-वगैरह। इस चिट्ठी में उसे और उसके माता-पिता दोनों को धमकियाँ दी गई थीं। राधा ने उस चिट्ठी को पढ़ते ही मोहन के असली चेहरे को समझ लिया। वह जान गई कि वह सारी उमर भी राधा को प्यार नहीं कर सकता। उसका पहला पत्र धोखा था और यह धमकी भरा पत्र ही उसकी असलियत है। राधा ने इस पत्र को भी खत्ते में डाल दिया और उसका कोई उत्तर न दिया।

तीसरा सप्ताह अभी बीतने वाला था। मोहन के पास अब कोई चारा न बचा। उसने सोचा जल्दी ही छुट्टी लेकर आगरा चलूँ। मगर इससे पहले उसने फोन पर श्रीनगर से आगरा बात करना मुनासिब समझा। उसने आगरा ट्रंककॉल बुक कराकर राधा से बातें कीं। राधा को फोन पर प्यार भरी धमकियाँ दीं और उसे समझाकर फुसलाने की पूरी कोशिश की। मगर राधा ने उसे उसके अत्याचारों की याद दिलाते हुए आने से फोन पर ही साफ इनकार कर दिया।

फोन बंद होते ही मोहन साफ-साफ समझ गया कि राधा का मन मेरे विरुद्ध पूरी तरह बदल चुका है और अब राधा किसी भी तरह आने को तैयार नहीं है। उसने एक नया रास्ता सोचा—फिर आत्म-समर्पण और पछतावे का नाटक खेलने का। यही एक रास्ता था, जो नारी के कोमल मन को बदल सकता था।

उसने एक चाल चली और राधा को दो रुपए के अदालती कागज पर माफीनामा जैसा एक पत्र लिखकर भेजा। जिसमें सभी अपने कारनामे और गुनाहों की माफी थी और भविष्य में कभी कोई गलती न करने के वायदे थे। राधा ने पत्र खोला और पढ़ा—एक महीने में राधा के पास ऐसे माफी भरे कई पत्र आए। मगर राधा का मन न बदला।

सितंबर बीत चुका था। अक्तूबर का पहला सप्ताह आ गया। राधा को आगरा रहते-रहते कोई 80 दिन हो गए। इस बीच बराबर मोहन उसे मनाने की चेष्टा करता रहा। बराबर चिट्ठी पर चिट्ठी और फोन पर फोन आते रहे। दो रुपए, पाँच रुपए के स्टांप पेपरों पर उसने अपनी माफी, वायदे, शर्तें और सभी कुछ लिखकर भेजे, लेकिन राधा, चूँकि मन से मोहन के असली रूप को पहिचान चुकी थी, अतः उसकी आत्मा ने फैसला बदलने से इनकार कर दिया।

20 अक्तूबर को राधा को एक खत मिला। राधा पढ़ने लगी—

'मेरी राधा, तुम जानती हो कि हम दोनों विवाह के बाद एक धागे में तो बँधे, मगर हमारा वह बंधन इतना अपवित्र और दुर्भागी रहा कि दोनों सुखी न रह सके। तुम्हें बराबर मेरी तरफ़ से कष्ट और दुःख ही मिलते रहे। वास्तव में इन सबके लिए मैं ही जिम्मेदार था।

मैं अब कोई बात तुमसे छुपाना नहीं चाहता। मैं सचमुच अपनी माँ और घरवालों के प्रभाव में था। मैं तुम्हें न समझ सका और बराबर उनके असर में आकर गलती पर गलतियाँ करता रहा। तुम्हें मेरे घर में जो पत्नी के रूप में सम्मान और दरजा मिलने वाला था, वह न मिला। मैं हमेशा तुम्हारे सुखों को दुःखों में बदलता रहा। मैं इन सब गलतियों का इस पत्र में साफ-साफ इकरार करता हूँ।

मैंने तुम्हें और भी चिट्ठियाँ लिखीं, माफीनामे भी भरकर भेजे, मगर तुमने मेरे समर्पण का कोई उत्तर न दिया।

मैं फिर कहूँगा कि विवाह के पवित्र बंधन और संस्कारों को, जिन पर तुम जोर दिया करती थी, नहीं निबाह सका। इतना ही नहीं, अनेक बार तुम्हारी जीवन जीने की जरूरतों की भी पूर्ति न कर सका। तुम्हें भूखे रहना पड़ा और सामान्य सुख-सुविधाओं की कमी के कारण, जिन्हें मैं तुम्हें न दे सका, तड़फना और परेशान होना पड़ा।

मुझे इस सबके लिए तुम्हें किसी भी तरह दोषी ठहराना संभव नहीं। यह सब तो मेरे ही कारण था। तुम्हें इस बात की दाद देता हूँ कि तुम इतनी मुसीबतों को झेलकर भी मेरे साथ रहीं। तुमने अकेला जैसा जीवन बिताया और सब्र से काम लिया—धीरज को कभी न छोड़ा, इस सबके लिए एक बार फिर मैं तुम्हारी तारीफ कर रहा हूँ।

तुम्हें एक पत्नी और अर्धांगिनी जैसा तो प्यार देना दूर रहा—मैं तकलीफ और बीमारी में भी तुम्हारी अवहेलना करता रहा। तुम्हारे स्वास्थ्य, सफाई की चीजें जुटाने में भी मैं नाकामयाब रहा। मैं सचमुच में बहुत बड़े पाप का भागी हूँ। ऐसा अन्याय और पाप, जो किसी भी पति को अपनी पत्नी के प्रति नहीं करना चाहिए।

मैं नैतिक रूप से इतना गिर चुका हूँ कि तुम मुझ पर कोई दया या सहानुभूति दिखाओ भी तो किसलिए—मैं इस योग्य हूँ ही नहीं। तुम्हें जो मैंने लंबे समय तक कष्ट पहुँचाए हैं—उनका फल यही तो होना चाहिए।

अब मैं एक असफल पति की हैसियत से पुनः हम दोनों के बीच एक पावन प्रेम की याद दिलाते हुए तुमसे इन सब बीती हुई बातों को भूल जाने और माफ कर देने की प्रार्थनाएँ कर रहा हूँ। शायद तुम मान जाओ और मुझे माफ कर दो।

मैंने बहुत कुछ ठंडे दिमाग से सोचने के बाद तुम्हें यह पत्र लिखा है। सबकुछ भूल जाओ और मुझे माफ कर दो।

मैं फिर तुमसे एक बार प्रार्थना करता हूँ कि जैसे तुम सहन शक्ति की देवी बनी, ऐसे एक बार क्षमा की देवी और बन जाओ। मैं वचन देता हूँ कि मैंने जो वायदे किए हैं, उन सबको निबाहूँगा और भविष्य में अब कभी तुम्हें शिकायत का मौका नहीं दूँगा। इस पत्र को मेरी क्षमा-याचना समझो। मुझे एक बार आखिरी मौका और दे दो।'

इस पत्र को पढ़कर यदि तुम मुझे जीवन भर अपना पति मानना चाहोगी और मेरे साथ प्यार से रहना स्वीकार करोगी तो मैं इसे सौभाग्य समझूँगा। मैं भविष्य में

हमेशा तुम्हारे सुख का खयाल रखूँगा और नीचे लिखे जो सभी वायदे मैं एक बार फिर कर रहा हूँ, उन्हें निबाहूँगा, यदि मैं ऐसा न करूँ तो तुम हमेशा के लिए मुझे छोड़ देना, तलाक दे देना—

1. मेरे घरवालों ने जो जहर के बीज बोए हैं, उन्हें मैं खोदकर फेंक दूँगा। मैं तुम्हें सचमुच घर की रानी बनाकर रखूँगा।
2. मैं तुम्हारी पूरी देखभाल करूँगा, तुम्हें पूरा आदर व सम्मान दूँगा।
3. अपनी पुरानी सभी बुरी आदतों को छोड़ दूँगा। तुम्हारे सुख की बलि देकर कोई भी ऐसा काम नहीं करूँगा, जिससे तुम्हें दुःख पहुँचे।
4. समय-समय पर तुम्हें तुम्हारे माता-पिता के यहाँ भेजता रहूँगा। जब मैं फील्ड एरिया में रहूँगा, तब तो तुम्हें लंबे समय के लिए तुम्हारे माँ-बाप के पास ही छोड़ दिया करूँगा।
5. हम दोनों मिलकर एक संयुक्त खाता बैंक में खोलेंगे और अपना वेतन तुम्हारे हाथ में सौंपूँगा-ताकि हम दोनों में परस्पर प्रेम और विश्वास बना रहे।
6. अपनी बीमे की पॉलिसियों के हकदार के लिए तुम्हारा ही नाम लिखूँगा, जोकि पहले मेरी माँ का था।
7. नौकरी के डी.एस.ओ.पी. फंड राशि का हकदार व वारिस भी तुम्हें ही घोषित करूँगा।
8. पति और पत्नी के बीच सुखी जीवन के लिए और भी जो जरूरी चीजें हों, उन सबको भी पूरा करने का वचन देता हूँ। मुझे पूरा विश्वास है कि इन सभी वायदों के बाद तुम मुझे नहीं ठुकराओगी। हमारा प्यार भरा जीवन फिर से शुरू होगा। तुम मुझे आने का संकेत भर दे दो—यदि तुम चाहो तो डैडी के यहाँ कुछ दिन और भी रह लो। मगर मेरे प्यार को मत भुला देना और कब आओगी, इसका मुझे एक पत्र लिख देना। इसे मेरा आखिरी खत समझना।

बस तुम्हारा ही—
मोहन'

राधा के पास इन दिनों कई ऐसे पत्र बराबर मोहन की ओर से आते रहते। अनेक पत्रों को उसने पढ़ा और पढ़कर फाड़ दिया। उन सभी पत्रों में पछतावा, प्यार का झूठा नाटक और आगे के लिए वायदे, बस यही सबकुछ हुआ करता था।

पिछले दिनों राधा को ऐसा ही एक पत्र और मिला। इस पत्र में मोहन ने एक और तरकीब से काम निकाला। राधा को उन घड़ियों की याद दिलाई, जब वह कुछ दिनों के लिए बीमार पड़ गई थी। मुनिया भी छोटी थी और घर का काम-काज तक करना मुश्किल हो गया था।

इस समय मोहन के सिवा घर में कोई काम करनेवाला न था। इस समय सचमुच मोहन ने बजाय इसके कोई आया, नर्स व नौकरानी रखता, पैसे के अभाव में स्वयं ही घर का सारा काम सँभाल लिया। कपड़े धोना, खाना बनाना और रसोई, सफाई वगैरह का काम करना आदि उसने कुछ दिन किया। राधा जानती थी वह काम करना उसकी मजबूरी थी। अगर वह यह न करता तो करता भी क्या? नौकर रखना उसके बस की बात न थी।

राधा को उसका एक सेनाधिकारी से गिरकर नौकर बनकर काम करना अच्छा भी न लगा। उसे यही लगा कि वह पति के दरजे से कभी तो इतना ऊपर उठ जाता है कि अपने को मालिक समझने की कोशिश करता है और कभी इतना गिर जाता है कि राधा को मालिक समझने की कोशिश करता है और कभी इतना गिर जाता है कि लड़ाई-झगड़ा करने के बाद उसकी पैर-चप्पी करने तक को तैयार रहता है। तरह-तरह की मिन्नतें व खुशामदें करता है। कभी नौकर की तरह घर का सारा काम करके यह जताना चाहता है कि वह पीर, बावर्ची, भिश्ती, खर—सभी कुछ है।

राधा ने पत्र को एक साँस में पढ़ा और उसके मन में सभी बातें कौंधने लगीं। पिछले सभी पत्र की उसके दिमाग में उलझनें पैदा करने लगे। वास्तव में राधा न तो उसको अपना मालिक और अपने को उसकी दासी के रूप में देखना चाहती थी और न ही राधा उसे कोई छोटा काम करते देख खुश होती थी—वह चाहती थी कि एक अच्छा पति—केवल पति—न नौकर, न मालिक।

आखिरी पत्र को पढ़कर राधा का मन थोड़ा विचलित सा हुआ। उसने सोचा कि शायद कभी कुत्ते की पूँछ भी सीधी हो जाती होगी। शायद मेरा पति भी मेरे वियोग में छटपटाकर बदल गया हो। अतः उसने उसके पास जाने से पहले अपने धर्म भाई अरुण से, जो अभी बंगलौर में ही ट्रेनिंग का आखिरी महीना पूरा कर रहा था—कुछ राय लेनी चाहिए।

राधा ने डैडी और मम्मी से भी राय ली। उन्होंने कभी यह नहीं चाहा कि राधा और मोहन अलग-अलग हों। इसलिए उन्होंने सोचा कि यदि अरुण की राय

राधा से मिल जाती है और फिर मोहन-राधा मिल जाते हैं तो इससे अच्छा और क्या हो सकता है!

राधा 'जी.टी. एक्सप्रेस' से रवाना हो गई बंगलौर के लिए। एक ओर गाड़ी धड़-धड़ चलती जा रही थी—ग्वालियर निकल गया-आधी से अधिक रात बीत गई। राधा को याद आने लगा वह महीना, जो सावन का था। सावन के महीने में सभी लड़कियाँ ससुराल से अपने मैके आती हैं। झूला झूलती हैं। सहेलियों से मिलती हैं और मोद मनाती हैं।

मगर राधा का सावन ससुराल में पहला ही सावन था। राधा श्रीनगर में थी— उसका पति मोहन हजारों मील दूर बंगलौर ट्रेनिंग में था। शादी के फौरन बाद मोहन को ट्रेनिंग में जाना था। अत: जब तक बंगलौर जाकर अपने को ठीक-ठीक जमा ले, शहर में मकान न ले ले, तब तक के लिए उसने राधा को अपनी माँ, बहन और परिवार में ही एक-दो महीने के लिए रख दिया। राधा का पहला सावन, जो शादी के बाद आया तो उसे बड़े दु:ख और संताप से काटना पड़ा।

पति से बिछोह, सास की निर्दयता और ननद की चुगलियाँ और न जाने क्या-क्या। शादी से पहले उसने जैसे आदर्श श्वसुर, सास और ननद की कल्पनाएँ की थीं, वे व्यवहार में परिणत होते देख उसके मन को बड़ा धक्का लगा। सास, जिसको दूसरी माँ और ननद, जिसको दूसरी बहन का दरजा दिया जाता था, राधा को जल्लाद और फरेबी लगीं। शादी होते ही दोनों के व्यवहार में कर्कशता व कट्टरता आने लगी।

रोज कोई-न-कोई ऐसी घटना घटती, जिससे राधा के मन में भारी क्लेश होता। न उसे खाना अच्छा लगता और न रहना। धीरे-धीरे उसके मन में गाड़ी की रफ्तार की तेजी के साथ ऐसी घटनाएँ दौड़ने लगीं।…

एक दिन बंगलौर से मोहन का फोन आया। अपनी माँ से बातें करने के बाद मोहन ने जैसे ही राधा से बात करने के लिए कहा—उसकी माँ ने फौरन ही राधा के सामने ही कह दिया—'वह तो बाजार गई है, अभी घर में नहीं है।'

राधा आश्चर्य में पड़ गई। इतना सफेद झूठ उसने कभी न देखा था। उसने कुछ कहना चाहा, तब तक उसकी सास ने फौरन फोन काट दिया। राधा कुछ न कह सकी।

दूसरी बार इसी तरह की घटना फिर घटी। राधा बैठी हुई काम कर नहीं थी। फोन की घंटी बजी। वह आतुरता से फोन उठाने को लपकी। झट उसकी ननद ने उसको रोक दिया और माँ को आवाज लगा दी। माँ ने लपककर फोन उठा लिया। यह इत्तफाक

से मोहन का ही फोन था। राधा कुछ दूर हटकर दोनों की बातें सुनने लगी।

वही पैसे का तकाजा-तनख्वाह भेजने की बात-बेटे की पूछताछ-राधा के बारे में कोई बात ही नहीं। इतने में ही मोहन ने फिर राधा से बात करने की इच्छा जाहिर की। राधा की सास ने मुड़कर राधा की ओर कनखियों से देखा और फिर बड़ी बेरूखी से कह दिया "नहीं, वह यहाँ इस वक्त नहीं है—अभी-अभी थी। पता नहीं बाजार या जाने कहाँ निकल गई। कुछ बताकर नहीं गई।"

राधा मासूम आँखों से यह सब देख रही थी। कुछ भी बोलने का मतलब था, घर में फौरन भीषण महाभारत।

राधा चुप होकर खून का सा घूँट पीकर रह गई। करती भी क्या! एक हरकत और भी हुई—नंद ने अपनी माँ के फोन पर राधा के बारे में दिए गए वक्तव्य की पुष्टि में एक चुगली भरी चिट्ठी मोहन को डाल दी। उसकी इस पर राधा के खिलाफ प्रतिक्रिया होनी ही थी।

ठीक पाँचवें दिन सास के नाम का पता लिखा मोहन का पत्र बंगलौर से आ गया। पत्र हालाँकि पोस्टमैन से राधा के हाथ में पहले आया था—मगर पता पढ़कर उसने उसे नहीं खोला और सास के हाथों में थमा दिया। उसे क्या पता था कि इस खत में उसी के लिए जहर बुझा तीर भेजा गया है।

कुछ ही देर में वह खत राधा को सौंप दिया गया। राधा ने जैसे ही उसे पढ़ा, तिलमिला उठी। चोरी और उस पर सीना जोरी! मोहन ने राधा को उस पत्र में बड़ी करारी फटकारें और लानतें लिख भेजी थीं—'तुम घर में क्यों नहीं रहतीं? जब फोन करता हूँ, तभी घर से बाहर मिलती हो। यह सब क्या है? घर का काम ठीक नहीं करती। मेरी माँ व छोटी बहन का कहना नहीं मानतीं? आखिर तुम्हें क्या हो गया है। क्या तुम्हें ठीक से रहना भी नहीं आता! वगैरह-वगैरह।"

यह सब पढ़कर राधा का पारा चढ़ गया। उसने जैसे ही अपनी सास से कुछ निवेदन करना चाहा—सास और ननद दोनों ही एक तुच्छ दासी की भाँति उससे बरताव करती हुई उस पर टूट पड़ीं। वह रात भर रोती रही। रोने-धोने के सिवा वह उस कैद में करती भी क्या? इधर श्रीनगर की फिजाओं में सावन झर रहा था तो उधर राधा की आँखें भी पंपोश की पंखुड़ियों पर जमी बूँदों की तरह हर वक्त तर रहती थीं।

यही वातावरण मोहन के राधा को बंगलौर ले जाने तक चला। राधा को लगा कि वह अब नरक द्वार तक पहुँच चुकी है, शायद उसे यहाँ से मोहन बंगलौर हजार मील दूर स्वर्गिक और नैसर्गिक सुख की दुनिया में ले जा रहा है। मगर यह सब उसको एक धोखा लगा और बंगलौर का जीवन भी विषाद और प्रताड़नाओं से भरा निकला।

छक-छक चलती हुई गाड़ी में आज फिर वह बंगलौर ही जा रही थी। मगर इस बार उसे न बंगलौर की रंगीनियों से कोई मतलब था, न वहाँ की सुर्खियों से। उसे तो बस दो बातें अरुण से करके लौट आना था और अपने भाग्य के बारे में स्वयं ही कुछ निर्णय लेना था। अत: राधा को इस बंगलौर यात्रा का कोई आर्कषण न था।

बंगलौर पहुँचकर राधा की अरुण से घंटों बातें चलती रही। मोहन के बारे में अरुण को कुछ अच्छी आशा थी। राधा को प्यार से अरुण ने समझाया और कहा—''राधा ताली दोनों हाथों से बजा करती है, यदि तुम मोहन को इतनी मिन्नतों और क्षमा-याचनाओं के बाद श्रीनगर जाओगी, तो वह तुमसे अब झगड़ा नहीं करेगा और प्यार से रखेगा।''

''मगर वहाँ तो खतरा यह भी है कि मोहन का सारा परिवार है—वही माँ, वही बहन—जिन्होंने शादी होते ही मेरा ससुराल में एक महीने रहना दूभर कर दिया था। क्या वे सब मुझे मोहन के साथ रहने देंगे? हरगिज नहीं। वे उसे रात-दिन उकसाएँगे और कुछ ही दिनों में वही होगा, जिसकी मुझे आशंका है।''—राधा ने कहा।

इस पर अरुण कुछ पलों तक सोचता रहा। कुछ सोचकर बोला—''फिर भी राधा बहन के नाते मेरा तुमसे यही अनुरोध है कि तुम किसी तरह निबाह कर रहो और अपने पति के सुख को न ठुकराओ।''

''अरुण भैया! मैं तुम्हारी सीख मान सकती हूँ। मैं सबकुछ सहकर और त्याग कर ससुराल तुम्हारे कहने से चली जाऊँगी। मगर यदि वैसे ही कांड रोजमर्रा हुए तो मैं तुम्हें तार दूँगी—क्या तुम इतनी दूर आकर मेरी मदद कर सकोगे? मुझे बचा सकोगे? बोलो, मुझे बस इसी बात का वचन दे दो। मैं फौरन श्रीनगर चली जाती हूँ।''

इस पर अरुण बहुत देर तक बराबर सोचता रहा। अरुण सोच रहा था। मैं जल्दी ही बंगलौर से चला जाऊँगा। पता नहीं मेरा तबादला कहाँ हो! मैं नेफा, लद्दाख, हिमाचल या किसी पश्चिमी सीमा पर तैनात हो जाऊँ! वहाँ से मुझे राधा की मदद के लिए क्या पता छुट्टी ही न मिले! ऐसी स्थिति में मैं राधा की रक्षा का वचन कैसे दे दूँ?

वह सोच ही रहा था कि राधा ने उसे टोका—''बोलो भय्या, खामोश क्यों हो गए।''

बहुत सोचकर अरुण ने राधा से अपने मन की बात कह ही डाली। राधा, मैं

चाहता तो हूँ कि तुम्हारी मदद के लिए आकर खड़ा हो जाऊँ—मगर मेरी अपनी मजबूरियाँ हैं। मैं फौज में हूँ। मेरा स्वयं का जीवन मेरे हाथ में नहीं है। आज मैं यहाँ हूँ, कल मैं वहाँ हूँ। ऐसी हालत में मैं नहीं समझता कि मैं तुम्हारी वहाँ आकर कैसे मदद कर पाऊँगा?''

राधा को अरुण की बात स्पष्ट और व्यावहारिक तो लगी, मगर उसे कुछ धक्का-सा लगा। एक तरफ तो अरुण का ससुराल जाने के लिए जोर देना और दूसरी ओर सहायता करने से मजबूरी दिखाना, इन दोनों बातों में विरोधाभास था। मगर राधा का मन तो हल्का हो गया। उसने जिसे अपना भाई बनाया—उससे संकट की घड़ी में राय लेकर अपना फर्ज अदा कर दिया। अरुण ने राधा से और ठहरने की जिद की, मगर राधा नहीं मानी और दूसरे दिन वापिस आगरा के लिए रवाना हो गई।

आगरा स्टेशन पर उतरते-उतरते राधा ने यह फैसला कर डाला कि अब वह मोहन के पास कभी नहीं जाएगी। मुझे अपना जीवन बदलना है, अकेले ही रहना है और लानत भरी जिंदगी को हमेशा के लिए छोड़ देना है। राधा इसी अटल फैसले को लेकर वापिस अपने घर आ गई और अरुण से हुई बातचीत का पूरा हवाला देकर अपना अंतिम निर्णय डैडी-मम्मी को सुना दिया।

4

राधा का फैसला मोहन की जिंदगी के लिए तबाही बन गया। उसके किसी खत का जबाब न पाकर मोहन समझ गया कि अब राधा नहीं लौटेगी। उधर मोहन पर माँ और बहन का लगातार दबाब पड़ रहा था कि वह क्यों राधा को आगरा छोड़ आया। किसी तरह भी उसे राधा को वापस एक बार तो लाकर अपने घर छोड़ना ही था, जिससे उसकी नाक नीची न हो और वह घरवालों के सामने अपना माथा ऊँचा रख सके।

मगर राधा का वापस आना इतना आसान न था। बड़ी टेढ़ी खीर थी। राधा का मन काफी बदल चुका था। वह यह अच्छी तरह समझता था कि सारी मिन्नत भरी चिट्ठियों को राधा ने कूड़े की टोकरी में फेंक दिया होगा।

उसकी समझ में अब एक ही रास्ता आया। किसी तरह छुट्टी लेकर कुछ दिनों के लिए आगरा जाए और वहाँ रहकर राधा पर फिर प्यार का जाल बिछाया जाए। कागज पर लिखकर भेजी गई चिट्ठी और स्वयं जाने में बहुत फर्क पड़ेगा।

शायद आमने-सामने रहकर वह राधा के पत्थर जैसे मन को पिघला सके। यह सोचकर उसने दो महीने की छुट्टी ले ही डाली और आगरा चलने की तैयारी कर ली।

शाम का समय था। राधा मुनिया को लॉन में खिला रही थी। हलकी-हलकी सर्दी पड़ने लगी थी। नवंबर के महीने की तीसरी तारीख थी। राधा ने देखा—सामने एक रिक्शा रुका और उसमें से एक नौजवान उतरा। हाथ में सूटकेस लिये वह कर्नल कपूर की कोठी की ओर बढ़ा। यह और कोई नहीं मोहन ही था। पहले राधा ने मोहन को देखा, फिर मुनिया को गोद में उठाकर सीधे अंदर चली गई।

कर्नल साहब का कुत्ता टॉनी जोर-जोर से भौंकने लगा। कर्नल कपूर बाहर आए। देखा तो आँखें नीची किए हुए कैप्टन मोहन खड़ा है। कर्नल कपूर को देखते ही उसने फौरन 'गुड इवनिंग डैडी' कहकर उनका अभिवादन किया।

"आओ मोहन। आखिर तुम को खुद आना ही पड़ा। यह कहकर कर्नल साहब ने अर्दली को आवाज लगाई और वह सूटकेस उठाकर अंदर ले गया। कर्नल कपूर मोहन को लेकर ड्राइंगरूम में आ गए।

मोहन काफी गुस्से में था। कर्नल कपूर ने उसकी मुख-मुद्रा से ताड़ लिया।

'व्हिस्की पिओगे?'

'जरूर पीऊँगा'।

कर्नल साहब ने बोतल मँगवाई। सोडा डालकर मोहन को एक गिलास दे दिया। एक गिलास खुद ने ले लिया।

कर्नल कपूर ने देखा मोहन खामोश है। लगता है काफी परेशान है। एक के बाद एक उसने आधे घंटे में पैग पर पैग पी डाले। बोला कुछ भी नहीं।

कर्नल कपूर की बोतल में आधी ही व्हिस्की थी। वह खत्म होते ही मोहन ने अपना सूटकेस खोला और व्हिस्की की अपनी ही बोतल निकाल ली। उसने बोतल खोली और इतनी पी लेने के बाद फिर पीना शुरू कर दिया।

कर्नल कपूर को लगा कि मोहन राधा की चुप्पी से इतना दुःखी है कि मानो वह गम को गलत करने के लिए इतनी शराब पी रहा है। उसका चेहरा भी उखड़ा-उखड़ा सा था। वह एकदम खामोशी के साथ जैसे ही बोतल की ओर बढ़ा। कर्नल कपूर ने फौरन बोतल पर हाथ रखकर उसे रोक दिया।

'मिस्टर मोहन बिहेव लाइक ए जेंटलमैन'—मगर मोहन चुप रहा और उनका बोतल से हाथ उठते ही वह बोतल की ओर फिर लपका। कर्नल साहब का गुस्सा बढ़ता जा रहा था। वे सोचने लगे कि अगर मैं ज्यादा कुछ कहूँगा तो निश्चय ही झगड़ा बढ़ेगा। इसलिए कर्नल साहब बाहर चले गए।

मोहन देखता रहा। घर में सन्नाटा था और राधा के अभी तक उसे दर्शन न हुए।

सामने के दरवाजे से मुनिया, जो अब एक साल से कुछ बड़ी थी, ठुमकती-ठुमकती ड्राइंगरूम में चली आ रही थी।

मोहन झपटा और उसे गोदी में उठाकर चूम लिया। कुछ देर तक मोहन मुनिया से ही बातें करके मन बहलाता रहा। इसी बीच में राधा की मम्मी भी मोहन के पास आ बैठीं। बातचीत का औपचारिक सिलसिला चलता रहा।

कुछ देर के लिए कमरे में राधा की मम्मी, राधा की छोटी बहन आभा आ गए, जो मोहन से बातें करते रहे, जिससे कि मोहन को यह महसूस न हो कि यहाँ आने पर मेरा निरादर तो नहीं किया जा रहा है।

मोहन ने दबी जुबान में आभा से पूछा—"तुम्हारी दीदी कहाँ है?"

"अभी आएगी, आपसे जरूर मुलाकात होगी। इतने घबराइए मत।" आभा ने चुलबुली सी हँसी हँसते हुए कहा।

मोहन थोड़ी देर चुप बैठा रहा। उसकी खामोशी को देखकर राधा की बहिन आभा और मम्मी दोनों अंदर चली गईं।

"राधा तुम कितनी बेरहम और पत्थर हो! तुमने मेरी एक भी चिट्ठी का जवाब नहीं दिया? टेलीफोन तथा टेलीग्रामों को भी तुम पी गईं। आखिर तुम्हारे मन में क्या है? बस यही पूछने मैं यहाँ आया हूँ।" जब मोहन को राधा मिली तो उसने क्रोध के वेग को संतुलित करते हुए उससे पहला प्रश्न यही किया।

"अब प्रश्न दिल या मन का नहीं है। मैं सच्चाई और वास्तविकता के नजदीक आ चुकी हूँ, जहाँ सिर्फ बुद्धि और तर्क काम करता है, दिल नहीं—तर्कों की कसौटी पर कसने के बाद मुझे लगा कि तुम्हारे सब पत्र एक नाटक मात्र हैं। मुझे मनाने और फुसलाने के लिए।"

"नहीं, ऐसा मत कहो। ये सभी पत्र मैंने तुम्हें सच्चे मन से सोच-विचारकर लिखे थे। मैंने प्रतिज्ञाएँ और वायदे भी पक्के कागजों पर किए थे। लेकिन तुम्हें मुझ पर विश्वास नहीं हुआ।"

"होता भी कैसे? जहाँ मन एक-दूसरे से फिर गए हों, वहाँ ये पक्के कागज और लिखे हुए वायदे काम नहीं करते।"

"अच्छा तो अब एक मुलजिम की हैसियत से मैं तुम्हारे सामने पेश हूँ। जो भी चाहो सजा दे दो—मगर तुम्हें मेरे साथ चलना जरूर होगा।"

"अगर मैं तुम्हें यही सजा देना चाहूँ तो।"—राधा ने अपनी आँखों में दृढ़ता लाते हुए कहा।

"नहीं—एक बात तो तुम्हें सजावार की भी माननी ही पड़ेगी।" मोहन बोला।

राधा शायरी की कल एक किताब पढ़ रही थी। राधा कुछ न बोली, उसके मन में एक शेर मँडराने लगा—

'हमने यूँ छुपा रखी है तेरे वस्ल की हसरत,
जैसे कि छिपाता है सजावार सजा को।'

इसी शेर का भाव लेकर उसने मोहन के मन को समझ लिया। उसे फिर उसकी बातें धोखा लगने लगीं।

राधा से मोहन जितना भी लगाव दिखा सकता था, बराबर दिखाता रहा। राधा मोहन के नजदीक तो रही, मगर ठीक ऐसे ही जैसे कमल का फूल नीचे पड़ी कीचड़ से एकदम ऊपर रहकर खिला रहता है।

मोहन को आगरा में रहते-रहते कई दिन हो चले। सोने, उठने, खाने-पीने, पिक्चर जाने के बाहरी कार्यक्रमों के साथ राधा को मनाकर श्रीनगर ले जाने की उसकी कोशिशें बराबर चलती रहीं। मगर हर बार वह नाकामयाब रहा। उसकी समझ में नहीं आ रहा था कि आखिर कौन सा उपाय या तरीका काम में लाए!

राधा के माता-पिता ने मोहन को एकदम घर की तरह से छोड़ दिया था। वे सिर्फ इंतजार में थे कि शायद दोनों में मेल हो। पुनर्मिलन हो और राधा का दु:ख हमेशा के लिए दूर हो जाए। मगर राधा का हठ बड़ा गंभीर था। कहते हैं—त्रिया हठ बहुत ही कठोर होता है। राधा भी जाने-अनजाने इसी हठ पर जमी थी कि मोहन कभी नहीं बदलेगा और उसका जीवन फिर नरक में फँसकर रह जाएगा।

7 नवंबर का दिन था। आज मोहन और राधा दिन में ताजमहल गए थे। वही ताजमहल, जिसे शाहजहाँ ने अपनी प्यारी बेगम मुमताजमहल की यादगार में बनवाकर मोहब्बत का इम्तहान पास किया था और दुनिया के प्रेमियों के सामने एक मिसाल कायम की थी।

राधा ने ताजमहल कई बार देखा। उसे वह हर बार नया और ताजा लगा। इन दिनों शरद का चाँद निकल आता था। शाम से ही ताज ताजी-ताजी चाँदनी में नहाकर खिल उठता, जैसे कोई श्वेत सुंदरी कमल सरोवर में नहाकर इठलाती हुई निकल रही हो! ऐसे ही ताज शरद की चंद्रप्रभा में अँगड़ाता सा राधा को दिखाई दिया।

मोहन आज कुछ उदास था। राधा ने कहा—"मोहन मैं अब आगरा में ही रहूँगी। तुम भी जब छुट्टी पाओ, यहाँ आ जाया करो। बस मैं तुम्हारे लिए इतना ही वायदा कर सकती हूँ।"

''मगर ऐसे जिंदगी तो नहीं चलती। हम दोनों एक-दूसरे से जुदा होकर ऐसे कब तक रहेंगे?''—मोहन ने कहा।

''नहीं, तुम नहीं जानते मोहन—एक लंबी जुदाई के बाद जब मिलन होता है तो उसका आनंद पति-पत्नी के प्रेम के आनंद से सौ गुना बढ़ जाता है। रात-दिन मिलन एक झूठी भूख भर है, प्यार नहीं।''—राधा ने अपने अनुभवों के बहाव में बहकर एक दार्शनिक जैसा उत्तर दिया।

''ठीक है, इसका मतलब यही है कि तुम मुझे नहीं चाहतीं। तुम्हारे दिल में मेरे लिए सुई की नोंक के बराबर भी जगह नहीं है। सिर्फ समाज ने हमें जबरन पति-पत्नी बना दिया।''

मोहन के स्वर में विषमता भरी निराशा थी।

''कुछ भी समझो पर मेरा मन तो बस यहीं तक मानता है। श्रीनगर जाने के नाम से मेरी आत्मा फिर काँप उठती है और अंत में अंतरात्मा का स्वर यही कहता है—''राधा, तुम भोली हो—तुम्हें ऐसे ही सुख मिलेगा। परिवार औरं दांपत्य-सुख तुम्हारे भाग्य में नहीं।' बस मोहन, मैं इसी विडंबना में डूब जाती हूँ। इस आवाज के सामने कोई खत, कोई तार, कोई समझाना-कुछ भी काम नहीं करता।''

राधा के स्पष्टीकरण से मोहन की निराशा और बढ़ गई। दोनों आधी रात गए घर लौट आए। प्यार के मजार पर उन्हें निराशा ही मिली। दोनों में कोई समझौता न हो सका।

रात के दो बज रहे थे। राधा थककर गहरी नींद में सो गई। दोनों एक ही बेडरूम में थे। अचानक सिसकियों से भरी और घुटी हुई आवाज से राधा की नींद टूटी। राधा ने देखा मोहन रो रहा है।

वही मोहन, जिसकी क्रूरता और पाशविकता से राधा काँपती थी, आज अँधेरे में घुट-घुटकर रो रहा है। राधा ने बत्ती जला दी। उसने देखा, वह तेजी से झपटी—''ये सब क्या है? ये क्या खाने जा रहे हो?'' और राधा ने तेजी से उसकी मुट्ठी पकड़ ली और होठों तक न पहुँचने दी।

शक्तिशाली मोहन इन क्षणों में बिल्कुल निढाल हो चुका था। राधा ने ताकत लगाकर मुट्ठी खोल दी। उसमें से दो पीले रंग के कैप्सूल पलंग से नीचे गिर पड़े। ''यह क्या कर रहे हो? क्या निराश होकर आत्महत्या करना चाहते हो? मोहन तुम पुरुष हो—यह तो कायरों का काम है, तुम्हें शोभा नहीं देता।''

मोहन पलंग पर लुढ़ककर फिर रोने लगा और उसने राधा को अपनी ओर खींचकर बदन से लगा लिया—उसकी हिचकियाँ फूट रही थीं और उधर राधा की

साँसें गरम होकर तेज हो रही थीं।

मोहन बड़ा नाटकीय व्यक्तित्व था। शायद यही उसका अंतिम नाटक था प्यार के दरबार में—यदि उसे प्राण त्यागने होते तो चुपके से जहर खाकर सो रहता और सुबह तक राधा से सदैव के लिए जुदा हो गया होता। मगर खुदकुशी से बच निकलना उससे भी बड़ी कायरता है।

रो-रोकर राधा को जगाना और फिर आत्महत्या का नाटक खेलकर राधा के वज्र जैसे मन को हिला देना—यही कुछ मोहन का मंतव्य था। इसमें कुछ सीमा तक उसे कामयाबी मिल गई। राधा के साथ रात का अंतिम प्रहर उसने विलास में बिताया और उसे मन में यह संतोष रहा कि अब जल्दी ही राधा मुझे मान लेगी और मेरे साथ चलने को राजी हो जाएगी।

सुबह होते ही दोनों शरमाते हुए उठे। राधा ने एक-दो दिन तक तो इस घटना को छिपाए रखा—फिर माँ को बता ही दिया। माँ ने कर्नल कपूर को बता दिया और मोहन के इस चरित्र के बारे में गुप्त मंत्रणाएँ चलने लगीं। उधर राधा के मन ने भी कुछ पलटा खाया।

राधा का दृष्टिकोण और चिंतन बदला-सा नजर आने लगा। उधर कर्नल कपूर ने राधा को समझाया—''देखो बेटी, कहीं कुछ गड़बड़ हो गई तो हमारी बड़ी बदनामी होगी। तुम एक बार फिर सोच, लो तुम्हें क्या करना है। या उससे कहो कि वह यहाँ से चला जाए, वरना…''

कर्नल कपूर सुलझे हुए अनुभवी व्यक्ति थे। वे मान-सम्मान और घर की प्रतिष्ठा को महत्त्व देते थे। उनको लगा कि राधा के लिए मोहन ने खुदकुशी उन्हीं के घर में कर डाली तो बहुत बुरा होगा।

राधा भी सोच में पड़ गई। मोहन सचेत था। वह समझ गया कि उस रात का खेल काम कर गया। अब एक और हल्का सा झटका लगाने की जरूरत है।

एक शाम मोहन चुप ही रहा। बड़ी उदास और बदकिस्मत जैसी शक्ल बनाए। उसने राधा को बुलाया और कहा, ''मैं जा रहा हूँ।''

राधा उसके उदासीन चेहरे से ताड़ न सकी कि वह क्या चाहता है! मुनिया को प्यार करके मोहन ने उसके सिर पर हाथ फेरा। नोटों से भरा अपना पर्स भी वहीं छोड़ दिया और चुपचाप चल दिया।

राधा ने उसे रोकने की कोशिश की, ''मुझे बता तो जाओ, कहाँ जा रहे हो?''

मगर मोहन खामोश ही रहा। 'बस अभी आ जाऊँगा मगर…' यह कहते हुए

वह निकल गया। राधा बड़े पशोपेश में पड़ी रही। वह रात भर इंतजार करती रही। रात के 12 बजे, 2 बजे, सुबह होने को आई। मगर मोहन नहीं आया।

राधा रात भर परेशान रही। पता नहीं मोहन क्या चाहता है? क्यों चला गया? कुछ कह भी नहीं गया। कहाँ गया? रात भर कहाँ रहा? सुबह यह बात राधा ने अपने डैडी को बता ही दी। सारी रात न आने से उन्हें चिंता हुई। उन्होंने दिन में भाग-दौड़कर उसका पता भी लगाना चाहा।

आखिर उनके मन में यह भय था कि कहीं मोहन कुछ कर न बैठे। सारी रात कहाँ चला गया? वह राधा को बताकर क्यों नहीं गया? यही बातें कर्नल कपूर को परेशान किए रहीं। उन्होंने अपने स्तर पर पता भी लगाने के लिए बहुत भाग-दौड़ की, मगर मोहन का कुछ भी अता-पता न लगा।

मोहन बहुत चालाक था। दूसरे दिन के बाद पिटा हुआ सा चेहरा लटकाए वह खामोश वापस आ गया। इस बीच गायब होकर राधा और उसके परिवार को खुदकुशी का नाटक दिखाकर विचलित करना ही उसका उद्देश्य था। वह पूरा हो गया। अब कर्नल कपूर उसे एक घड़ी भी आगरा में रखना ठीक नहीं समझते थे। वे राधा को श्रीनगर जाने के लिए समझाने लगे। राधा दो नाटकों के प्रभाव में आकर श्रीनगर जाने में कतराती थी। मगर माँ-बाप के समझाने पर उसके मन पर प्रभाव पड़ा और वह किसी तरह श्रीनगर जाने के लिए राजी हो गई।

राधा ने कहा, 'चलो सुबह का भूला शाम को घर आ जाए तो उसे भूला नहीं मानते।' उसने सोचा—'जब जागे तभी सवेरा मोहन अब जाग गया है। उसके लिए जान की बाजी भी लगाने को तैयार है। अब शायद वह कभी अपना पुराना रूप उसे नहीं दिखाएगा'—बस इसी खयाल में राधा बदल गई।

नया साल 1998 शुरू हुआ—नई उमंगों के साथ। राधा मुनिया को साथ लिये एक सुखी दंपती की भाँति मोहन के साथ श्रीनगर आ गई। सर्दी पड़ रही थी। मोहन भी उसे बहुत दुःखी और लाचार नजर आया। उसके आत्मसमर्पण ने उसे हिला दिया और नए सुख की खोज में भुलावों से दूर वह कश्मीर की वादियों में आ पहुँची।

5

फरवरी 1998 में राधा की शादी की तीसरी सालगिरह थी। राधा सोच रही थी कि तीसरे साल में शायद मेरा जीवन-चक्र बदलेगा। मोहन ने शहर से कुछ दूर रहने का मकान ले लिया था। यहीं पर उसका सारा परिवार माँ, बाप, बहन,

एक छोटा नौकर और एक सरकारी अर्दली वगैरह रहते थे। मकान मोहन के दफ्तर से कुछ मील दूर था।

श्रीनगर की आबो-हवा बहुत अच्छी थी। मोहन इस समय कैप्टन था और फील्ड एरिया में उसकी तैनाती थी। उसे श्रीनगर के आस-पास दिन में जाना पड़ता था। शाम होते ही वह घर लौट आता था या कभी-कभी श्रीनगर में ही फौज के हेडक्वार्टर्स में हाजिर रहता। शाम को समय से घर आ जाना, खाना खाना, पत्नी व मुनिया से मेल-मिलाप रखना आदि वातावरण जनवरी भर चलता रहा और राधा को तत्काल मोहन ने कोई शिकायत का मौका न दिया।

फरवरी आ गई। सर्दी धीरे-धीरे घट रही थी। वसंत का मौसम था। बर्फ गलने लगी और पहाड़ों पर लगे गुलनार, देवदार और चिनार के पेड़ों का स्वरूप बदलने लगा। उनपर नवयौवन आ रहा था। डल झील और वूलर झील का पानी भी साफ हो रहा था। राधा ने एक दिन मोहन के साथ डल झील में शिकारा में चलने का प्रस्ताव रखा। थोड़ी सी उलझन के बाद मोहन राजी हो गया।

दोनों शिकारे की सैर कर रहे थे। केसर के खेतों की महक से राधा का दिल बड़ा खुश था। वह सोचने लगी—वक्त भी एक सा नहीं रहता। दु:ख के बाद सुख की घड़ियाँ आखिर आती हैं। उन्हें कोई नहीं रोक सकता, जैसे रात के लंबे अँधेरे के बाद सूर्य के प्रकाश को कोई नहीं रोक सकता, वैसे ही दु:ख के बादलों के छँटने के बाद सुख की किरणों को रोकना असंभव है। राधा खुश थी। उसने सोचा, मोहन कितना खामोश है, वह सचमुच अब बदल ही गया है।

फरवरी का महीना बड़े सुख से कटा। सास-ससुर व ननद आदि का भी दबाव न था। मोहन का बरताव भी संतुलित था। इन दिनों राधा को मोहन के साथ घर की चारदीवारी से निकलने का मौका भी मिला। कई बार मोहन राधा को फौज के ऑफिसर्स क्लब में ले गया। दोनों साथ-साथ रहे। कई सहयोगी अफसरों से राधा का परिचय भी कराया। एक ही टेबुल पर खाना-पीना किया। इन सब घटनाओं से मोहन को भी ऐसा लगा कि राधा जैसी सुशील, सुंदर और एटीकेट्सवाली पत्नी उसके लिए गर्व की बात है। ऐसी पत्नी के साथ रहकर उसके ओहदे व इज्जत में चार चाँद लगते हैं।

उधर राधा को क्लब जाने व अफसरों के साथ बैठने-उठने में न कोई संकोच था, न कोई खुशी थी, बल्कि उसे सिर्फ यही सुख था कि उसका पति अगर उसकी मौजूदगी में ही क्लब में रहता है तो कोई उसके चरित्र पर कीचड़ नहीं उछाल पाएगा। कोई दुश्चरित्र स्त्री राधा के साथ रहने के कारण उसके आस-पास फटकने की कोशिश नहीं करेगी। उसकी जुआ, शराब आदि की बुरी आदतें राधा के साथ क्लब में रहने

के कारण नियंत्रित रहेंगी। कुछ समय के लिए उसे घर के अलावा नया और मनोरंजक वातावरण मिलेगा, जिससे उसका दिल बहलेगा और स्वास्थ्य अच्छा रहेगा। यही कुछ राधा का मंतव्य था।

मार्च आ गया। कई बार राधा मोहन के साथ पिक्चर भी गई। मनोरंजन आदि में दोनों का प्रेम बढ़ता ही था। राधा समझती थी कि मोहन अपने वायदों पर ठीक चल रहा है।

मार्च के अंत में राधा के पिता का एक पत्र आया। इससे पहले भी दोनों के बीच पत्र-व्यवहार श्रीनगर से आगरा और आगरा से श्रीनगर चलता रहता था। राधा जैसा महसूस करती, जैसा उसका समय बीतता, वह वैसे ही अपनी बहन व माँ को पत्र लिख देती और वह पढ़कर फूले न समाते। चलो, सुबह का भुला यदि शाम को भी घर वापिस आ गया तो उसे भूला नहीं कहा जाता।

राधा के सास-ससुर और ननद, जो मोहन से उम्र में छोटी थी, राधा के प्रति इन दो महीनों में थोड़े ढीले और उदासीन थे। कहते हैं, दूध का जला छाछ को फूँक-फूँककर पीता है। उन्हें भय था कि कई महीनों की तबाही और मिन्नतों के बाद तो मोहन राधा को घर वापिस लाने में सफल हुआ है, यदि अब जरा सी भी गलती हो गई तो पता नहीं अब जाने के बाद राधा लौटे भी या नहीं या राधा अपने पिता को फिर शिकायत भरा पत्र न लिख दे। इस तरह की बातों ने राधा की सास को अपने करतब दिखाने से रोके रखा।

कई बार मोहन व उसकी माँ आपस में खुस-पुस करते भी तो राधा उस पर ज्यादा ध्यान न देती। चूँकि सीधे उसे बीच में नहीं लपेटा जाता था, इसलिए वह कुछ बोलना भी अपनी बेवकूफी समझती और सुख-शांति के साथ रहने में ही परिवार का हित समझती।

आज जैसे ही राधा के पिता कर्नल कपूर का पत्र आया, उससे एक नया गुल खिला। कर्नल कपूर का तबादला हो गया। वे सेना में एक महत्त्वपूर्ण स्थान पर कलकत्ता जाने वाले थे। आगरा से बहुत दूर कलकत्ता। यहाँ से उनकी बेटी राधा भी बहुत दूर हो जाती थी। हजार मील से भी ज्यादा दूर। उनका कलकत्ता चले जाना, राधा के लिए एक धक्का सा था।

मगर राधा ने सोचा, पिछले दो-तीन महीनों से ढर्रा ठीक ही चल रहा है। शायद आगे भी ऐसा ही चलता रहेगा और मुझे तत्काल पिताजी के चले जाने से कोई विशेष परेशानी नहीं होगी। राधा पर इसीलिए इस बात की कोई विशेष प्रतिक्रिया नहीं हुई। मोहन के चेहरे के भाव पत्र पढ़कर कुछ चढ़े-उतरे। उसे लगा, जैसे किसी

शिकार को शिकारी के भय से मुक्ति मिल गई हो!

आज राधा का मूड कुछ अच्छा न था। पिक्चर चल रही थी—'अफसाना प्यार का'। राधा ने बड़े अजीज स्वर से मोहन से निवेदन किया—'चलो आज पिक्चर देखेंगे।'

"कौन सी पिक्चर?"

"अफसाना प्यार का"

मोहन ने एक बार कलाई पर बँधी घड़ी पर नजर डाली—"ठीक है, अभी दो घंटे हैं, तैयार हो जाओ।"

राधा झट-पट तैयार हो गई। तसवीर अच्छी थी। बीच में इंटरवल हुआ। दोनों ने एक-एक कोक पिया। अचानक मोहन ने चारों ओर नजर दौड़ाई—फिर एक नजर घड़ी पर डाली। सामने देखा, कैप्टन बोस भी कोक पी रहा था।

मोहन ने बोस को आवाज लगाई। बोस कोक पीता हुआ मोहन की ओर आ ही रहा था कि मोहन ने झट से राधा के कान में कहा—"राधा, मुझे अचानक एक काम याद आ गया है। मुझे अभी जाना है। तुम्हें मैं बोस से मिलवा देता हूँ। ये तुम्हें घर छोड़ देगा, बुरा मत मानना।"

एक बार तो राधा के चेहरे पर सलवटें पड़ गईं। मगर जब उसने देखा कि बोस करीब आकर खड़ा हो गया है। मोहन से हाथ मिलाया और राधा को हाथ जोड़कर अभिवादन किया तो वह कुछ भी मोहन से न कह सकी और चुप हो गई।

मोहन ने जो बात राधा से कही थी, वही बोस को कह दी और राधा को बोस के साथ कर मोहन फौरन ही इंटरवेल में भाग खड़ा हुआ। बोस बड़ी तकल्लुफ के साथ राधा को पिक्चर दिखाकर रात को अपने स्कूटर पर घर छोड़ता हुआ निकल गया।

घरवालों को भी अजीब सा लगा—"मोहन कहाँ गया?" सभी के मुँह पर एक ही सवाल था। राधा क्या उत्तर देती! उसने कह दिया कि वे किसी जरूरी काम से चले गए। मुझे कैप्टन बोस के साथ कर गए।

मोहन तो देर से घर लौटा। मगर राधा की सास को राधा के चाल-चलन पर शक करने का एक अच्छा-खासा मसाला मिल गया। इस मामले को लेकर झड़पें भी हुईं। राधा की सफाई का कोई असर न हुआ।

इस घटना ने तीन महीने से चल रहे राधा के जीवन और व्यवहार में एक नया मोड़ ला दिया। राधा को लगा कि वही लोग जो कल तक बड़े प्यार से पेश आते थे, आज इठलाकर और अकड़कर बातें करने लगे हैं। सास-ससुर की हर वक्त त्यौरियाँ

चढ़ी रहती हैं। ननद तरह-तरह के ताने देती है और घमंडी की तरह बातें करती है। वह राधा से बातें करते समय यह बिल्कुल भूल जाती है कि वह मोहन से काफी छोटी है और राधा का उसे आदर करना चाहिए।

इस घटना के बाद मोहन के व्यवहार में भी परिवर्तन नजर आने लगा। मोहन फिर एक दिन छोड़कर देर से आता। कभी-कभी शराब भी ज्यादा पी आता। यहाँ तक कि उसने राधा को क्लब ले जाना भी बंद कर दिया। सिनेमा गए हुए राधा को करीब बीस दिन हो गए। पहले मोहन स्वयं प्रस्ताव रखता था। अब वह इससे बचने लगा कि कहीं राधा स्वयं पिक्चर का प्रस्ताव न करे, वरना उसे ना करना होगा और फसाद बढ़ेगा। मोहन भी बोस आदि अन्य फौजी अफसरों से बातचीत करने और उन्हें अभिवादन करने या उनसे हाल-चाल पूछने पर कई बार राधा को डपट चुका था—'तुम इन्हें ज्यादा मुँह मत लगाओ राधा। ये फौजी लोग हैं। इनसे घुलना-मिलना तुम्हें शोभा नहीं देता।'

''मगर उन्हें सामने देखकर नमस्कार भी न करना बदतमीजी है। वे क्या कहेंगे कि मोहन की पत्नी कितनी बेतहजीब और घमंडी है! क्या नमस्कार करके हाल-चाल पूछना ही घुलना-मिलना है?'' राधा ने तमककर मोहन को करारा जवाब दिया।

''ये सब मैं नहीं जानता। बस तुम्हें मेरा हुक्म है कि तुम इन ऑफिसरों से बातें नहीं करोगी, न ही उन्हें अपने हाव-भाव दिखाकर रिझाने की कोशिश करोगी। तुम न मानो तो तुम्हारी मरजी है''—मोहन ने कड़ककर राधा से कहा।

''मगर मैं इन्हें कब जानती थी? इनके साथ टेबुल पर बिठाकर खिलानेवाले, पिक्चर में मेरा साथ छोड़कर इनके साथ मुझे छुड़वानेवाले आप ही हैं और बात करने पर आप उलटा रोब जमाते हैं।''—राधा ने झल्लाते हुए कहा।

''बकवास बंद करो। मैं जैसा कहता हूँ, वैसा करो।'' मोहन यह कहते हुए चला गया।

राधा के क्रोध की सीमा न रही। आज उसे मोहन का वही रूप नजर आने लगा, जो रूप बंगलौर में था।

राधा के साथ मोहन की इस झड़प से घर का वातावरण और बदल गया। राधा के ससुरालवालों को राधा से कहा-सुनी करने और झगड़ने की शह मिल गई। इन दिनों मोहन के कुछ रिश्तेदार भी घर में आ गए और सबने मिलकर राधा के खिलाफ एक वातावरण सा तैयार कर लिया।

आज ही राधा ने कलकत्ता पत्र लिखा। राधा ने अपनी मम्मी को लिखा—

'वह जैसा था, वैसा ही रहेगा। उसने आज ठीक 3 महीने बाद वैसा ही रूप फिर दिखाया है। अब घर में मुझ पर एक दासी जैसी बंदिशें और पहरे लग गए हैं।

मुझसे सभी घरवालों का व्यवहार बदल गया है। यहाँ तक कि मुझसे दुर्व्यवहार भी होना शुरू हो गया है। ऐसी हालत में मैं यहाँ आकर पछता रही हूँ। उस समय मैं उसके नाटकों में आ गई और अपनी आत्मा की आवाज के विरुद्ध भी आप लोगों के कहने से मैंने अपने मन को बदला और श्रीनगर आ पहुँची।

शुरू के दो-तीन महीने ये सब लोग और मोहन बड़ी मुश्किल से अपने व्यवहार और बरताव में संयम रख सके, मगर जैसे ही डैडी का तबादला आगरा से कलकत्ता हुआ, इन सभी को बड़ी खुशी हुई। खुशी इस बात की थी कि वे आगरा से बहुत दूर हटकर कलकत्ता पहुँच गए, जहाँ से वे मेरी पुकार सुनकर फौरन नहीं लौट सकेंगे। मेरी समझ में नहीं आता मैं इस हालत में क्या करूँ?

आपकी बेटी

राधा

राधा ने अपने पत्रों द्वारा दो-तीन महीनों में हुई सभी सुखद घटनाएँ तो पहिले ही बता दी थीं। इस पत्र में उसने हाल ही में हुई उन घटनाओं को लिखा, जो आशा के विपरीत थीं और मोहन के आगरा में घिघियाते और आत्महत्या का नाटक करनेवाले भेद भरे व्यक्तित्व को बेनकाब करनेवाली थीं।

जान-बूझकर राधा को सिनेमा या क्लब से अन्य अफसरों के साथ भेजना, फिर उसके चरित्र पर इल्जाम लगाना, घर में राधा के प्रभाव को अपनी माँ के सामने कम करके राधा को रिश्तेदारों के सामने जलील करना, उसपर पाबंदियाँ और बंदिशें लगाना—जिससे राधा यहाँ रहकर अपने सभी अधिकारों को भूलकर फिर यातनाओं की शिकार हो जाए और मोहन उससे पिछला बदला चुका सके।

इस धोखे भरी चाल और बरताव के पत्र को पढ़कर राधा के माँ-बाप को भारी धक्का लगा। वे फिर परेशान हो उठे।

उन्होंने राधा को पत्र लिखा—

'बेटी राधा, कुछ समय धीरज और रखो। अपनी ओर से मोहन को नाराज करने का या उसके परिवारियों को असंतुष्ट करने का कोई मौका न दो। फिर वे लोग तुम्हारे साथ जो व्यवहार करते हैं, उसे भगवान् का दिया समझकर सहने का प्रयत्न करो। हो सकता है ईश्वर उन सबों की बुद्धि फेर दे और मोहन और उसकी माँ को सद्बुद्धि दे!

तुम्हारी

मम्मी'

राधा को यह पत्र पढ़कर कुछ शांति और दिलासा मिली। मगर उसके मन में फैला हुआ संताप साँप के जहर की तरह उसके दिमाग में फैल रहा था। राधा की ओर से उसके पक्ष में बात रखनेवाला वास्तव में कोई न था।

मोहन का शह देना। उसे भड़काकर लड़ाना और राधा के माता-पिता को तरह-तरह के ताने देना, उनके बड़प्पन को नीचे उतारकर उन्हें जलील करते रहना—यही कर रही थी राधा की सास।

राधा सोचने लगी कि अब मैं मोहन से क्या कहूँ! मोहन ने मेरे सामने आत्मसमर्पण किया। आज वह मेरे खिलाफ बागी हो रहा है। ऐसी हालत में मैं क्या कर सकती हूँ—सिवाय इसके कि मैं अपने आपको यहाँ से हटा लूँ और अपने फैसले को बदलूँ! राधा यही सोच ही रही थी कि मोहन अचानक आ गया।

उसकी त्यौरियों पर बल थे। राधा को मोहन का वह मासूम चेहरा याद आने लगा, जो उसने आगरा में बना रखा था—कपड़े उतारते हुए मोहन बोला—"तुम अपने मम्मी-डैडी को क्या फिजूल की बातें चिट्ठियों में लिखती रहती हो।"

"क्या लिख दिया मैंने?"

"अभी जो तुम्हारे घर से चिट्ठी आई है—उससे साफ जाहिर है कि तुमने मेरी माँ और मेरे बारे में उन्हें मिसगाइड करने की कोशिश की है।"

राधा समझ गई कि यह चिट्ठी भी सेंसर हो चुकी है। अतः उसने ज्यादा बहस करना ठीक न समझा।

"देखिए जैसा मैं महसूस करूँगी और देखूँगी, मैं वही लिखूँगी। इसमें आपको कोई ऐतराज नहीं होना चाहिए।"

"नहीं, मैं यह पॉलिटिक्स पसंद नहीं करता।"

राधा को बड़ा अटपटा सा लगा। उसने 'ठीक है' कहकर बात टालने की कोशिश की।

लेकिन कई घंटों तक मोहन का मूड बराबर खराब ही रहा।

राधा ने सोचा ज्यादा उलझना ठीक नहीं है। अभी शुरुआत है। शायद दस दिन, बीस दिन में खुद ही इनमें परिवर्तन हो जाए। यह सोचकर वह खामोश रही।

खामोशी एक संगीन हथियार है, जो बड़ी-बड़ी शक्तियों और हलचलों को शांत कर देता है। नींद की तरह खामोशी एक बहुत बड़ी ताकत है, जो आदमी को जागने के बाद एक नई शक्ति देती है, पुनर्चेतना देती है। राधा ने भी इसी सिद्धांत को ठीक समझा और खामोशी की शरण ले ली।

6

जून का महीना था। कलकत्ता में जून के आरंभ से ही वर्षा शुरू हो जाती है। इन दिनों कर्नल कपूर आगरा से बदलकर कलकत्ता में थे। यहाँ उन्हें किसी खास बड़े काम से भेजा गया था। राधा के पास कभी-कभी उनकी चिट्ठियाँ आती रहती थीं। राधा भी उन्हें अपने और परिवार के बारे में लिख देती। राधा का जो अंतिम पत्र मिला, उससे उन्हें पुनः तकलीफ होने लगी। वह सोचने लगे कि आखिर किया क्या जाए? वे इसी प्रश्न पर बहुत बार सोचते रहे। कई बार अपनी पत्नी से भी राय ली, मगर कुछ रास्ता सूझ न पड़ा।

दरअसल लड़की का रिश्ता इतना नाजुक है कि इसमें कोई समझदार माँ-बाप उसके पति, ससुर या संबंधियों के मामले में दखलअंदाजी नहीं कर पाते। यदि कोई बात बुरी भी लगती है तो उसे बड़ी समझदारी से सुलझाना होता है। जरा सी देर में लड़की की जिंदगी खराब हो जाने का खतरा पैदा हो जाता है। इसी सोच में कर्नल कपूर मन-ही-मन परेशान रहते।

जून की दस तारीख थी। अँधेरी रात थी। रिमझिम-रिमझिम वर्षा हो रही थी। कर्नल कपूर की कोठी पर एक गोरखा चौकीदार पहरा देता था। वह लाठी और विसिल लिये चौकीदारी करता रहता। शहर से कुछ दूर पर यह कोठी थी। जहाँ आबादी घनी न थी। दूर-दूर पर कोठियाँ बनी थीं। रात के सन्नाटे में ऑर्डिनेंस क्लब हेस्टिंग्स एरिया जाने वाली सड़क पर बनी इस कोठी को अनेक बार कार, ट्रक या मोटरों की आवाज जगा देती। फिर भी चारों ओर कोठी की सुरक्षा की अच्छी व्यवस्था थी। लकड़ी के लट्ठों में काँटेदार तार बँधे थे। चारों ओर पेड़ों से भी कोठी को छायादार बनाया गया था। जंगल जलेबी की लंबी-चौड़ी बाड़ (हैज) भी कोठी के चारों ओर थी। यह बरसात में पानी पी-पीकर एकदम फूली हुई थी।

टन से घंटे ने एक बजाया। कलकत्ता शहर नींद की गोद में सोया था। गोरखा भी ऊँघ रहा था, गेट पर पड़ी कुरसी पर बैठा-बैठा। अचानक उसे लगा कि जंगल जलेबी की हैज को हवा झकझोर रही है। रिम-झिम की आवाज में उसे हैज के हिलने की आवाज तेज लगी। मगर नींद की ऊँघ में एक बार चौंककर वह फिर झपक गया।

अचानक दो आदमियों ने एक साथ गोरखे पर वार किया। एक ने तेजी से उसकी लाठी खींच ली और दूसरे ने उसका गला बाजू से दबा दिया। सहसा एक लाठी की चोट उसके सिर पर पड़ी और वह कुछ सोच भी न पाया कि क्या करे

और दो आदमी उसे घसीटते हुए झाड़ी की ओर ले गए। एक आदमी ने उसके छटपटाते हाथ और पैरों को रस्सी से बाँध दिया।

कुछ ही क्षणों में कोठी के दरवाजे पर ढक से आवाज हुई, जैसे किसी ने लाठी की मूठ दरवाजे पर मारी हो। यह दरवाजा कर्नल कपूर के बेडरूम का था। धक्के की आवाज से कपूर साहब जाग गए। उन्होंने बत्ती जलाई और खिड़की की ओर से आवाज लगाई—''बहादुर-बहादुर।'' मगर कोई जवाब न मिला।

कमरे में बत्ती जलते ही वह एक ओर छुप गए। कर्नल कपूर ने देखा कोई नहीं हैं। मगर बहादुर की भी आवाज नहीं है। इतने में ही उन्होंने दरवाजे की चटखनी खोलकर बाहर देखना मुनासिब समझा, ताकि यह पता चले कि दरवाजे को धक्का किसने मारा है। जैसे ही हाथ में टार्च लिए, कर्नल कपूर बाहर निकले, उन्हें चार-पाँच आदमियों ने घेरकर लाठी बरसाना शुरू कर दिया। उन्हें कुछ आदमी लाठियाँ मारते हुए बरामदे से उठाकर एक ओर ले गए और दस-बारह आदमी बेडरूम के दरवाजे से कोठी में घुस गए।

कर्नल कपूर के ठीक सिर पर जो लाठी का भयंकर बार हुआ, उससे कई इंच तक उनका सिर फट गया और वह बेहोश होकर एक ओर पड़े रहे।

सुबह कलकत्ता के प्रमुख अखबारों में बड़ी-बड़ी सुर्खियों में यह समाचार छपा—

''कर्नल कपूर के घर भीषण डकैती :
डाकू कर्नल को घायल करके भागे''

कलकत्ता में ही नहीं, देश भर के अनेक समाचार-पत्रों में यह बात बड़ी प्रमुखता के साथ छपी थी। यह समाचार श्रीनगर तक भी समाचार एजेंसियों की मारफत पहुँचा और अनेक पत्रों में प्रकाशित हुआ। राष्ट्र के बड़े-बड़े अंग्रेजी व हिंदी के अखबारों में सेना के अनेक लोगों ने यह खबर पढ़ी। जो लोग कर्नल कपूर को अच्छी तरह से जानते थे, उन्होंने उन्हें शोक व संताप के तार भेजे।

यह खबर मोहन के दोस्तों ने भी मोहन को पढ़कर सुनाई। हिंदी के पत्र 'हिंदुस्तान' दैनिक में 8वें पृष्ठ पर डबल कॉलम में शीर्षक के साथ यह खबर इस प्रकार छपी थी, जो मोहन को कैप्टन निर्मल ने ज्यों-की-त्यों पढ़कर सुना दी—

हिंदुस्तान 12 जून, 1998

'सेनाधिकारी के घर हजारों की डकैती :
डाकुओं द्वारा कर्नल की हत्या का प्रयास

(हमारे कलकत्ता स्थित संवाददाता द्वारा)

कलकत्ता 11 जून, 1998। कलकत्ता के हेस्टिंग्ज एरिया में स्थित कर्नल के.एल. कपूर की कोठी में कल रात भयंकर डकैती हुई। डाकुओं ने वर्षा व अँधेरे का लाभ उठाकर चौकीदार बहादुर को बाँधकर बगीचे में डाल दिया और ठीक एक बजे कर्नल कपूर का दरवाजा खटखटाया। जैसे ही वह बेडरूम से बाहर निकले, उनको लाठियों से बुरी तरह घायल करने के बाद डाकू घर में घुस गए और सेफ तोड़कर सारे जेवरात और नकदी लूट ले गए, जो करीब दस लाख रुपए की आँकी गई है।

अभी घायल अवस्था में कर्नल कपूर और उनकी पत्नी अस्पताल में भरती हैं। कर्नल कपूर के सिर में भयंकर चोटें लगी हैं। पत्नी की हालत काबू में बताई जाती है। यह इस इलाके में दूसरी भयंकर डकैती है और पुलिस डकैतों का पता लगाने में पहले भी असमर्थ रही है।

इस बार पुलिस को सख्ती से तहकीकात करनी चाहिए, ताकि जनजीवन की सुरक्षा हो सके। (प्रे.ट्र.)

इसी आशय का समाचार सभी पत्रों में छपा और कई दिन तक मोहन को लोग और उसके साथी अफसर टोकते रहे—'अरे मोहन! तुम अभी यहीं हो! अभी तक कलकत्ता नहीं गए? क्या बात है तुम्हें अपने श्वसुर साहब के यहाँ पड़ी डकैती का पता नहीं चला?'

ऐसे आश्चर्य भरे सवाल उसके मित्र करते और वह खामोश होकर 'हाँ-हू' कर लेता। मोहन के घर राधा को छोड़कर सभी को पता था कि यह भयंकर कांड राधा के पिता के घर हुआ है।

राधा के घर घटी इतनी बड़ी घटना मोहन ने उसे नहीं बताई। उसने उससे एकदम यह सब छिपाए रखा और मन में भयभीत भी रहा कि कहीं राधा जान न ले! मगर किसी तरह राधा को यह पता चल ही गया कि उसके पिता के साथ यह भयंकर दुर्घटना हुई है। हुआ यह कि कलकत्ता से दो तार राधा को एक के बाद एक मिले। एक तार कई दिनों के बाद राधा की नजर पड़ गया। राधा मोहन और उसकी माँ के चेहरे से बराबर ताड़ रही थी कि कुछ दाल में काला है। हँसना, बोलना और बातचीत का ढंग—सभी कुछ बदला सा है इन लोगों का।

राधा तार पढ़ते ही तिलमिला गई। वह मोहन के आने का इंतजार करने लगी। उसके क्रोध का बारापार न रहा। उसका मन हुआ कि वह बिना किसी को कुछ कहे सीधी उड़कर किसी तरह कलकत्ता पहुँच जाए।

मोहन जान-बूझकर राधा के पिता के प्रति सहानुभूति नहीं रखता था। उसने सोचा राधा को परेशान करने का, उसके घमंड को दूर करने का और जलील करके अपमान का बदला लेने का यही अच्छा मौका है। यही अच्छा अवसर है जब उसे ठीक करके अपने रंग-ढंग में ढाला जा सकता है।

उधर मौके का लाभ उठाकर उसकी माँ ने भी उसे भर दिया कि 'बेटा, यही मौका है, जब राधा को ठीक किया जा सकता है। अगर उसके बाप का बुरा हो गया तो उसकी अक्ल ठिकाने आ जाएगी।'

राधा को किसी तरह पता तो चल ही चुका था कि उसके पिता की हालत खराब है। वह फौरन मोहन को यह कहना चाहती थी कि वह यह सब क्या कर रहा है?

शाम को जैसे ही मोहन घर आया। वह अलग ले जाकर उस पर बरस पड़ी—''तुम कितने जालिम और अन्यायी हो?''

''क्यों क्या हुआ?''

''मुझी से पूछते हो, क्या हुआ? तुम्हें शर्म नहीं आई। मेरे पिता के साथ इतनी बड़ी दुर्घटना घटी और तुमने मुझे दो शब्द न कहे। मुझसे इसे छिपाए रखा। यह सब धूर्तता नहीं तो और क्या है?''

''चुप रहो। मैंने जो कुछ किया है, ठीक ही किया है। भूल जाओ अपने बाप को। तुम नहीं जा सकती।''

''नहीं मुझे जाने दो, ऐसा अन्याय मेरे साथ ठीक नहीं।''

''क्यों नहीं? तुम्हें ठीक करने का बस यही तो एक मौका है।''

''मगर मेरे पिता की हालत कौन जाने नाजुक हो।''

''तो क्या हुआ। याद रखो। तुम्हारा बाप अगर मर भी गया और मेरे पास खबर आएगी? तब भी तुमको वहाँ नहीं जाने दिया जाएगा।''—मोहन ने कड़ककर कहा।

''नहीं, ऐसा मत करो।''

''ऐसा ही होगा। तुमसे बदला लेने का यही तो मौका है। तुम्हारे बाप की धूँ-धूँ करके चिता जलेगी और तुम यहाँ रोओगी, तड़फोगी और जलोगी—मगर अपने बाप की चिता को नहीं देख सकोगी। हमेशा के लिए तुम्हारे माँ-बाप का नाटक खत्म ही हो जाएगा।''—मोहन ने झल्लाकर कहा।

राधा बहुत देर तक बड़बड़ाती रही। उसका बड़बड़ाना सुनकर उसकी सास आ गई और झल्लाकर बोली—''क्यों ज्यादा बक-बक कर रही है। क्या पहाड़ टूट

पड़ा तेरे बाप पर, डकैती ही तो हुई है न–वह मरा तो नहीं, जो तुझे और मोहन को फौरन भेजें? तू कलकत्ता हरगिज नहीं जाएगी।''

यह सुनकर राधा चुप हो गई और मोहन भी खामोश होकर चला गया। मगर इस बात से राधा जान गई कि घरवाले सबकुछ जान चुके हैं। केवल मुझसे छिपाने की जान–बूझकर कोशिश की गई है।

राधा की सास के दिल में शुरू से ही राधा के पिता से एक रंजिश सी जमी थी। राधा को लगा जैसे मेरे पिता के साथ हुई डकैती और उनके बुरी तरह घायल होने से मोहन की माँ के दिल पर एक मरहम सा लगा है। उसे इस घटना के प्रति बजाय संवेदना और सहानुभूति के भयंकर हर्ष और खुशी सी हुई है। राधा की सास ने जिस तरह के उलाहने दिए और राधा को धमकाया, उससे राधा की शंका और पुष्ट हो गई।

मोहन के कान राधा और उसके पिता के खिलाफ और भर दिए गए। मोहन का मुँह फूल गया और राधा को तुरंत कलकत्ता ले जाने की अपेक्षा वह उलटे उस पर रोब झाड़ने लगा और बुरी–भली कहने लगा। इसी खींचा–तानी में कई दिन निकल गए और राधा के कलकत्ता जाने की बात घर के क्लेशपूर्ण वातावरण में बदल गई।

आधी रात बीत गई। राधा की आँखों में नींद नहीं थी। वह हर पल अपने माँ और पिता की स्थिति जानने को चिंतित थी। कमरे में अँधेरा था। मोहन आ चुका था। खूब शराब पिए हुए अपनी चारपाई पर खर्राटे ले रहा था।

रात को दो बजे। राधा बराबर जाग रही थी। उसकी आँखों में नींद कहाँ! वह सोच रही थी कि मैं यहाँ से भागकर किसी तरह निकल जाऊँ या क्या करूँ? क्या किसी भले पुरुष की सहायता लूँ? अपनी ओर से तार दे दूँ कि—'पिताजी मैं स्वयं कैद में हूँ।-एक परकैंच पक्षी की तरह, जो उड़कर तुम्हारे तक नहीं आ सकती।' मन के इसी ज्वार–भाटे के बीच राधा अपलक जाग रही थी। सहसा मोहन उठा और एकदम राधा के पास आकर लेट गया। वह जाग चुका था और वासना से पीड़ित होकर राधा पर प्यार की बौछार करने लगा, जैसाकि स्वाभाविक है।

राधा का चिंतन एकदम टूट गया। कुछ पल के लिए उसे लगा कि मोहन अपनी वासना की तृप्ति के लिए यह ड्रामा कर रहा है, इसलिए मीठी–मीठी बातें करके राधा को खुश कर रहा है।

मोहन बोला—''राधा माँ जो कहती है, तुम उन बातों की परवाह मत किया करो, उसका तो स्वभाव ही विचित्र है। हर वक्त तनी–फनी रहती है।'' यह कहते हुए वह रूठी हुई राधा को मनाने लगा। राधा प्रेमालाप के लिए एकदम तैयार न थी

और मोहन का सहसा इतना प्रेम देखकर उसका बिदकना स्वभाविक ही था।

आखिर मोहन प्रेम, आलिंगन और रति की इति में सफल हो गया। रात के तीन बजे थे। मोहन फौरन सो गया, राधा के पास ही। मगर राधा की आँखों में नींद कहाँ थी। थोड़ी देर बाद मोहन की तंद्रा टूटी। उसने कहा—"तुम्हें नींद नहीं आ रही, क्या बात है?"

राधा ने कहा—"बस मोहन जल्दी-से-जल्दी किसी तरह तुम मुझे कलकत्ता पहुँचा दो।"

"तुम पागल हो जाओगी। हर वक्त कलकत्ता, कलकत्ता! तुम्हारा मन माँ-बाप में ही रहता है या मेरे में भी कभी रहता है"—मोहन ने एकदम रूख बदला।

"क्या माँ-बाप से प्यार कोई पाप है? माँ-बाप के दुःख में बेटी को सहानुभूति दिखाने का कोई अधिकार नहीं?"—राधा ने कहा।

"नहीं, जब मैं तुम्हारा पति तुम्हारे माँ-बाप को ज्यादा लिफ्ट नहीं देता तो तुम्हें भी उन्हें भूल जाना चाहिए। अगर तुम माँ-बाप में इतनी लिप्त हो तो तुम्हें शादी ही नहीं करनी थी। वहीं रहना था।"

"यह कोई तर्क नहीं है। कल को मैं भी तुमसे यही पूछूँ तो शायद तुम भी इसका जवाब नहीं दे पाओगे।"

"ठीक है, यह समझ लो कि मैं तुम्हें नहीं भेजना चाहता, बस।"

"तुम खुद भी नहीं जाना चाहते। मुझे भी नहीं भेजना चाहते तो कम-से-कम मेरे पिता की खबर तो मँगवा दो कि अब मम्मी-डैडी की क्या हालत है!"—राधा ने बड़ी विनती करते हुए कहा।

"बस करो। तुम्हें पता होना चाहिए कि मैं रोज हेडक्वाट्‌र्स से बातें कर रहा हूँ कि तुम्हारा बाप बजाय सही-सलामत होने के कब मरनेवाला है। जिस दिन वह मर जाएगा, उस दिन मैं तुम्हें खबर पहुँचा दूँगा और हमेशा के लिए तुम्हारा जाऊँ-जाऊँ का झगड़ा खत्म कर दूँगा।"—मोहन ने अपनी चालबाजी का बयान खुद ही दे डाला।

"शटअप।"—राधा तमक उठी और उठकर खड़ी हो गई—"तुम जलील हो—धोखा देना तुम्हारी फितरत है। अभी दो घंटे पहले अपने मतलब के लिए मेरे से चिकनी-चुपड़ी बातें बना रहे थे और काम निकल जाने पर उलटी-सीधी बातें कर रहे हो। मैं यहाँ अब एक पल भी नहीं रह सकतीं। अगर तुम मुझे नहीं भेजते न भेजो—मैं किसी तरह यहाँ से निकल ही जाऊँगी—यह कहकर राधा बेडरूम से बाहर आ गई। मोहन भी पीछे-पीछे खिसियाकर बाहर आ गया।

"मैं तुम्हारी अक्ल ठिकाने कर दूँगा। देखूँ, तुम कैसे जाती हो कलकत्ता!"—मोहन ने झल्लाकर कहा।

सुबह के पाँच बज गए। इसी गुल-गपाड़े को सुनकर सभी जाग गए। मोहन की माँ समझ गई कि रात भर मियाँ-बीबी का झगड़ा चलता रहा है। उसने सुबह के वक्त बोलना ठीक न समझा। वरना कई बार उसका मन किया कि वह फौरन मियाँ-बीबी के झगड़े में कूद पड़े, जैसी कि उसकी आदत थी। मगर आज वह चुप रही।

राधा ने आज चाय-वाय कुछ न बनाई और न ही पी। वह सुबह से बेडरूम में जाकर रोने लगी। उसे मोहन की बात बुरी तरह चुभ गई और वह तरीका सोचने लगी कि किसी तरह यहाँ से निकला जाए और फिर हमेशा के लिए छुटकारा मिले।

आज सुबह की इस घटना से घर में विषमता और विषाक्तता का एक नया वातावरण बन गया। मोहन के दफ्तर जाते ही राधा की सास ने अपना काम शुरू कर दिया। वही रोज की तरह बड़बड़ाहट, गाली-गलौज, राधा के माता-पिता को कोसना और वही उलाहनें भरी चर्चाएँ, पिछली बातों को उखाड़ना और राधा को घर से बाहर न जाने देने की धमकियाँ। मगर राधा डटी रही। उसने गांधीजी की तरह आज से पूरा असहयोग और सविनय अवज्ञा का आंदोलन छेड़ दिया। न खाना, न पीना, बस रोना और घर में कोई भी काम-धंधा न करके अपने को सबसे अलग-थलग रखना। यही वातावरण कई दिन तक चलाता रहा।

7

कुछ दिनों में कर्नल कपूर ठीक हो चले। उनका पुत्र भी अपने पिता को देखकर वापिस ड्यूटी पर चला आया। उनकी पत्नी को मामूली चोटें लगी थीं। वे जल्दी ठीक हो गईं। मगर डकैतों का अभी तक कुछ पता न चल सका। सिर्फ इतना ही पता चल पाया कि यह डकैती कलकत्ता के पेशेवर डकैतों ने डाली है।

उधर श्रीनगर में राधा पर अब कड़ी पाबंदियाँ लग चुकी थीं। राधा का घर से बाहर जाना, बाहर से आए आदमी से बातें करना—सभी कुछ बंद था। राधा अब कलकत्ता जाने की आशा छोड़ चुकी थी। राधा ने अनेक प्रयत्न करने के बाद यह समझ लिया कि मेरे माँ-बाप और मोहन की माँ का पूर्व जन्म का ऐसा बैर है कि वे उनकी बातों से चिढ़ते हैं। यहाँ तक कि मोहन पर भी मेरे माँ-बाप के बारे में छिड़ी बात की उलटी ही प्रतिक्रिया होती है, जिसका परिणाम झगड़े या भयंकर क्लेश में निकलता है।

शांति से रहने में राधा खामोश तो सभी को दिखाई देती थी, मगर घरवालों को उसकी खामोश में भी एक बगावत की सी बू आती थी। इसका मुख्य कारण यह था कि राधा से रोजमर्रा के लड़ाई-झगड़े बिना उसकी सास को चैन नहीं पड़ता था।

राधा अपनी खामोशी में स्वयं ही घुलती। मोहन एक रात फिर राधा के पास आ गया। पहले उस पर 'काम' का भूत सवार था, जिसे उतारने के लिए उसने पुनः राधा को मनाने की चेष्टाएँ कीं।

भूत उतरते ही मोहन पर एक और भूत सवार हो गया। उसने आधी रात गए राधा को एक पत्र पढ़कर सुनाया। उसने राधा की माता-पिता के प्रति कमजोरी का लाभ उठाते हुए कहा कि अब राधा को ठीक करना चाहिए। मोहन के मन में बदला लेने की भावना बलवती हो गई। उसके मन में था कि राधा को हमेशा अपने माँ-बाप की हिमायत रहती है और इसी कारण अनेक बार मुझे अपमान सहना पड़ता है। जैसा मैं चाहता हूँ, वैसा वह नहीं करती और न ही मेरी माँ के हिसाब से चलती है। अब अच्छा मौका है राधा को सताने का, उससे बदला लेने का और उसे पूरी तरह दासी बनाकर रखने का। इस तरह उसपर बदले का भूत सवार हो गया।

उसके मन में बदला लेने की भावना जागी—अपमान का बदला अपमान से। उसने राधा से कहा—"अभी तुम अपने डैडी को भूलीं या नहीं?"

"क्या मतलब है तुम्हारा डैडी से? तुम तो इतने झूठे और निष्ठुर निकले कि अपनी इनसानियत को छोड़ बैठे।"

इस पर मोहन ठहाका मारकर पिशाच जैसी हँसी हँसा। फिर उसने कहा—"देखो, तुम एक ही नाव में पैर रख सकती हो, दो मैं नहीं। या तो अपने पिता-माता को समझो या मुझे समझो।"

"ये सब मूर्खता भरी बातें हैं। माँ-बाप को दुनिया में कोई, जिसे उन्होंने पाला है, कैसे भूल सकता है? फिर मुसीबत के वक्त में तो हरगिज नहीं"—राधा ने कहा।

"अगर तुम उन्हें नहीं भूल सकतीं तो उन्हें तुम्हें हमेशा के लिए भूल जाना होगा।"

"तुम्हारा कलकत्ता जाने का ख्वाब कभी पूरा न होगा।" यह कहते हुए मोहन ने वह पत्र पढ़ना शुरू किया, जो उसने कर्नल कपूर को राधा के बारे में लिखा था। वह पत्र इस प्रकार था—

'मिस्टर कपूर,

आपके यहाँ डकैती पड़ी। आपके काफी चोटें आईं और घायल भी हुए। यह

भगवान् ने आपको अपने पापों की सजा दी है। आपने अपनी प्यारी बेटी को लाड़-प्यार में इतना ज्यादा बिगाड़ा है कि वह पति और सास-ससुर के साथ ठीक तरह नहीं रह सकती।

मगर इसकी सजा भी अब आपको भोगनी होगी, क्योंकि अब वह आपकी बेटी नहीं, मेरी पत्नी है। उसपर हर तरह से अधिकार मेरा है। अब आप भूल जाइए कि राधा आपकी लड़की है। राधा आपकी अब हरगिज नहीं। आप उससे इस जन्म में तो क्या अगले जन्म में भी नहीं मिल सकेंगे।

कानूनी तौर पर अब राधा पर पूरी तरह मेरा अधिकार है। आपके अधिकार और हकूक अब राधा पर पूरी तरह से खत्म हो गए हैं। अब एक ही रास्ता आपके सामने है कि आप हमेशा के लिए अपनी राजदुलारी को भूल जाएँ या याद करके अपने आपको तड़फाते रहें।

अगर आप अपनी लड़की की याद में तड़फते हैं तो यह भी आपको एक बड़ी सजा होगी और आपने जो भी किया है, उसके पश्चाताप की आग में आप मरते दम तक जलते रहेंगे और जिंदगी में कभी भी मुनिया या राधा को नहीं देख सकेंगे।

अब आप समझ गए होंगे कि आपको क्या करना है! आप अब मेरे यहाँ चिट्ठी डालना बिल्कुल बंद कर देंगे और राधा को कोई पत्र नहीं लिखेंगे। न ही आप राधा को बुलाने की कोशिश करेंगे। वरना···

तुम्हारा दामाद,
कैप्टन मोहन'

मोहन ने उस रात एक-एक शब्द राधा का पढ़वा दिया और उसी के सामने उस पत्र को मोड़कर लिफाफे में डालकर चिपका दिया। मोहन ने बड़े दंभ से राधा की ओर देखा। राधा की आँखें डबडबा आईं। आँसू टपककर गालों पर गिरने ही वाले थे।

आज राधा की समझ में साफ-साफ आ गया कि मोहन आदमी के वेश में शैतान है। उसे समझने में राधा को अब कोई कसर नहीं रह गई। राधा ने रोते हुए एक सुबकी ली और गिड़गिड़ाते हुए मोहन से कहा—''सुनिए।''

''बोलो।''

''भगवान् के लिए यह चिट्ठी डैडी को मत डालिए। क्योंकि इसे पढ़कर उन्हें भारी धक्का लगेगा। वे धैर्यवान होते हुए भी दुःखी होंगे, उन्हें चोट लगेगी।'' राधा ने कहा।

''उन्हें चोट लगे, यही तो मैं चाहता हूँ। वे तो बहुत बड़े लोग हैं न''—मोहन ने ताना मारते हुए कहा।

''इसलिए कि भगवान् जिसको बेटी देता है, उसका दिल और दिल का दर्द समझने के लिए उसे मोम बना देता है, जो ससुरालवालों और दामाद की बातों से पिघलने लगता है और बेटी का बाप अंदर-ही-अंदर रो पड़ता है।''

''मगर इसमें बुरा क्या है? मैं तो खुद चाहता हूँ कि तुम्हारा बाप, माँ, बहन, भाई सभी तुम्हारे लिए तड़फें, रोएँ और तुम्हें कभी न पा सकें। तुम हमेशा मेरी कैद में तड़फती रहो।''

''मैंने तुम्हारे जैसा जालिम और जल्लाद आदमी कभी नहीं देखा। कहानियों में पढ़ा करती थी कि कोई राक्षस या शैतान भी होते हैं। मगर तुम वास्तव में शैतान हो''—राधा सहमकर चुप हो गई।

''सुनो, एक आखिरी बात कहती हूँ। भगवान् ने तुम्हें भी एक बेटी का बाप बनाया है। तुम्हारे सीने में मेरे और मेरे पिता के प्रति जो फौलादी दिल है? वह उस वक्त मोम की तरह पिघलकर बह जाएगा, जब तुम अपनी बेटी की शादी करोगे।''

''छोड़ो कल क्या होगा, इसे कौन जानता है? आज की बात करो। हो सकता है मेरी बेटी बड़ी होकर शादी ही न करे।''—यह कहकर मोहन ने राधा की बात अनसुनी कर दी।

आखिर मोहन ने वह पत्र राधा के डैडी कर्नल कपूर को डाल दिया। खत पाते ही उनकी दुराशाओं की पुष्टि हो गई। जो उन्हें डर था, वही हुआ। राधा का कलकत्ता न आ सकने का कारण अब साफ हो गया। वे समझ गए कि मेरी बेटी जरूर मुसीबत में है।

एक महीना से ऊपर हो गया। कर्नल कपूर ठीक होकर घर आ गए। डकैती की बात काफी पुरानी पड़ गई। उन्होंने सोचा काफी परेशानियों में वक्त कटा है, अब थोड़े दिन छुट्टी लेकर दिल्ली चला जाए।

कर्नल कपूर के अधिकांश रिश्तेदार पंजाब, दिल्ली व कश्मीर में थे। बहुत से रिश्तेदार उन्हें कलकत्ता काफी दूर होने की वजह से देखने न आ सके। उनके लिए उनका दिल्ली आ जाना अच्छा रहा। जैसे ही वह दिल्ली पहुँचे, उनके मिलनेवालों का ताँता लग गया। काफी लोगों ने उन्हें देखा, डकैती की भयंकर दुर्घटना का हाल पूछा और गहरी संवेदना प्रकट की।

कर्नल कपूर कलकत्ता से दिल्ली आ पहुँचे। उनके मन में राधा के बारे में गहरी कसक थी। दिल्ली तक पहुँच जाने पर उन्हें लगा कि अब वह श्रीनगर के

नजदीक आ गए हैं और शायद राधा और मोहन के मामले को सुलझाने में सफल हो जाएँ। इसी पशोपेश में वे थे। मगर उन्होंने मोहन की वह ताड़ना भरी चिट्ठी मिलने के बाद कोई पत्र उसे नहीं डाला।

कर्नल कपूर दिल्ली में अपनी छुट्टियाँ बिता ही रहे थे कि सहसा उन्हें अपने छोटे भाई का पत्र मिला। उनका भाई भी सेना में उच्च अधिकारी था और इस समय बारामूला में उसकी तैनाती थी।

कर्नल कपूर के भाई ने उन्हें पत्र में दिल्ली आकर उनसे मिलने की इच्छा प्रकट की।

8

शाम हो चुकी थी। पक्षी अपने-अपने नीड़ों में वापिस आ चुके थे। राधा का नीड़ ऐसा था जहाँ उसे भोर से साँझ तक और साँझ से भोर तक काटना पड़ता था। उसकी हर गतिविधि पर एक चौकसी थी, पहरा था। हर परिवार का व्यक्ति उसे शुबाह की नजर से देखता था। उसकी खामोशी में भी उन्हें एक उलझन और भेद नजर आता। ये भेद और उलझन राधा के मन में तो नहीं था, वह तो पूरी तरह हारकर आत्म-समर्पण कर चुकी थी—परिस्थितियों के आगे, मोहन के सामने और उसके परिवार के समक्ष।

किंतु उसके आत्म-समर्पण से भी मोहन की माँ को संतोष न मिला। उसे यह मन-ही-मन लगा कि राधा भोली, वफादार और सच्ची लड़की नहीं है। इसकी खामोशी बता रही है कि वह जरूर ही अब कोई षड्यंत्र घर में रचनेवाली है। हो न हो, यह किसी तरह अपने पिता को भी खबर कर दे या न जाने अंदर-ही-अंदर क्या कर डाले! कहीं खुदकुशी न कर डाले! इस तरह अनेक प्रकार के संदेह और उपक्रम राधा की सास के मन में बनते और फूटते रहते।

राधा की सारी आजादी, नारी सुलभ भार और दायित्व सभी छीनकर, उस पर कड़े पहरे और प्रतिबंध लगाकर भी उसकी सास चैन न पा सकी और मोहन को अपने ढंग से भड़काने का काम बराबर करती रहती।

राधा आज बड़ी उदास थी। आज घर में मोहन की तरफ के कई रिश्तेदार आए हुए थे। वह तन्मय होकर अपने आपको और दुःखों को भूलकर उनकी सेवा-सुश्रुषा में लगी थी। सभी रिश्तेदारों को दिखाने के लिए मोहन और उसकी माँ बार-बार उस पर तरह-तरह से रोब झाड़ते। फिर भी राधा ने अपने होंठ सीं लिये थे।

उसने कुछ भी कहने, बोलने या शिकवा-शिकायत करने की कसम खा ली। उसने सचमुच मन में यह ठान लिया कि मैं बड़े धीरज और साहस के साथ इनके जुल्मों का सामना करूँगी। संगीन खामोशी में रहकर हाथ-पैर चलाते हुए इनका काम करूँगी। दासी जैसा जीवन बिताऊँगी। हो सकता है, इतना गिरने से इनके मन में मेरे प्रति कोई दया या करुणा का भाव पैदा हो जाए!

किंतु व्यक्ति का सोचा कभी नहीं होता, होता वही है जो वह सोचता है— 'मेरे मन कुछ और है, विधना के कुछ और।' राधा को खामोशी से एक नई ताकत मिल रही थी।

राधा की सास ने आज शाम सभी संबंधियों को इकट्ठा कर उनकी पंचायत बिठाई। इस पंचायत में आज राधा को मुलजिम बनकर पेश होना था। उसके भविष्य के बारे में उस पंचायत को फैसला सुनाना था।

राधा की सास सजी-धजी ड्राइंग रूम में सबको इकट्ठा करके बैठ गई। वह कई दिनों से बराबर इन सभी रिश्तेदारों के कान राधा के खिलाफ भर रही थी। आज उन सबके सहयोग से वह राधा का सार्वजनिक अपमान कर उसे सदैव के लिए ठंडा कर देना चाहती थी। मोहन भी इस पंचायत का एक प्रमुख पात्र था।

पंचायत की काररवाई शुरू हुई। राधा की शिकायतों का पुलंदा खोलते हुए राधा की सास ने कहा—

''देखो जी, आज मोहन की शादी हुए तीन वर्ष हो चुके। एक बेटी भी पैदा हो गई—मगर राधा की आदतों में जरा भी फर्क नहीं पड़ा।'' मोहन की माँ ने अपने भाई की तरफ आँखें मटकाते हुए कहा। मोहन का मामा भी इन रिश्तेदारों में था, जो यहाँ ठहरे हुए थे और पंचायत में शामिल थे।

''ठीक है जी, अब तो राधा बच्चे की माँ है। इसे घर-गृहस्थी की बातों को समझना ही चाहिए।''—मामा ने अपनी बहन की 'हाँ में हाँ' मिलाते हुए कहा।

राधा खामोश थी।

''सुनो, अपने बाप की लाड़ली जी। अब तुम्हें अपना घर ठीक रखना है। अपने मर्द से प्यार है और उसके साथ रहना है तो हमेशा के लिए अपने माँ-बाप को भूल जाओ। खबरदार, जो कभी जिंदगी में उनका नाम भी लिया तो!''—राधा की सास ने ज्यादा बहस न करके बात सीधी ही सामने रख दी।

''ठीक है।''—पंचायत के सभी सदस्यों ने इसका समर्थन किया।

राधा मौन थी।

''जवाब दो न भाभी—चुप क्यों हो?''—ननद ने टोका।

राधा के मन में तूफान उमड़ा—

वही एक बात बार-बार—'अपने माँ-बाप को छोड़ दो। अपने माँ-बाप को भूल जाओ।' कोई और भी इलजाम है, इसके सिवा। यही बात राधा ने मन में दोहराई। मगर वास्तव में राधा के पास सिवा खामोशी के कोई चारा न था। वह सभी एकमत जजों के बीच अकेली फँसी थी। कोई उसका पक्ष रखनेवाला न था। वह जानती थी कि मोहन तो शैतान है, उसकी जुबान पर भी यही रट है, वह भी उसके विरुद्ध है। वह क्या करे। क्या उत्तर दे।

कुछ देर राधा चुप रही। सोचने लगी, क्या उत्तर दूँ! इतने में ही राधा की चुप्पी पर, झल्लाकर मोहन बोल उठा—

"अपने माँ-बाप की राजकुमारी जी, खामोश क्यों हो गई? कोई जवाब नहीं है तुम्हारे पास?"

राधा फिर चुप रही।

"क्या पति और पिता में से एक को चुनना मुश्किल हो रहा है? याद रखो, चुनाव का निर्णय लेने से पहले दो बातें जरूर सोच लेना।"

'क्या?' राधा ने धीरे से मोहन की ओर देखकर कहा।

"पहली बात तो यह कि अब तुम सोलह साल की नई-नवेली दुल्हन नहीं रह गई हो। तुम अब सेकिंडहैंड हो चुकी हो—याद रखो सेकिंडहैंड। दूसरे, तुम एक लड़की की माँ भी हो। तुम्हारा रुतबा और मार्केट अब वो नहीं रहा। जहाँ भी जाओगी, ठुकराई जाओगी।"—मोहन ने शरारत भरी नजर से देखते हुए भरी पंचायत में राधा को यह सब जता दिया।

राधा सोचने लगी—क्या यह सच है! क्या मैं वास्तव में सेकिंडहैंड हूँ? एक बच्चे की माँ हूँ। वह मन-ही-मन यह सोच ही रही थी कि मोहन फिर बोल उठा—

"इस हालत में तुम जाना चाहो तो जा सकती हो अपने पिता के यहाँ। लेकिन याद रखो मुनिया तुम्हारे साथ नहीं जाएगी। मुनिया यहीं रहेगी। और यह भी याद रखो कि तुम यहाँ से जाकर अपने माँ-बाप पर बोझा ही बनोगी। तुम्हें अपने पास इस हालत में रखकर वे सुखी नहीं होंगे।"

राधा को कुछ पलों तक मौन देखकर उसकी सास हुँकार उठी—

"सोच क्या रही हो? तुम्हें दो में से एक को ही चुनना है—पति या पिता।"

राधा ने फिर सोचा और व्यर्थ के वितंडावाद से बचने के लिए चट से मुँह खोल दिया—

"ठीक है, मैं अपने माता-पिता को छोड़ दूँगी और पति के साथ ही यहाँ रहूँगी।"

सब राधा का उत्तर सुनकर सहसा खामोश हो गए। उनके पास कोई उत्तर न था। पंचायत बरखास्त हो गई। राधा की सास ने चैन की साँस ली।

राधा स्थिति को समझ चुकी थी। वह जान गई कि जब ये सब एक ही धुन में हैं और मेरे माँ-बाप के प्रति इनके मन में कटुता और 'इंफिरियटी' की भावना जमी है तो उसे मानकर ही मैं चुपचाप यहाँ रह सकूँगी, जब तक कि मुझे यहाँ रहना है।

रात खामोशी से निकल गई। दोपहर का समय था। दरवाजे पर कार का हॉर्न बजा। सेना के अधिकारी की वरदी में एक अधेड़ दरवाजे पर दस्तक देने लगा। नौकर ने दरवाजा खोला। सौभाग्य से राधा सामने ही खड़ी थी। वह दौड़ पड़ी—"गुड आफ्टर नून अंकल, आप अचानक कैसे आ गए?" यह कहकर राधा ने अपने चाचा की अगवानी करनी चाही।

यह आवाज राधा की सास के कान में भी पड़ गई। वह फौरन झपटी और आगे आकर उन्हें ड्राइंगरूम में बैठा दिया और कोई काम बताकर राधा को वहाँ से हटा दिया। मन में बड़बड़ाती हुई राधा की सास बोली—"आप अचानक कैसे आ गए?"

"कितनी मक्कार है राधा—हमें दिखाना चाहती है जैसे इसका चाचा अचानक आया है। ये सब इसकी जालसाजी है। मैं खूब समझ गई, यह चुप क्यों रहती है। इसने चोरी से खत लिखकर बाप के बजाय चाचा को बुलाया है। शायद यहाँ से पीछा छुड़ाकर भागना चाहती है, मक्कार कहीं की।"—उसकी बुदबुदाहट राधा समझ गई। एम.के. भी ताड़ गए कि स्थिति कुछ उलटी सी है।

राधा की सास चाचा के पास आकर बैठ गई और औपचारिक बातें करने लगी।

"कहिए जी, आज कैसे रास्ता भूल पड़े? आप तो इतने दिनों से कभी मिले ही नहीं, न ही इधर आए।"

"मैं दरअसल दिल्ली जा रहा हूँ। इन दिनों भाई साहब दिल्ली में हैं और कुछ दिन रहेंगे भी। सोचा, साथ में क्यों न राधा को ले चलूँ!"

हाँ-हाँ क्यों नहीं, मगर मोहन तो घर में नहीं है। पता नहीं वह इसे जाने भी दे या नहीं।" उसने मोहन का नाम लेकर बहाना बनाया।

राधा को तो सास ने पहले ही एक ओर कर दिया था। अब उसकी सुनने का

प्रश्न ही न था। बातचीत का औपचारिक दौर चल रहा था और राधा की सास घुमा-फिराकर राधा के बारे में कुछ उलाहना उसके चाचा को सुना रही थी।

इतने में ही मोहन आ गया। पहले तो बाहर गाड़ी देखकर मोहन सकपकाया। उसे डर लगा कि कहीं कर्नल कपूर तो अचानक नहीं आ गए। मगर जब देखा कि उनके छोटे भाई हैं, तब उसकी जान में जान आई। फिर भी उसके चेहरे पर घबराहट के चिह्न थे। वह उन्हें क्या जवाब ठीक दे, यह नहीं सोच पा रहा था। मोहन ने बेहतर यही समझा कि राधा को भेजने की बात माँ पर ही टाल दे और एम.के. द्वारा पूछने पर कि ''क्या मैं राधा को दो-चार रोज के लिए दिल्ली ले जाऊँ, आजकल भाई साहब कलकत्ता से वहाँ आए हुए हैं।'' उसने बिना कुछ सोचे-समझे उत्तर दे दिया कि ''माताजी जानें, आप इन्हीं से इजाजत ले लीजिए। इनके सामने मैं क्या बोल सकता हूँ?''

राधा की सास पर घड़ों पानी पड़ गया। क्योंकि इससे पहले वह उनसे कह चुकी थी कि ''मोहन जाने।'' इससे उन्हें समझते देर न लगी कि राधा यहाँ बहुत परेशान है।

कर्नल कपूर के छोटे भाई एम.के. लगभग तीन घंटे राधा के घर रहे और बराबर शिष्ट ढंग से राधा को दिल्ली ले जाने का आग्रह करते रहे। मगर मोहन और उसकी माँ उनको टालते रहे। अंत में हलकी सी झड़प के बाद मोहन ने साफ कह दिया कि ''राधा आपके साथ दिल्ली नहीं जाएगी—उसकी यहाँ कोई आवाज नहीं है, वह हमारी बहू है, हम जैसे चाहेंगे, रखेंगे।''

इस तरह दकियानूसी बातों ने एक बार तो एम.के. का कलेजा हिला दिया। मगर उन्हें राधा कांड की पूरी पृष्ठभूमि मालूम न थी। उन्होंने पहले तो सोचा कि झगड़ा करूँ और अपनी भतीजी को सीधे गाड़ी में बिठाकर ले जाऊँ। अचानक उनके दिमाग में राधा की बेटी मुनिया आ गई। उन्होंने फौरन उसे उठाया और प्यार करके एक दस का नोट दे दिया। वह तुतला-तुतलाकर कह रही थी—''नाना जी, ओ.के., बाई-बाई।'' उधर राधा छिपकर पीछे खड़ी आँसू बहा रही थी।

एम.के. ने सोचा यदि मैं जबरन राधा को ले भी जाऊँ तो कहीं दोनों मियाँ-बीबी के झगड़े का भावी कलंक मेरे सिर ही न लग जाए। फिर इस मामले में वह बिना अपने बड़े भाई के पूछे कोई सख्त कदम नहीं उठाना चाहते थे।

अंत में यही तय हुआ कि यहाँ से जल्दी दिल्ली पहुँचा जाए और सारे हालात फौरन भाईसाहब को दिए जाएँ। एम.के. के जाते-जाते मोहन और उसकी माँ ने ठंडी साँस ली। मगर उनकी साँसों में ज्यादा देर ठंडक न रह सकी। वे फौरन

ही राधा पर कुपित हो गए और उसे भला-बुरा कहने लगे। उन्हें शक था कि राधा ने ही गुप्त पत्र लिखकर अपने चाचा को यहाँ बुलाया है, जो सरासर बेबुनियाद था।

इस घटना के बाद राधा का दृष्टिकोण और बदल गया। उसे सभी घरवाले शक की नजर से देखने लगे। गुप-चुप घर में उसके विरुद्ध मंत्रणाएँ होने लगीं। उसकी सास ने उससे आग्रह किया कि वह खाना बनाते समय नाइलोन की साड़ी पहने। राधा पढ़ी-लिखी थी। वह बार-बार सोचती कि मुझसे नाइलोन की साड़ी पहनने की जिद क्यों की जाती है! उसे लगा कि उसकी सास कहीं रसोई में दुर्घटना दिखाकर उसे जिंदा तो नहीं जलाना चाहती! अवश्य ही उसके जीवन के विरुद्ध कोई षड्यंत्र किया जा रहा है।

राधा की खामोशी अंतर्चेतना में बदल गई। वह अंदर-ही-अंदर जाग्रत् हो गई। सोचने लगी, कहीं ये लोग मेरी हत्या तो नहीं करना चाहते! उसे घर की एक-एक ईंट शुबाह से देखने लगी।

कई बार राधा की सास ने उसे प्यार से बुलाया, जोकि राधा के लिए अजूबा सा था। हर समय तलख निगाहों से देखनेवाली उसकी सास आज उसे प्यार दिखा रही है। अवश्य ही दाल में कुछ काला है। एक दिन उसे प्यार से बुलाकर कहा—"ले, मैं आज मंदिर गई थी। प्रसाद लाई हूँ, इसे खा लो। राधा ने हाथ में प्रसाद ले लिया, मगर खाया नहीं।

राधा ने छिपाकर उसे फेंक दिया। राधा ने कई बार घरवालों की काना-फूसी सुनी। उसे लगा कि वे राधा को दफा कर मोहन की नई, ज्यादा दहेजवाली लड़की से शादी की गुप्त योजना बना रहे हैं। इसलिए प्यार में फँसाकर उसे दुर्घटनाग्रस्त दिखाकर मामला साफ करना चाहते हैं। राधा के कान एकदम खड़े हो गए।

उसे सूझा कि अब उसे किसी तरह से यहाँ से भाग जाना चाहिए? वरना जान खतरे में पड़ जाएगी। लेकिन भागे कैसे? वह बार-बार पछताने लगी। कितना अच्छा मौका था, उसके चाचा घर बैठे आ गए। उन्हीं के संग बहुत सरलता के साथ निकल सकती थी। मगर कैसे? उस समय तो सभी चौकस थे। मोहन भी यहीं था। अवश्य ही दंगा-फसाद होता और मोहन उसे बलपूर्वक जाने से रोकता। हो सकता है उसके चाचा पर कोई झूठा इल्जाम भी लगा देता या कह देता कि राधा यहाँ से कुछ लेकर भागी है।

खैर, हुआ सो हुआ। मगर अब तो जल्दी करनी चाहिए। एक ही रास्ता है, इस समय मेरे पिताजी दिल्ली में हैं, अगर उन्हें सूचना या तार मिल जाए कि मेरी जान खतरे में है तो वह अवश्य ही सारा काम छोड़कर आ जाएँगे और मुझे यहाँ से

जोर-जबरन भी निकाल ले जाएँगे।

राधा को अब यहाँ से जाने में कोई पछतावा न था। उसने स्वतः ही आत्मविश्लेषण किया और पुरानी जिंदगी को एक बार फिर तौलकर देखा—उसकी आँखों में शादी से लेकर अब तक की सारी रील घूम गई। अंत में यही निष्कर्ष निकला कि शादी के बाद की जिंदगी सुख के दौर से गुजरने की बजाय मौत के नरक तक पहुँच चुकी है।

राधा ने फिर मन को संतुलित किया और सोचा कि यदि मैं अब चली जाती हूँ, मोहन को हमेशा के लिए छोड़ देती हूँ तो इसमें पाप मेरा नहीं, मोहन का होगा; क्योंकि मोहन ने अब मुझे यमलोक तक पहुँचाने की तैयारी कर ली है और मेरा दांपत्य और साथ रहना भी उसे गवारा नहीं। वह दूसरा ब्याह रचाने का स्वप्न देख रहा है। अब यदि यहाँ मैं एक पल भी साँस लूँ तो मुझे धिक्कार है। षड्यंत्र की सड़ांध से उसका माथा फटने लगा।

आज सुबह कर्नल कपूर को एक तार मिला। खोलकर देखा तो एकदम आराम कुरसी से उठ खड़े हुए। "सुनो—राधा की माँ" आवाज लगाई।

"क्या है?"

"भई यह देखो, राधा का तार आया है, उसकी जान खतरे में है।"

"क्या कहा?"

"हाँ, हाँ, यह देखो न, तुम खुद ही पढ़ लो।"

राधा की मम्मी ने फौरन तार खोलकर पढ़ डाला—उसमें लिखा था—

Life in danger. Reach Immediately—Radha.

(जिंदगी खतरे में है, फौरन आएँ—राधा)

कर्नल कपूर ने अपनी पत्नी से सलाह ली। हाल ही में उनके भाई ने सबकुछ बता दिया था। राधा के प्रति जो षड्यंत्र कई महीनों से चल रहा था, उससे वे वाकिफ थे। उन्होंने फौरन श्रीनगर कार से चलने की योजना बनाई और पत्नी को साथ लेकर वे फौरन उसी दिन रात को पठानकोट होते हुए श्रीनगर रवाना हो गए।

श्रीनगर में उस समय मौसम खुला था, सड़कें साफ थीं। राधा का जहाँ मकान था, वहाँ कर्नल कपूर कभी नहीं गए थे। मगर राधा के खतों में पूरा पता था और उनके भाई ने भी उन्हें मकान की पूरी स्थिति बता रखी थी।

दोपहर के साढ़े ग्यारह बजे थे। राधा के घर का दरवाजा खुला था। उस दिन मोहन ड्यूटी पर था ही, राधा के सास-श्वसुर और ननद किसी रिश्तेदार के यहाँ एक दिन पहले ही जम्मू चले गए थे। मकान में फौज का एक अर्दली था। वह

तनख्वाह लेने के लिए दफ्तर गया हुआ था।

राधा अकेली थी। साथ में छोटी मुनिया थी और एक छोटा सा पहाड़ी लड़का था नौकर। इतने में ही कार का हॉर्न बजा-राधा फौरन बाहर निकल आई। डैडी-मम्मी को देखकर उसकी खुशी का ठिकाना न रहा। उसे ऐसा लगा जैसे किसी मुलजिम को फाँसी की सजा मिली हो और उसे सहसा उच्च न्यायालय से मुक्ति का आदेश आ गया हो। उसकी डूबती साँसें वापिस आ गईं। वह डैडी-मम्मी की कार पर फौरन झपटी और धीरे से कहा—"घर में कोई नहीं है, मैं इस वक्त अकेली हूँ।"

डैडी ने पूछा—"जल्दी करो, क्या करना है, चलना हो तो फौरन कार में बैठो, हम रवाना होते हैं। देर करने से कोई फायदा नहीं।"

"डैडी, यहाँ एक मिनट भी रुकना ठीक नहीं है। मैं एकदम ऐसे ही चलने को तैयार हूँ। एक मिनट में आती हूँ।" यह कहकर राधा सीधे घर में घुसी और नौकर को कहा—"बहादुर तुम जरा मुनिया को खिलाओ। वह रोए नहीं। मैं अभी बाजार होकर आती हूँ।"

यह कहकर राधा बिना कुछ लिये अपनी बेटी को अधर में भाग्य भरोसे छोड़ फौरन कार में बैठी और मन-ही-मन भगवान् को धन्यवाद देने लगी।

कर्नल कपूर ने कार चलाकर श्रीनगर से वापस जम्मू की ओर मोड़ दी। कार की गति शहर से बाहर निकलते ही तेज होती गई। सारी रात लगातार चलने के बाद वे सुबह पठानकोट पहुँचे। उन्होंने गाड़ी कहीं नहीं रोकी और 11 बजते-बजते वे जालंधर पहुँच गए। कर्नल कपूर काफी थक चुके थे। जालंधर में उन्होंने कार रोककर कुछ खाना-पीना ठीक समझा। कपड़े बदले। राधा ने भी मुँह-हाथ धोया और आराम से एक अच्छे होटल में बैठकर लंच लिया। इस वक्त दिन के 12 बजे थे।

कर्नल कपूर इस घटना की प्रतिक्रिया को समझते थे। उन्हें पक्का पता था कि राधा के वहाँ से हटते ही मोहन बेचैन हो उठेगा और फौरन भाग-दौड़ करेगा। यह भी संभावना है कि वह राधा पर चोरी का या राधा के रिश्तेदारों पर उसे भगाकर ले जाने का इल्जाम लगा दे; क्योंकि खिसियानी बिल्ली हमेशा खंभा नोचती है।

अतः उन्होंने जालंधर से ही राधा को एक तार दिलवा दिया। इसी तार की कॉपी सुप्रिटेंडेंट पुलिस, श्रीनगर को भी दे दी, ताकि राधा की तरफ से सफाई हो जाए और मोहन उसे और कर्नल कपूर को किसी कानूनी मामले में परेशान न कर सके।

तार में लिखा था—

"तुम्हारे और घर के हालातों से बहुत परेशान होकर मैं जा रही हूँ, हमेशा के लिए। जैसाकि तुम चाहते थे, मैंने मुनिया को तुम्हारे पास छोड़ दिया है। मेरा पीछा करने की कोशिश न करना।"—राधा।

दिल्ली में अपने घर पहुँचने से पहले कर्नल कपूर पुलिस थाने में गए। यहाँ जाकर उन्होंने थानेदार को सारा हाल कह सुनाया और पुलिस में रिपोर्ट दर्ज करा दी। राधा ने जैसे हाल में वह थी, पुलिस को बता दिया कि मैं जैसी की तैसी आई हूँ। वहाँ मेरी जान का खतरा था और मैं वहाँ से अपने साथ कुछ भी नहीं लाई हूँ। राधा ने पुलिस को बयान में बताया कि शादी से अब तक मेरे साथ जो बीती है, वह यह है। उसने कहा कि मेरी एक लड़की है, जो दो साल की है। वह मैं वहीं छोड़ आई हूँ; क्योंकि मेरे पति यही चाहते थे। मैं अपनी मरजी से हमेशा के लिए उन्हें छोड़कर आ गई हूँ।

दिल्ली आकर उन्हें ऐसा लगा कि वह बहुत बड़ी बाजी जीतकर आए हैं। कभी-कभी आदमी हारकर भी अपने को जीता हुआ समझता है। यही जिंदगी की अद्‌भुत कहानी है। कर्नल कपूर का भी यही हाल था। अपनी प्यारी बेटी राधा को भय के दलदल से मुक्त कर वे अपने को काफी हल्का महसूस कर रहे थे।

9

दिल्ली का एक शानदार आलम और भी है। सभी नौ सेना, थल सेना और वायु सेना के सबसे बड़े कार्यालय और मुख्यालय यहीं स्थित हैं। नौ सेना के सबसे उच्च अधिकारी एडमिरल (नौ सेना अध्यक्ष), वायु सेना के चीफ एयर मार्शल, सेना के सबसे बड़े सेनाध्यक्ष यहीं रहते हैं। देश की सीमाओं से लेकर कोने-कोने में फैली सेना की सभी गतिविधियाँ और सारा काम यहीं से चलता है।

साऊथ ब्लॉक, जहाँ सेना का बड़ा दफ्तर है, रक्षा मंत्रालय, राष्ट्रपति भवन के पास नौ सेना अध्यक्ष का दफ्तर तथा उद्योग भवन के सामने वायु सेना का दफ्तर आदि महत्त्वपूर्ण भवन दिल्ली में ही हैं। इससे दिल्ली की शान और बढ़ गई है।

इसी दिल्ली में राष्ट्रपति भवन और संसद् भवन के बीच विजय चौक भी है, जहाँ से 26 जनवरी की गणतंत्र दिवस की परेड हर साल निकलती है। यहीं से इंडिया गेट तक सीधी सड़क है, जिसे राजपथ कहते हैं। सामने इंडिया गेट दिखाई देता है, जहाँ शहीद हुए अमर जवानों की ज्योति हमेशा जलती रहती है।

इसी राजपथ के बीच प्रधानमंत्री आकर बैठते हैं। राष्ट्रपति भवन से राष्ट्रपति

विशेष बग्घी में बैठकर आते हैं। सेना की सलामी लेते हैं। प्रधानमंत्री यहाँ राष्ट्रपति की आगवानी करते हैं। परेड में सेना की अनेक टुकड़ियों के चुनिंदा दस्ते तरह-तरह के बैंड बजाते हुए रंगीन पोशाक पहने मुस्तैदी के साथ कदम-से-कदम मिलाते हुए निकलते हैं। लाखों लोग 26 जनवरी के दिन यहाँ आकर इन दृश्यों को देखकर खुश होते हैं।

ऊँट सवार, घुड़सवार, हाथी, टैंक, वायुयान, पनडुब्बी अग्नि यंत्र और सेना के नए और वैज्ञानिक यंत्रों का यहाँ प्रदर्शन झाँकी के रूप में होता है। इसके बाद स्कूलों के लड़के-लड़कियाँ नई-नई पोशाकें पहने राष्ट्रवंदना के गीत गाते निकलते हैं। भारत के सभी प्रदेशों के लोक नर्तक, उनके विकास की झाकियाँ असम से लेकर गुजरात तक और कश्मीर के लेकर तमिलनाडु तक—इसी परेड में दिल्ली के राजपथ पर निकलते हैं।

एक के बाद एक हर राज्य की तरह-तरह की मनमोहक झाँकियाँ दिखाई जाती हैं। राष्ट्रपति और प्रधान मंत्री इन्हें देखते हैं—लाखों लोगों के साथ यही इंडिया गेट के पास राजपथ पर बैठकर। यह भी दिल्ली का एक दशहरा है—सेना का बल प्रदर्शन है, राष्ट्र की संस्कृति और सभ्यता का रंगारंग प्रदर्शन है।

फिर दिल्ली अपने आप में एक इतिहास है। इसका पुराना नाम है—इंद्रप्रस्थ। महाभारत काल का इंद्रप्रस्थ, जिसका भगवान् श्रीकृष्ण और अर्जुन से संबंध है।

दिल्ली के दक्षिण में महरौली में विशाल कुतुबमीनार है, जिसे इतिहास वेत्ताओं के अनुसार कुतुबुद्दीन ने बनवाया था। किंतु यह भी कहा जाता है कि यह पृथ्वीराज चौहान के समय की खगोल का अध्ययन करनेवाली खगोलशास्त्री मिहिर की प्राचीन मीनार है। इसका नाम विष्णु की लाट था और इसी मिहिर के नाम पर यहाँ का नाम 'मिहरौली' पड़ा। पास ही लोहे की कीली, अशोक का बौद्ध विहार और पूर्व की ओर कई मील में फैला इतिहास प्रसिद्ध सनकी बादशाह मोहम्मद तुगलक का किला है।

इसी दिल्ली में जहाँ इतनी प्राचीन इमारतें हैं, वहाँ यमुना के किनारे शाह हुमायूँ का मकबरा और इब्राहिम लोधी का मकबरा भी है। मुगलों के अंतिम सम्राटों के वजीर अवध के नवाब सफदरजंग का मकबरा वगैरह तथा मुगलों के जमाने की इमारतें भी इसकी शान को बढ़ाती हैं। इन्हें देखने के लिए दूर-दूर से लोग आते हैं।

यमुना के किनारे प्रधान मंत्री श्री नेहरू की समाधि, शास्त्रीजी की स्मृति में विजयघाट, तीन मूर्ति संग्रहालय, संसद् के पास सिखों का गुरुद्वारा, पुराने गिरजाघर,

अशोका, अकबर, ओबराय जैसे पॉश और शानदार होटल—जहाँ घुसते ही पृथ्वी पर स्वर्ग नजर आता है—सभी राधा ने दिल्ली में रहकर देखे। राधा कई बार दिल्ली आती-जाती रहती थी, मगर इस बार उसका मन उचटा हुआ था। इसलिए उसने अपने डैडी के साथ-साथ लगभग सभी दर्शनीय स्थलों को एक बार फिर से देख लिया।

राधा ने महसूस किया—दिल्ली सचमुच हिंदुस्तान का दिल है। एक ऐसी नगरी, जहाँ पंजाब से लेकर तमिलनाडु और गुजरात से लेकर नागालैंड तक की संस्कृतियाँ फलती-फूलती हैं। यदि दिल्ली को और नजदीक से देखा जाए तो यहाँ पश्चिमी यूरोप और अमेरिका की झलक से लेकर सोवियत रूस, जापान, अरब और सुदूर पूर्व के देशों की संस्कृति, भाषा और गतिविधियों की भी झलक मिलती है।

दो करोड़ की आबादी का फैला विस्तृत नगर, जहाँ दो सौ से भी अधिक कालोनियाँ, हजारों की संख्या में सरकारी क्वार्टर्स, 300-400 छोटे-बड़े बाजार, खुली चौड़ी छायादार, पेड़ोंवाली सड़कें, मंत्रियों के पुराने बंगले, इतिहास और भूगोल की यादगार इमारतें, रात भर रंगीनियों में थिरकते पॉश होटल, स्वच्छ खुला आकाश, भव्य उद्यान—सभी मिलकर दिल्ली की शान को बनाए हुए थे।

महिलाओं का जीवन यहाँ कितना मुखर था! खुली हवा में अकेले घूमना, दफ्तरों में काम करना, घरेलू महिलाओं का बाजारों से सामान खरीदना, कारों और स्कूटरों में स्त्रियों का विचरना और उधर क्लब व होटलों में विलास के क्षणों में पुरुषों के साथ उठना बैठना-और उसी तरह गरीब मजदूर की जिंदगी भी उतनी ही सुखी, खुली, उतनी ही निर्भय—पत्थर तोड़ती हुई, झल्लियाँ और टोकरी उठाती हुई राजस्थान की मजबूत महिलाएँ, उधर झुग्गी-झोंपड़ियों और शहर के बाहर खेतों में काम करती हुई महिलाएँ—सभी की जिंदगी एकदम उन्मुक्त और खुली थी।

इस महान् नगरी में राधा ने कुछ दिन अपने माता-पिता के साथ रहकर बिताए। राधा का मन अभी भरा नहीं था। राधा को बीच-बीच में जो चीज अखरती रही, वे थे मोहन के रोष और धमकी भरे टेलीफोन। मगर राधा ने टेलीफोन को यूँ ही बिसरा दिया।

लगभग दो साल बीत गए। यही क्रम चलता रहा। इस दौरान राधा के कुछ दिन दिल्ली में गुजरे। घर में उसका पूरा राज था। वह फिर उसी तरह लाड़ली बेटी बनकर रह रही थी, जैसी कि शादी से पहले रहा करती थी। घर में मनोरंजन, बहन से बातचीत, मम्मी का प्यार, डैडी का आंतरिक दुलार—सभी कुछ उसे उपलब्ध था। भाई भी पूना से ट्रेनिंग करके सीमा पर तैनात हो चुका था। राधा के पास

कभी-कभी भाई के पत्र आते रहते थे। वह सदैव यही कहता कि राधा तुम किसी तरह की तकलीफ न पाना और बीती बातों को भूलकर सुख से रहना।

राधा को कहीं भी किसी ओर से वैभव, प्यार और सुख में कोई कमी नजर न आई। मगर राधा का मन कभी-कभी सहसा यह सोचने लगता कि इतना लंबा खाली वक्त मैं कैसे गुजारूँ? क्या इसी तरह घर में खाली पड़ी रहूँ? कब तक आराम करती रहूँ? कब तक पड़ी-पड़ी खाती रहूँ? कब तक मन को यूँ ही बहलाती रहूँ? आखिर मेरे हाथ में कोई कार्यक्रम, काम या नई जिंदगी का विचार तो होना ही चाहिए। केवल खाली रहना, आजादी की जिंदगी में साँस लेना, इतना ही तो काफी नहीं है। साथ-साथ कोई ठोस काम किए बिना मैं व्यस्त और प्रसन्न कैसे रहूँगी?

कभी-कभी उसे उस नन्हीं मुनिया की याद आती। कहीं मेरी बेटी रो न रही हो! वह खामोश होकर उस दर्द को पी जाती और अपने को भुलावा देकर रमाने की चेष्टा करती। ऐसे ही दिन बीतते गए। कर्नल कपूर राधा को पाकर अपने सभी दु:ख भूल गए।

कलकत्ता की जिंदगी दिल्ली से एकदम जुदा थी। ट्रामवे और बसों पर भीड़ के अंबार, लटकते हुए लोग, मजदूरों की टोलियाँ, बंगाली भाषा, अंग्रेजों के जमाने की पुरानी राजधानी, व्यस्त जीवन—जहाँ दिल्ली में पंजाब का बोलबाला था, वहाँ कलकत्ता में मारवाड़ और बंगाल का बोलबाला था।

राधा कलकत्ता में आ गई। लंबे समय तक श्रीनगर और बंगलौर रहने के पश्चात् कलकत्ता उसे एक व्यस्त और कारखानोंवाला नगर लगा। यहाँ हजारों व्यवसायी, मजदूर, मालिक, कारखाने—बाजारों में भीड़ भरी हलचल।

कुछ दिनों तक उसके मन में यह हलचल रही कि यह मैंने क्या किया! मृत्यु से डरकर अपने जीवन को बदल दिया! सत्य और कटुता से हटकर भाग खड़ी हुई! मेरी लड़की-छोटी मुनिया-उसका क्या होगा? उसे माँ का प्यार कौन देगा? क्या मोहन उसे माँ और बाप दोनों का प्यार दे सकेगा? क्या मेरी सास उसकी देखभाल कर पाएगी? वही द्वंद्व उसके मन में चलता रहा।

राधा परेशान हो उठती। उसके पिता कर्नल कपूर उसे ज्यादातर बातचीत और काम-धंधों में लगाए रखते। पहली बार वह उसे हावड़ा ब्रिज ले गए। दुनिया का पुराना और बड़ा पुल—जिसके नीचे उफनती हुई भयंकर हुगली नदी बहती है, जिसमें अनेकों जहाज और स्टीमर चलते हैं। वही कलकत्ते का मशहूर हावड़ा पुल।

राधा जब पहली बार हुगली के तट पर गई तो उसे उस भयावह नदी में

समुद्र का सा वेग और आनंद दिखाई दिया। वही फुत्कार, वही तूफानी अदा—मगर नदी-नदी थी—उसमें सागर जैसी अनंतता, क्षितिज और गहराइयाँ कहाँ! राधा सहज ही अपनी तुलना ऐसी उफनती हुई नदी से करने लगी। मैं भी एक तरंगित नदी हूँ, मुझमें कितना वेग है, पराक्रम है! जैसे नदी सहज ही अपनी धारा को बदल देती है, ऐसे ही मैंने क्षण भर में निर्णय लेकर अपना जीवन बदल दिया।

फिर वह अपनी पुरानी स्मृतियों में खो जाती। मोहन का छोटा सा घर, उसकी माँ, ननद और घूम-फिरकर फिर उसे अपनी बेटी का खयाल आता। मेरी नन्हीं मुनिया—'मेरा दिल, मेरा कलेजा।' पता नहीं अब कैसी होगी? हुगली के घमासान वेग और लहरों में उसे अपनी बेटी दिखाई देती। मानो वह चीख रही हो—'माँ मुझे क्यों छोड़ दिया—मुझे भी साथ ले चलो।' बस राधा के मुँह से एक चीख निकली—उधर स्टीमर ने भयंकर सीटी दी और राधा की कमजोर चीख उस प्रलयंकारी शोर में खो गई। राधा उदास वापस लौट आई।

राधा की मानसिक वेदना कई दिनों तक बनी रही। वह फिर हुगली के तट पर बहुत दिनों तक नहीं गई। उसके मन में एक खयाल फिर आया कि मोहन के घरवाले मुझे हटाना चाहते थे। वे उसकी दूसरी शादी करेंगे। मोहन की नई बीबी आएगी। वह मेरी बेटी को राम जाने कैसे रखेगी! इस कल्पना से राधा के मन में और पीड़ा होती।

कर्नल कपूर ने राधा के मन बहलाने और उसे अपनी पिछली जिंदगी भूल जाने के कई प्रयत्न किए। कई बार वह उसे पिक्चर भी ले गए। नई-नई पिक्चर हिंदी, पंजाबी और अंग्रेजी वगैरह की। राधा शांत होकर पिक्चर देखती रहती, मगर जैसे ही उसमें किसी बच्चे का करुणामय दृश्य देखती, उसकी आँखें बहने लगतीं। सिसक-सिसककर वह रो पड़ती। उसे एकदम अपनी बेटी की याद आ जाती।

ऐसे ही वक्त गुजरता रहा। जहाजों, नावों में अनेक बार उसे घूमने भेजा। बाहर जाने का हफ्ते में एक बार प्रोग्राम जरूर बनता। राधा कलकत्ता नगरी की चहल-पहल में अपने को नहीं रमा पाती।

अंत में कर्नल कपूर ने उसे बच्चों को पढ़ाने के काम में लग जाने का सुझाव दिया। उन्होंने सोचा हल्का काम है—राधा खाली बैठे-बैठे ऊब जाती है। उसकी जिंदगी उसे भारी और बेकाम लगती है। 4-6 घंटे स्कूल जाने से उसका मन बहलेगा। वह छोटे-छोटे बच्चों में बैठकर शायद अपना मन बदल ले! कुछ नया सोचे और पुरानी बातों को भूलकर खुश रहे।

कुछ ही दिनों बाद वह एक छोटे से स्कूल में मिसट्रेस बन गई। जहाँ

तनख्वाह का महत्त्व न था—वक्त काटने की बात थी। इसी तरह राधा को दो वर्ष बीत चले। शादी, मोहन, मुनिया, श्रीनगर—एक याद, एक काँटा और कहानी बनकर रह गए।

राधा की जिंदगी अब अकेली थी। राधा को जहाँ आजादी मिली, वहाँ उसे यह भी लगा कि अब वह जवान है, एक बच्चे की माँ है, अभी उसकी लंबी जिंदगी बाकी है, वह उसे किस तरह काटेगी, कैसे पार करेगी?

राधा कभी तो यह सोचती, कभी प्यार, दुलार और सुख के बदले में मिलने वाली ताड़ना, संदेह, विवाद और झंझटों से भरी जिंदगी उसे याद आने लगती। ऐसा सोचते ही फिर उसका माथा फटने लगता और उसी दिन गाड़ी उठाकर अकेली हुगली के तट पर पहुँच जाती और उस नदी की विशालता में अपने को खोकर सदैव के लिए पिछले दुःखों को भुला देती।

इसी पशोपेश में राधा को लगभग ढाई वर्ष से ऊपर हो गया। इस बीच अनेक पत्र और समाचार मोहन ने अपने और राधा के रिश्तेदारों से भिजवाए और हर तरह से राधा को समझाने व मनाने की कोशिशें कीं। रिश्तेदारों से भी तरह-तरह के दवाब डलवाए। मगर राधा की अंतिम वापसी मोहन के घर से हो चुकी थी। राधा ने अपने श्वसुर व अन्य दबाव डालनेवाले सभी रिश्तेदारों को पत्र के ठीक उत्तर दे दिए कि इन हालातों में वह वहाँ कैसे रहती!

जब 3 वर्ष तक निरंतर मोहन झक मार चुका और उसे कोई रास्ता नजर न आया तो उसने एक ही तरीका सोचा कि किसी तरह राधा से कानूनी रूप से अंतिम छुटकारा पाया जाए और मुक्ति लेकर दूसरे विवाह की तैयारी की जाए।

मोहन भी मजबूर और दुःखी हो गया। लेकिन वह खुद अपने हाथ में न था। उसको लगता, अब भी उसकी माँ ही जैसे उसे खींचती थी, वैसे ही वह चलता था और काम करता था। कानूनी रास्ता अख्तियार करने से पहले उसने सोचा शायद राजी से ही राधा से कानूनी छुटकारा मिल सके। अतः उसने बिना अदालत के ही जुदा हो जाने का और वैवाहिक संबंध पाँच पंचों में बैठकर विच्छेद करने का प्रस्ताव राधा से रखा; किंतु पंच फैसले के बाद राधा का अलग हो जाना कानूनी नहीं था।

हिंदू विवाह कानून में एक और व्यवस्था है। यदि पति बिना वैवाहिक संबंधों की वापसी की अदालत में माँग किए सीधे न्यायिक विच्छेद के लिए अदालत में जाना चाहे तो इसके लिए कोई रुकावट नहीं है। मगर इसमें मोहन के मामले में दिक्कतें थीं। वकीलों से इसीलिए उसने मशविरा लिया और पहले अपने वैवाहिक संबंधों की वापसी की अरजी जिलाधीश की अदालत में देना उचित समझा।

मोहन के सामने दो दिक्कतें थीं, जिनके कारण वह सीधे न्यायिक विच्छेद के लिए नहीं जा सकता था—पहली, यदि वह पहले वैवाहिक संबंधों को वापसी की माँग न करता तो राधा उससे अपने गुजारे के लिए मासिक धनराशि की माँग कर सकती थी। साथ में नन्हीं मुनिया को या तो उसे स्वयं रखना पड़ता या राधा रखती, तो भी मोहन को अदालत द्वारा तय की गई राशि उसे हर महीने तनख्वाह में से कटवाकर राधा को देनी पड़ती, जिसे वह नहीं चाहता था।

दूसरे, सीधे न्यायिक विच्छेद के लिए अदालत में मोहन के जाने से राधा के साथ उसका अदालती संघर्ष भी बढ़ने की संभावना थी, क्योंकि राधा भी अपने पक्ष को रखने के लिए अदालत का सहारा ले सकती थी। किंतु इससे पहले वैवाहिक संबंधों की वापसी की आज्ञा (decree) मोहन द्वारा ले लेने पर ये दोनों समस्याएँ खत्म हो जाती थीं।

हिंदू विवाह कानून (1955) में धारा 9-संख्या-2 के अंतर्गत—'यदि वैवाहिक संबंधों की वापसी के लिए अदालत में की जाने वाली प्रार्थना के उत्तर में दूसरे पक्ष की ओर से कोई जबाव न मिले तो न्यायिक विच्छेद, विवाह भंग या तलाक लेने के लिए कानूनी आधार और रास्ता मिल जाता है।'

धारा 10 (ए) के अंतर्गत, जिसका शीर्षक न्यायिक विच्छेद है—'अदालत में प्रार्थना-पत्र पेश किए जाने के तुरंत बाद से दो वर्ष या इससे अधिक समय के लिए प्रार्थना करनेवाले को पत्नी ने या पति ने निरंतर छोड़ रखा हो,' उसे भी तलाक का मुकदमा लड़ने की इजाजत मिल जाती है।

शायद मोहन कानून का इतना लंबा रास्ता तय नहीं करना चाहता था। मगर क्या करता, उसके माँ-बाप ने उसे मजबूर किया और कहा कि वक्त न गँवा। वह अब नहीं आएगी, तू बूढ़ा हो जाएगा, तेरी शादी होने में दिक्कत होगी और इसी उलझन में तू अपनी बाकी जिंदगी बरबाद कर बैठेगा।

अब मोहन के सामने एक ही रास्ता था। यह रास्ता था—अदालत के द्वारा राधा से छुटकारा पाने का, ताकि राधा अपनी आजीविका के लिए मोहन की कमाई में से कुछ हिस्सा न माँग सके; या कल को मोहन दूसरी शादी बिना राधा को तलाक दिए कर ले और उसे सरकारी नौकरी से हमेशा के लिए मुक्त कर दिया जाए। दो शादियाँ करना एक अपराध है और इसकी सजा पति या पत्नी को ही नहीं, उनके माँ-बाप तक को भी मिल सकती है, जो तथ्य को छुपाकर उसकी शादी करा देते हैं; क्योंकि भारतीय संविधान के अंतर्गत हिंदू धर्म को माननेवाला कोई भी व्यक्ति एक साथ दो पत्नियाँ नहीं रख सकता।

इस दृष्टि से राधा तो वापस आने के बाद निश्चिंत थी। उसका फैसला था अपने आपको सदैव खुला रखने का। यही उसका अंतिम निर्णय था। मगर मोहन के माँ-बाप दुविधा में थे। मोहन राधा से तलाक लेकर मुक्ति लेना चाहता था। अत: उसने हिंदू विवाह अधिनियम धारा 25 सन् 1955 (हिंदू मैरिज ऐक्ट) के अनुच्छेद 9 के तहत अपने दांपत्य अधिकारों को वापस दिलाए जाने की सत्र न्यायाधीश की अदालत में माँग करने का कदम उठाया।

'न्यायिक विच्छेद और वैवाहिक अधिकारों की वापसी'

हिंदू विवाह कानून 1955 की धारा 9 इस प्रकार है—

धारा 9 वैवाहिक अधिकारों की वापसी—(1) जब पति या पत्नी बिना किसी विशेष कारण के अपने को एक-दूसरे से अलग कर लें तो इनमें से जिसको तकलीफ पहुँची है, वह जिलाधीश की अदालत में अपने वैवाहिक अधिकारों को वापस दिलाए जाने की प्रार्थना कर सकता है। यदि प्रार्थना-पत्र में दिए गए तथ्य ठीक हों और अदालत उनकी सच्चाई से संतुष्ट हो तथा उसमें कोई और कानूनी अड़चन पेश न आए तो यह अरजी मंजूर हो जाती है और अदालत इसके उत्तर में वैवाहिक संबंधों को वापस दिलवाने की डिक्री (आज्ञा) जारी कर देती है।

(2) जिसके विरुद्ध यह प्रार्थना-पत्र पेश किया है, यदि वह इसके विरुद्ध कोई उत्तर पेश न करे तो वह न्यायिक विच्छेद, विवाह भंग या तलाक के लिए कोई वैध आधार नहीं माना जाएगा।

इसी कानून का सहारा लेकर मोहन ने श्रीनगर के जिलाधीश की अदालत में अपील कर न्याय की माँग की और कहा कि मेरी गैर-मौजूदगी में मेरी विवाहिता पत्नी, जिसके दांपत्य और वैवाहिक जीवन का मैं कानूनी अधिकारी हूँ, मुझे छोड़कर भाग गई है, वह मुझे दिलाई जाए या वह स्वयं मेरे पास लौट आए।

इस मामले की सुनवाई सेशन जज की अदालत में होनी थी। मोहन ने एक वकील किया और राधा को उसके पिता कर्नल कपूर की मारफत नोटिस जारी करा दिया। उस नोटिस में यही कुछ था कि तुम वापस अपने को श्रीनगर अदालत में आकर इस नोटिस के जवाब में जो कुछ अपनी शिकायत या बात कहना चाहती हो, वह आकर बयान करो और अपना पक्ष रखो।

राधा को जब वह नोटिस मिला, तब तक उसे मोहन को छोड़े तीन वर्ष से ज्यादा बीत चुके थे।

कर्नल कपूर ने देखा कि अब मोहन की तरफ से मामला अदालत में पहुँच चुका है तो उन्होंने भी वकीलों से सलाह-मशविरा शुरू कर दिया। कुछ वकीलों ने

राय दी कि आप भी हिंदू विवाह कानून की धारा 9 (2) और 10 (बी) के अंतर्गत धारा 10 बी में न्यायिक विच्छेद के लिए अपना उलटा मुकदमा अदालत में राधा की तरफ से दर्ज करा दें। मगर कर्नल कपूर और राधा ने जब सलाह की तो यही निष्कर्ष निकला कि उलटा मुकदमा करने से कोई लाभ नहीं, एकतरफा ही मोहन के हक में फैसला होने दो। उसके बाद देखेंगे, वह क्या करता है। कर्नल कपूर भी अब ज्यादा झिक-झिक में नहीं पड़ना चाहते थे। अतः उन्होंने राधा को कहा—''ऐसे नोटिस आने दो। इनसे कुछ फर्क नहीं पड़ेगा। तुम आराम से बैठो।''

राधा पढ़ी-लिखी अवश्य थी, लेकिन वह इन विवाह संबंधी कानूनों की गहराइयों को नहीं समझती थी। राधा के पिता कर्नल कपूर बहुत ही बुद्धिमान व्यक्ति थे। जिस दिन नोटिस आया, वे समझ गए कि अब यह मामला मुकदमेबाजी की शुरुआत है। यह अवश्य ही आगे बढ़ेगा और तलाक पर जाकर ही खत्म होगा।

उन्होंने राधा से कहा—''बेटी, कल मैं हिंदू मैरिज ऐक्ट की प्रतियाँ तुम्हें लाकर दूँगा। तुम उन्हें पढ़ना। यह वही ऐक्ट (कानून) है, जो हमारे पहले प्रधान मंत्री श्री जवाहरलाल नेहरू के जमाने में बना था और इस कानून के बनने से देश भर की पतियों, सास और ससुराल की सताई हुई हजारों नारियों का उद्धार हुआ। वे अपने को पति की कानूनी अधिकार रूपी दासता से मुक्त कर सकीं और अपना जीवन मनमाफिक बसर कर पाईं। इससे तुम्हें एक नई रोशनी मिलेगी। तुम जान सकोगी कि प्राचीन युग से नारी पति के साथ एक दासी की तरह रहती थी। मुगलों के युग में तो पति को इतना अधिक अधिकार था कि यदि पत्नी का पहले पति मर जाए तो पत्नी को ज़ीवित ही पति के साथ चिता में जलना पड़ता था।''—कर्नल कपूर ने बताया।

''हाँ डैडी, इतिहास में और राजपूतों की कहानियों में मैंने ऐसी अनेक घटनाएँ पढ़ीं कि रानी अपने राजा के मरने के बाद अग्नि की चिता जलाकर स्वयं ही जल मरी। क्या यह सच था या ये झूठी कहानियाँ ही हैं? अगर यह सच था तो वह ऐसा क्यों करती थीं?''—राधा ने यह सवाल अपने डैडी से बड़े कौतूहल से पूछा।

कर्नल कपूर समझ गए कि राधा 1947 के बाद की पैदाइश है। आजादी के जमाने में ऐसी घटनाएँ कहाँ होती हैं। सती प्रथा को तो राजा राममोहन राय ने ही आंदोलन करके अंग्रेजों के जमाने में ही उखाड़ फेंका और पति के मरने के बाद पत्नी को जिंदा जलाना गैर-कानूनी करार दे दिया गया।

उन्होंने बताया—''बेटी एक जमाना था, जब औरत को या बेटी को देश में

बड़ी नीची नजर से देखा जाता था। जिस राजपूत के यहाँ बेटी पैदा होती थी, वह उसे पैदा होते ही मार देता था। यह भी एक प्रथा थी, ताकि बेटी को किसी को ब्याह कर उसे दूसरे राजपूत या उसके लड़के के सामने मूँछें यानी इज्जत नीची न करनी पड़े। लड़के के जवान होते ही इस अपमान को सहने की अपेक्षा जनमते ही वह लड़की को मार देना अच्छा समझते थे।''

''हाय डैडी, ऐसा भी होता था!'' राधा के मुँह से लगा हलकी सी चीख निकली। यह घटना राधा के लिए सती होने वाली घटना से भी विचित्र थी।

''ऐसा क्यों था?''

''यह समाज की व्यवस्था का दोष था। समाज में जाति, पुरुष, सवर्ण और सबल लोग कमजोर वर्ग की जातियों, अछूतों अपढ़ और नारी जाति का कसकर शोषण करते थे। उन्होंने अपने स्वार्थ के लिए अपने मनमाने कानून बना रखे थे।''—कर्नल कपूर ने बताया।

''मगर ऐसा क्यों था डैडी? यह तो बहुत ही गलत बात थी।''—राधा बोली।

''बेटी गलत बात को गलत कह देने पर औरत या कहनेवाले आदमी की समाज के ओहदेदार और कानून बनानेवाले जान ले लेते थे। औरत सख्त परदे में रहती थी, पालतू जानवर की तरह उसे सिर्फ मरद के सामने दुम हिलाने का हक था—विरोध करने और कहने का नहीं। जो भी औरत विद्रोह करने का साहस करती। उसे समाज का पुरुष अपमानित ही नहीं करता, उसकी हत्या तक कर देता था, ताकि नारी विद्रोह समाज में न फैल सके। नारी का जीवन आजादी से पहले खरीदी हुई बेजान चीज सा होता था।''

''मगर मैंने पढ़ा है कि वैदिक युग में गार्गी, भारती, मैत्रेयी यवन काल में चाँद बीबी, रजिया सुल्ताना, नूरजहाँ और अहिल्या बाई, महारानी लक्ष्मीबाई जैसी बहादुर और पुरुषों के समान अधिकार रखनेवाली और पुरुष समुदाय पर राज्य करनेवाली वीरांगना, विदुषी और बुद्धिमान स्त्रियाँ भी इसी समाज में पैदा हुईं! क्या यह सच नहीं है?''—राधा ने पूछा।

''एकदम सच है बेटी। मगर यह विदुषियाँ और वीरांगनाएँ करोड़ों नारियों के समाज में सुबह के सितारे सी थीं, जो थोड़ी देर रोशनी देकर बुझ जाता है। इन्होंने नारी समाज का नाम तो ऊँचा किया, मगर पुरुष वर्ग ने इनके हटते ही फिर नारी सत्ता को धर दबाया और समाज में सतीत्व, शील और रमणी जैसे—नए-नए विशेषण देकर नारी की स्वतंत्रता पर फिर लोहे का परदा डाल दिया। सतीत्व के

नाम पर स्त्रियों की पुरुषों ने घर में पिटाइयाँ कीं, उनका कत्ल किया, घर से निकाला और उनपर हर तरह के अत्याचार किए। सीता के साथ भी कहते हैं राम के राजतिलक के बाद ऐसा ही अत्याचार हुआ।

इसी अत्याचार को आजाद भारत में इस कानून ने खत्म कर नारी को पति से मुक्त होकर कहीं भी स्वतंत्र रहने का अधिकार दे दिया। संसद् में अनेक पुराने धर्म धुरधंर रूढ़िवादियों ने नेहरूजी के इस कानून का विरोध किया। मगर नेहरूजी तो नारी स्वातंत्र्य के इतने हामी थे कि उन्होंने इस कानून को बनाकर व्यभिचारी, दुराचारी और नशा करनेवाले शराबी और अनाचारी पतियों से लाख-लाख पत्नियों की रक्षा की। बेटी, यही कानून आज तुम्हारे भी काम आएगा। कल तुम इस पूरे कानून को पढ़ जाना। ठीक है, अब जाकर सोओ। कोई घबराने की बात नहीं।''— यह कहकर कर्नल कपूर राधा को छोड़कर अपने कमरे में चले गए।

राधा ने जो बातें संक्षेप में अपने पिता से सुनीं, उन्होंने उसके ज्ञान को ऐसा मोड़ दिया कि उसे सचमुच पुरुष जाति की शोषक और शासक प्रवृत्ति से घृणा हो गई। उसे मन-ही-मन बहुत हर्ष हुआ कि उसने कलहपूर्ण दांपत्य जीवन से हमेशा के लिए छुटकारा पा लिया। राधा आज रात बहुत ही चैन की नींद सो सकी।

10

सन् 2000 आ गया। राधा को मोहन से अलग हुए अब 5 साल बीत चुके थे। राधा का दिल और मजबूत हो गया था। राधा शुरू में मुकदमे से भय खाती थी। उसका मन इन सालों में काफी खिन्न रहा। जहाँ एक ओर उसे निराशा और परेशानी महसूस हो, वहाँ दूसरी ओर बहुत से वकीलों से मिलकर, जो उसके पिता के पास आते-जाते रहते थे, उसे ऐसी नई-नई बातों का, कानूनों का, स्थितियों का पता चलता, तो वह अपने दुःख को कुछ समय के लिए भूल जाती।

राधा के पिता के पास एक अजीब व्यक्तित्ववाले सज्जन भी आते थे। ये कलकत्ता में मारवाड़ी समाज की ओर से परित्यक्ता नारियों की देखभाल करते, उन्हें कानूनी सहायता देने और उन्हें फिर से बसाने का सामाजिक कार्य करते थे। जब उन्हें समय मिलता, वे कर्नल कपूर के पास आ बैठते और अपने विचार रखते। इस विषय पर उन्होंने जो लेख लिखे थे, वे भी उन्हें सुनाते। राधा भी कभी-कभी इस विचार-विमर्श में पास आ बैठती और उनकी बातों में रस लेती।

इनका नाम था मिस्टर दीपंकर दीप। उन्हें साहित्य से भी उतना ही अनुराग

था, जितना समाज सेवा और महिलाओं की सेवा में। कविता करने में इनकी विशेष रुचि थी।

मिस्टर दीप कभी-कभी धोती-कुरता पहने, लुभावना व्यक्तित्व लिये कर्नल कपूर के पास अवकाश के समय में आ बैठते और मूड में आकर अपना काव्य अलापते। जिसे कर्नल कपूर टेप कर बार-बार सुनते। इनकी प्रिय कविता अपने ही ऊपर थी—

'दीप बस जलते रहो तुम,
घोर झंझा हो या संझा,
चेतना के इति प्रहर तक,
रात को छलते रहो तुम,
दीप बस जलते रहो तुम।'

कभी-कभी राधा भी अपने डैडी के पास आ बैठती और दीप की कविताएँ सुनती रहती। नारी चेतना पर दीप जब अपने विचार बताते तो राधा के मन को असीम आनंद मिलता। उसे लगता कि नारी स्वातंत्र्य की खुली हवा में मीठी-मीठी गंध भी है। दीप के व्यक्तित्व से राधा प्रभावित थी। उसे लगता कि जीवन में केवल विवाह करना, संतान पैदा करना, गृहस्थ के भार को ढोना भर ही सबकुछ नहीं है। जीवन बहुत व्यापक, विराट् और चेतनामय है। जो नारी इस लीक से हटकर समाज या देश के लिए काम करती है, वह निश्चय ही ऊँची उठ जाती है और इन छोटी और घिसी-पिटी बातों को भूलकर भविष्य के अनंत आकाश में स्वर्ग का-सा आनंद लेकर आनंदित जीवन बिता सकती है।

राधा के मन में भी एक हिलोर सी उठी—काश! वह भी भारत की एक समाज सेविका बन सके और लाखों ऐसी ही परित्यक्ताओं (छोड़ी हुई नारियों) को सबल और सजग बना सके तो नारी समाज की कितनी बड़ी सेवा होगी!

राधा के अपने पति से अलग होने के बाद 5 साल के इस समय में और भी कई व्यक्तियों से परिचय हुआ। कलकत्ता में सभी मिलनेवाले उसे 'मिस राधा' कहकर ही पुकारते थे। जिस स्कूल में वह काम करती थी, वहाँ भी उसे 'मिस राधा' के नाम से ही जाना जाता था।

कई क्लब, पार्टी और समारोहों में राधा का परिचय सिनेमा उद्योग के फोटो इंजीनियर, कलकत्ता के बड़े व्यापारी, सेना के कई उच्च अधिकारी और 6-7 इसी तरह के लोगों से हुआ, जो राधा के प्रति प्रेम और लगाव रखने लगे।

राधा के सौंदर्य, निखार और व्यवहार पर मुग्ध होकर इन लोगों ने उससे

विवाह करने के प्रस्ताव भी रखे। एक आर्ट एक्जीबीशन में राधा की शोम नाम के एक बंगाली महाशय से मुलाकात हुई। उन्होंने बराबर साल भर तक राधा से शादी का प्रस्ताव रखते हुए आग्रह जारी रखा।

आखिर राधा शोम से सच्चाई न छुपा सकी। उसने एक दिन चुपके से शोम के कान में बता दिया कि मैं कुमारी नहीं हूँ; मैं विवाहिता, एक लड़की की माँ और एक तलाकशुदा नारी हूँ। मेरी जिंदगी अब एक दर्द भरी कहानी है। मेरा तलाक का मुकदमा अदालत में चल रहा है। मैं कानूनी तौर से अभी शादी करने की हकदार नहीं हूँ।

इस हालत में भी शोम राधा का इतना दीवाना हो गया कि उसने राधा से कहा—"मुझे इन चीजों की परवाह तनिक भी नहीं है। आज का समाज कितना आगे बढ़ चुका है! यह तो इस समाज में एक क्रांतिकारी कदम होगा।"

ऐसे ही प्रस्ताव और विचार राधा के सामने कई संभ्रांत युवकों ने भी रखे, जो समाज में एक अच्छा स्तर रखते थे और राधा से विवाह करने को इच्छुक थे। मगर राधा तो सचमुच दूध की जली थी। वह छाछ को भी फूँक-फूँककर पीना चाहती थी। उसने सोचा, अकेली लड़की को देखकर सज्जन और सौम्य बनकर ऐसे ही नर पिशाच मँडराते हैं। वैभव, धन, पद और सम्मान का प्रलोभन देते हैं। फिर सौंदर्य को पीकर औरत को बेइज्जत और प्रताड़ित करते हैं। राधा के मन में यही भावना बैठी हुई थी।

मोहन के साथ विवाह, दांपत्य और क्लेशपूर्ण जीवन बिताने के बाद अब वह अपने को किसी पुरुष के हाथ में नहीं देना चाहती थी। उसने निर्णय किया कि मैं तलाक का फैसला होने के बाद भी शादी नहीं करूँगी। किसी भी पुरुष पर विश्वास नहीं करूँगी। चाहे समाज में मेरी कितनी भी माँग क्यों न हो—मैं अकेली ही रहूँगी और अनेक परित्यक्ताओं और समाज में पतियों की सताई हुई नारियों की सेवा करूँगी। बस, यही राधा का अंतिम निर्णय था।

राधा के पास श्रीनगर के सेशन जज की अदालत से अनेक मोहन के भिजवाए हुए नोटिस, सम्मन वगैरह आए। तब तक राधा हिंदू विवाह कानून का डटकर अध्ययन कर चुकी थी और उसे अदालत, कानून या पति आदि से लेशमात्र भी भय न था। वह समझ गई कि यदि वह खामोशी खींचे रहेगी और कोई उत्तर नहीं देगी तो अपने आप ही उसके पति को अदालत एक्स-पार्टी (एक तरफा) मानकर मुकदमे का उसके हक में फैसला कर देगी।

यह मुकदमा केवल यह मौका देने भर के लिए या कि पति के बिछोह से

दु:खी होकर या माँ–बाप के समझा पाने पर अलग हुई पत्नी पुन: पति के चरणों में आ गिरे। मगर राधा के मन में ऐसी कोई शंका या कमजोरी बाकी न थी, जो वह ऐसी भूल फिर करती।

जिलाधीश की अदालत से दो–तीन बार लगातार नोटिस आने के बाद जब राधा की ओर से कोई उत्तर न मिला तो अंत में अदालत ने राधा को वही सूचना अखबार में छपवाकर दे दी। इस स्थिति में कानूनी तौर पर ऐसा ही होता है। जब वादी के विरुद्ध प्रतिवादी कुछ नहीं बोलता या हाजिर नहीं होता तो प्रतिवादी को अखबार गें सम्मन प्रकाशित कर अंतिम सूचना व पैरवी करने की अंतिम तिथि दे दी जाती है और उस तिथि को भी प्रतिवादी के हाजिर न होने पर वादी के हक में 'डिकरी' जारी कर दी जाती है। इसमें वादी मोहन था, जिसने राधा को अपनी पत्नी के रूप में प्राप्त करने का अधिकार अदालत से माँगा था। प्रतिवादी थी, राधा जो कोई भी पैरवी न कर मोहन का कानूनी रास्ता खुला छोड़ने को तैयार थी।

वास्तव में हुआ भी यही। लगभग 6 महीने तक अदालत में धूल फाँकने पर भी राधा के पति मोहन के हाथ कुछ न लगा और राधा की चुप्पी से मुकदमा एकतरफा फैसला होकर अदालत से उसे वैवाहिक संबंधों की वापसी की आज्ञा मिल गई।

टेलीफोन पर और जुबानी संदेशों से दो साल तक बराबर राधा और मोहन के पुनर्मिलन के लिए खींचा–तानी चलती रही। किंतु राधा का मन बदल जाने का प्रश्न ही न था। मोहन ने जब देख लिया कि अब कुछ नहीं हो सकता और राधा अपनी जिद पर अडिग है तो वह हार गया।

वह शायद अब भी नहीं चाहता था कि तलाक का लंबा मुकदमा लड़े। मगर उसकी नई शादी, उसका दांपत्य जीवन एक भँवर में फँसकर रह गया था। रूठी हुई राधा को मनाना अब उसके बस की बात न थी। वह मजबूर था और उसके माँ–बाप ने उसे और मजबूर कर दिया कि वह तलाक का मुकदमा दायर करे और जल्दी फैसला कराकर बूढ़ा होने से पहले ही अपना नया ब्याह रचा ले। अत: कानून के लंबे और कठोर दौर से उसे गुजरना ही था।

राधा को तलाक मंजूर होने की अदालती सूचना मिल चुकी थी। यह 2002 मार्च की बात है। अब राधा का मोहन से कोई भी रिश्ता न था। टूटे हुए रिश्तों को भूल जाना भी एक सुख है। अन्यथा दु:खों का दर्द तो भुला दिया मगर राधा को अब अकेले डैडी के घर रहते–रहते 7 वर्ष बीत गए। उसके मन में कुछ सामाजिक दायित्व कौंधने लगे।

राधा की छोटी बहन थी चंचल, जो अब पढ़-लिखकर काफी बड़ी हो गई थी। राधा का भाई भी अब फौज में कप्तान बन चुका था। उसकी शादी-ब्याह की बातें चलतीं। कई लोग आते और मुँह फेरकर चले जाते। कानाफूसी करते। मधुप की बड़ी बहन यहाँ क्यों रहती है? गुपचुप बातें करते—शायद पति ने इसे छोड़ रखा है, कोई कहता पति को छोड़कर भाग आई है। तरह-तरह की बातें लोग सोचते और राधा के तलाक की चर्चा धीरे-धीरे खानदान के धब्बों के रूप में रंग लाने लगी।

इन सब सामाजिक रवैयों का प्रभाव राधा के व्यक्तित्व पर उलटा ही पड़ता। कई बार वह रोती रहती। कभी उसे अपने मन में यह महसूस होता कि वह अन्य गृहस्थ नारियों से पीछे है। उसमें कोई कमजोरी है, वह 'इनफीरियर' यानी कि घटिया व्यक्तित्व वाली है।

इन सब बातों से सचमुच उसमें एकाकीपन आ गया। उसकी उन्मुक्तता, रसीलापन और रूप-गर्व सभी कुछ नष्ट सा होने लगा। जब भी कोई सगे-संबंधी उनके घर आते, कर्नल कपूर से मिलते तो घूम-फिरकर उनका केंद्रबिंदु राधा ही बनती।

कई वर्षों तक चलने वाली इन दंत कथाओं और सामाजिक व्यवहार ने राधा को एक ओर जहाँ दुःखी बना दिया, वहाँ राधा के मन में समाज के प्रति, पुरुष और नारियों के प्रति एक असम्मान और उपेक्षा की भावना जाग्रत् कर दी। यही भावना 2002 आते-आते एक विद्रोह की भावना में बदल गई।

राधा खामोश रहती। काम भी करती। अपना मन लगाने के लिए उसने एक अच्छी नौकरी ढूँढ़ ली। मगर घर में एक साध्वी की तरह रहकर भी उसे यही आशंका रहती कि कहीं उसके भाग्य की विडंबना भाई के सुखी जीवन के लिए या छोटी बहन के लिए काँटा न बन जाए! जब वह काम पर जाती या किसी नव दंपती को देखती और किसी महिला की गोद भरी देखती तो सहसा उसे अपनी तरुणाई, अपने प्यार के दो पल, अपनी मुनिया याद आने लगती। फिर वह दिल को मसोसकर रह जाती। अपने को एक मशीन की तरह काम में लगा देती। कोशिश करती कि जिंदगी के सभी अध्यायों को भूलकर सिर्फ नया जीवन और खुली हवा की फिजाओं को ही याद रखे। लेकिन यह संभव नहीं था।

2002 आया और चला गया। इसे दुनिया में 'अंतरराष्ट्रीय महिला वर्ष' के रूप में मनाया गया। दुनिया के कई देशों में महिलाओं, विश्व की प्रगति और विभिन्न समाजिक और आर्थिक समस्याओं पर सम्मेलन हुए। राधा अब 26वाँ वर्ष

पार कर चुकी थी। अब उसकी गिनती एक गृहस्थी नारी की श्रेणी में न होकर एक काम-काजी महिला के रूप में होती थी।

कभी कोई सहेली या हमउम्र की महिला यह सहसा पूछ बैठती कि क्या आप अभी 'मिस' ही हैं या···तो राधा के मुँह से निकल जाता, "नहीं—मैं अकेली हूँ—एक तलाकशुदा नारी।"

"ओह! आपकी अभी उम्र ही क्या है! शादी क्यों नहीं कर लेतीं—अभी तो बहुत जिंदगी बाकी है, कैसे काटोगी!"

इस सवाल का उत्तर 'चुभन' ही होता।

आज की दुनिया बहुत एडवांस हो गई है। औरत आजाद है, वे कैसे भी रहें! इसमें बुरा भी क्या है? ये शब्द राधा को कुछ पल एक प्रेरणा सी देते और उसके अंदर की साहस शक्ति प्रदीप्त हो उठती। वह सोचती जिंदगी तो सचमुच एक चिराग है, जो तेल खत्म होने तक जलता ही रहता है और उसे सहसा दीप नामक युवक की ये पंक्तियाँ, जो उसने टेप में अनेक बार सुनी थीं, याद हो उठतीं—

'दीप बस जलते रहो तुम
घोर झंझा हो या संझा
चेतना के इति प्रहर तक
रात को छलते रहो तुम—'

फिर भी राधा का मन बार-बार यही कहता कि पुरुष के अत्याचारों का जवाब तलाक नहीं है। यह जवाब पूरा नहीं, अधूरा है। समस्या का हल नहीं, समस्या का श्रीगणेश है।

□□□